刘韧　著

# 思想政治教育在大学文化建设中的使命与作为

MISSIONS AND ACCOMPLISHMENTS
OF IDEOLOGICAL AND POLITICAL EDUCATION
IN THE CONSTRUCTION OF UNIVERSITY CULTURE

社会科学文献出版社
SOCIAL SCIENCES ACADEMIC PRESS (CHINA)

本书为湖南科技大学学术著作出版基金资助项目、湖南科技大学校级科研项目（博士基金项目）（E51615）、湖南省高校辅导员年度人物专项研究课题（16FDY06）、湖南省高校思想政治教育辅导员骨干专项课题（17F09）、国家社科基金一般课题（15BKS126）、大学生思想政治教育示范建设项目（15SF05）、湖南省教育科学“十二五”规划项目（XJK012AJC003）的阶段性成果。

# 摘 要

思想政治教育是我们党和国家的重要政治优势，大学文化建设的核心是意识形态建设。大学文化是大学在长期办学过程中经过历史沉淀、人文积累所形成的价值取向、信念目标、理想追求和行为准则。大学文化建设是中国特色社会主义建设的重要组成部分。找准大学文化建设中思想政治教育的定位，发挥思想政治教育的重要功能，准确回答思想政治教育在大学文化建设中的“应有使命”“应有作为”“怎样作为”等重要问题，才能有效促进大学师生的健康发展并保障大学各项工作的顺利进行。

马克思主义意识形态观是思想政治教育使命与作为的指导思想，思想政治教育功能原理是确立思想政治教育使命与作为的基础，社会主义文化大繁荣的战略决策是思想政治教育使命与作为的现实依据。中国特色社会主义大学文化建设的时代需要，与对国外大学文化建设的合理借鉴，是思想政治教育使命与作为的现实诉求。

准确把握思想政治教育与大学文化建设的相互关系是深入研究的关键所在，也是思想政治教育在大学文化建设中的切入点。其相互关系主要表现为：大学文化建设是思想政治教育的重要途径和有效载体，思想政治教育是大学文化建设的重要渠道和主要手段，思想政治教育与大学文化建设统一于国家人才培养战略。

思想政治教育在大学文化建设中的现状是本研究的逻辑起点。调查发现思想政治教育在大学文化建设中起着统一思想、凝聚力量、化解矛盾、传播辐射、教育育人、创新开发等作用，也存在思想政治教育功能发挥得不完善、不明晰，对开展思想政治教育方法途径的了解尚不够全面和深入等问题，这需要进一步探索实践。

一方面，大学文化建设的需要赋予了思想政治教育神圣的使命，即要求思想政治教育彰显核心价值观，不断释放正能量；引领时代先进文化，不断增强感染力；弘扬民族先进文化，不断提升实效性。

另一方面，思想政治教育的内在本质决定了其在大学文化建设中的应有作为，即思想政治教育必须确保大学文化建设的正确导向，必须促进大学先进文化的传播辐射，必须优化大学精神文化的育人环境，必须推动大学文化内涵的时代创新。

思想政治教育在大学文化建设中积极作为的方式和途径：通过筑牢文化基础，美化大学物质文化来实现；通过培育文化品格，亮化大学精神文化来实现；通过培育规制意识，强化大学制度文化来实现；通过营造文化氛围，优化大学行为文化来实现。

关键词：大学文化建设　思想政治教育　人才培养

# ABSTRACT

Ideological and political education is a significant political priority of our party and our nation, and the essential issue of the construction of university culture lies in the ideological construction. The university culture is the value orientation, goal of conviction, pursuit of ambition, and principles of behavior through historical deposition and humanity accumulation during years of schooling. It is indispensable for the great achievements of the socialist universities of Chinese characteristic and the construction of university culture. By locating the ideological and political education thoroughly and accurately, exerting its important role, providing an elaborate answer for important issues as what "should be done", and "how to do", can the construction of university culture promote the all-round development of our teacher and students and also our universities efficiently.

Marxism ideology is the guidelines of the missions and accomplishments of the ideological and political education. The construction of university culture conferred glorious tasks on the ideological and political education. In the process of the construction of university culture, the construction, dissemination and popularization of the core socialist values is impossible without the ideological and political education. The core socialist values are the core content of the ideological and political education, and the ideological and political education is an important way to realize the core socialist values.

At the same time, a necessary link to the transfer of the dominant socialist culture from its theoretical form to the social practice. To fulfill the core socialist values in the process of the construction of university culture is the core content of the ideological and political education, with the persist and consolidation of the guidance of Marxism, the maintenance of the socialist common ideal of

Chinese characteristics, the cultivation of the spirits of our nation and times, the conscious implement of the socialist concept of honor and disgrace as the manifestations.

The construction of university culture also conferred compulsory tasks on the ideological and political education. The ideological and political education can play a positive role in the popularization of the dominant culture, which is determined by the status, function, value and tasks of the ideological and political education.

The ideological and political education can provide beneficial resources and reliable guarantee for the construction of university culture in education concepts, purposes, tasks, contents, methods and circumstances, which can be transferred in the teaching practice to ensure the correct orientation of the construction of university culture, to promote the dissemination of advanced university culture, to optimize the spiritual environment of the universities, to fuel the innovation of the connotation of university culture, thus to realize the innovative development of the ideological and political education.

The channel through which ideological and political education plays its role in the construction of university culture is primary. How to play its positive role and solve its problems, inheriting the civilizing function is up to how to utilize the ideological and political education in the construction of university culture. Cultural foundation should be firmed formed and beautified, cultural quality should be improved, moral implication should be strengthened, university behaviors should be modified through the ideological and political education. University members can reflect by themselves, participate in the social practice, to gain an real insight of the dominant socialist values and experience them from the bottom of their heart, and to further it in the implementation after the ideological and political education.

The positive role can be played to beautify university material culture through strengthening cultural foundation, to lighten spiritual culture through cultivating cultural quality, to strengthen mechanic culture through the cultivation of regulation awareness, to optimize behavior culture through cultural atmosphere.

**Keywords**: Ideological and Political Education; Construction of University Culture; Talent Training

# 目　录

# 第一章　导论

思想政治教育是我们党和国家的重要政治优势，大学文化建设的核心问题是意识形态建设问题。找准大学文化建设中思想政治教育的定位，发挥思想政治教育的重要功能，准确回答思想政治教育在大学文化建设中“应有使命”“应有作为”“怎样作为”等重要问题，才能有效促进大学师生的健康发展并保障大学各项工作的顺利进行。

## 第一节　选题背景与意义

本选题是在导师的指导下，申报湖南省教育科学“十二五”规划课题并获得立项资助的研究项目，立项号为 XJK015CDY002。本选题具有深刻的社会背景和重要的学术价值。

思想政治教育是中国共产党重要的政治优势，建设中国特色大学文化是思想政治教育的重要内容。江泽民同志曾指出：“加强和改进思想政治工作，最根本的是坚持和巩固马克思主义在我国意识形态领域的指导地位。”① 思想政治教育的根本任务是搞好社会主义意识形态建设，这要求思想政治教育自觉为社会意识形态建设服务，并在服务中不断加强和改进。大学文化是中国特色社会主义文化的重要组成部分，它既在培育社会主义建设者和可靠接班人中承担着重要职责，又在优秀文化传承创新中担负着重要任务，新的历史条件下建设具有中国特色大学文化是

① 《江泽民文选》（第 3 卷），人民出版社，2006，第 86 页。

党和国家的一项重要战略目标。

大学文化建设的核心是社会意识形态建设。社会意识形态是文化建设的核心和灵魂，决定着文化建设的性质和方向，作为社会意识形态建设主要途径和方法的思想政治教育，是大学文化建设的重要途径和方式。思想政治教育是大学文化建设的重要内容，在大学文化建设中处于重要地位，它决定着为谁培养人、培养什么人、如何培养人等重大问题。如何才能更好发挥大学文化的积极作用，解决大学文化建设中面临的问题，传承发展文化育人化人作用，思想政治教育是实现这一目标的重要渠道，把思想政治教育融入大学文化建设，使之成为大学教育的重要部分，这也是思想政治教育在大学文化建设中的重大历史使命。[①]

思想政治教育必须与时俱进，探索和创造新的内容、新的形式、新的方法、新的手段和新的机制。中共中央在《关于进一步加强和改进大学生思想教育的意见》中指出："在继承党的思想政治教育优秀传统的基础上，积极探索新形势下大学生思想政治教育的新途径、新方法，体现时代性，把握规律性，富于创造性，增强实效性。"面对新世纪、新阶段、新形势、新任务，思想政治教育要不断增强时代感，加强针对性和实效性，在增强吸引力和感染力上下功夫。只有这样思想政治教育才能保持生机和活力，才能与党的中心工作同频同振，成为大学师生所喜闻乐见的、追求自身和完善的内在需要，担负起在大学师生群体中统一思想、凝聚力量的重大任务，担负起推动社会主义文化大发展大繁荣，兴起社会主义文化建设新高潮，培育现代化建设合格人才和可靠接班人的重要职责。面对当前复杂的国际国内形势，大学要高度重视和切实加强思想政治教育，发挥思想政治教育的重要作用。牢固掌握思想政治教育的领导权和主动权，高举中国特色社会主义伟大旗帜，用社会主义核心价值观引领大学文化建设的全过程，贯穿大学教育、教学、管理各个方面，使社会主义核心价值观的基本要求得以深入贯彻，使其在新领域、新要求、新境界得以充分体现，为大学发展和人才培养提供坚实的理论

---

① 杨泉明：《中国高等教育改革发展研究》，中国人民大学出版社，2009，第283～286页。

基础和思想支撑，这是思想政治教育的努力方向，也是新时期思想政治教育在大学文化建设中应承担的光荣使命。

本书将探讨大学文化建设赋予了思想政治教育什么使命和哪些使命？思想政治教育能够为大学文化建设做什么？即思想政治教育在大学文化建设中的应有作为。思想政治教育以何种方式为大学的文化建设做贡献？思想政治教育通过什么渠道为大学的文化建设做贡献？即通过何种路径发挥思想政治教育在大学文化建设中的作用。找准大学文化建设中思想政治教育定位，发挥思想政治教育的重要功能，准确回答思想政治教育在大学文化建设中"应有使命""应有作为""怎样作为"等重要问题，这是本选题研究的历史背景与价值所在。

本研究所处的社会背景有以下几方面。

第一，党和政府高度重视思想政治教育和大学文化建设。我们党一直以来高度重视思想政治教育，尤其重视在大学教育中利用和发挥思想政治教育的作用和功能。新中国成立后第一次全国高等教育会议明确指出：大学培养目标是培育全心全意为人民服务的高级建设人才，并要求大学坚决贯彻思想政治教育。① 中共中央在《中国教育改革和发展纲要》中指出："加强和改进思想政治工作，用建设有中国特色社会主义理论教育学生，重视对学生进行中国优秀文化传统教育。"②《教育部高等教育司关于加强大学生文化素质教育的若干意见》提出："将第一课堂与第二课堂紧密结合，加强校园人文环境建设，改善大学文化氛围。"《中共中央国务院关于进一步加强和改进大学生思想政治教育的意见》指出："加强和改进思想政治教育是一项重大而紧迫的战略任务，开展细致的思想政治工作，推进建设具有社会主义特点、时代特征和学校特色的校园文化。强调加强大学生思想政治教育工作，挖掘大学文化资源是增强思想政治教育针对性和实效性的重要途径。"胡锦涛同志在全国加强和改进大学生思想政治教育工作会议上指出："在大学教育中处于重

① 谈松华：《大学生思想政治教育简史》，上海交通大学出版社，1989，第 42 页。

② 21 世纪教育研究院：《2020 中国教育改革方略》，人民出版社，2010，第 2 页。

要地位的思想政治教育要进一步指导和推进大学建设，在培养社会主义事业合格建设者和可靠接班人的过程中发挥重大的战略作用。”[①]《关于进一步加强和改进新形势下高校宣传思想工作的意见》从战略高度科学谋划思想政治宣传工作，确定符合大学发展文化建设的目标，强调进一步拓展思想政治教育的作用和功能，开创大学文化建设的新局面，为不断推动思想政治工作提供了有力的政策保障。[②]

社会主义文化大发展大繁荣为思想政治教育和大学文化发展指引了方向。党的十七大报告提出：“文化是民族凝聚力和民族创造力的重要源泉，也是我国人民精神文化生活发展的客观需求。”随后教育部在全国高校宣传部长座谈会上提出：“推进大学文化发展，发挥文化的传承创新功能，为社会主义文化强国事业提供人才保障，促进社会主义文化的大发展大繁荣。”这些论述标志着新形势下大学文化已成为建设社会主义文化强国的重要内容，而且作为中华民族优秀文化的具体形态，教育广大青年。党的十八大报告指出：文化是民族发展的血脉和灵魂，它是一个国家核心竞争力的重要因素，它在综合国力竞争中发挥着不可替代的作用。党的十八届三中全会强调：“建设社会主义文化强国关键是增强全民族文化创造活力，提高广大人民的思想道德素质和科学文化素质，巩固马克思主义在意识形态领域的指导地位，进一步深化文化体制改革。”这些充分体现出我们党把建设社会主义核心价值体系、建设和谐文化、弘扬中华文化、推进文化创新作为社会主义文化强国的重要内容，从中华民族复兴的战略角度，高度重视文化的战略价值，为大学文化建设指明了发展方向和建设目标，解决了思想政治教育中的诸多现实问题，为思想政治教育的不断发展指明了道路。

党和国家高度重视文化建设。我们制定了行之有效的政策，这标志

---

① 胡锦涛：《进一步加强和改进大学生思想政治教育工作》，中华人民共和国教育部，2005。

② 《关于进一步加强和改进新形势下高校宣传思想工作的意见》，《人民日报》（海外版）2015年1月20日，第1版。

着我国的文化将进入"高速发展期"，同时也为大学文化建设提供了难得的发展机遇。① 一方面，社会主义文化大发展大繁荣有助于提升大学文化建设地位。推动社会主义文化大发展大繁荣是经济社会发展到新阶段的客观要求，是提高国家文化软实力的战略举措，是满足人民日益增长的精神文化需求的迫切需要。大学文化作为社会主义文化的重要组成部分，其地位得到了极大提升。另一方面，进一步把思想政治教育引向深处，既是深入贯彻落实《中共中央国务院关于进一步加强和改进大学生思想政治教育的意见》的要求，也是对新形势下大学文化建设中的思想政治教育发展提出的更高要求。思想政治教育的发展要根据时代发展的需要，按照党和国家的要求，以科学发展观为指导，以社会主义核心价值观为立足点，以大学面临的新情况为主线，以促进大学生的全面发展为宗旨，推进大学文化的建设和创新，深入挖掘大学文化的内核和精髓，培育体现现代大学精神的大学文化，促进大学文化建设的大发展大繁荣。

第二，社会主义大学文化建设面临的冲击和挑战。大学文化建设是中国社会主义文化建设的重要组成部分，它既在培养社会主义现代化的建设者和可靠接班人中承担着重要任务，又在文化传承创新中承担着重要使命。它是大学影响力与创造力的重要源泉，也是提升大学教育质量的重要因素。② 然而当前大学文化建设的实际效果与社会、时代的发展要求，与管理者、教育者和受教育者的主观愿望还有一定的差距。大学建设如何能够更好担负为社会发展提供人才和智力支持，对在社会发展过程中出现的矛盾问题进行深入研究并给予先进文化引领，传承优秀文化给社会以示范，是摆在我们面前需要研究解决的重大课题。主要表现在以下两个方面。

一是社会转型加剧了大学文化的价值冲突。在充满不确定因素的时

① 姜乃强：《切实加强高校宣传干部队伍能力建设》，《中国教育报》2011 年 3 月 18 日，第 1 版。

② 教育部高等学校社会科学发展研究中心：《大学校园文化建设研究述评》，教育科学出版社，2011，第 1 ~ 3 页。

代背景下大学文化建设面临种种困惑，生产力的快速发展、交往的不断扩大、体制的更新、社会结构的变化，人的价值观念由单一变成多样、由传统变成现代的深刻变化，社会的一元价值观面临着重大挑战和冲突。[①] 目前我国正处于社会转型的关键时期，大学师生面对着不同社会制度的互相冲突、不同思想信念的互相碰撞和不同行为方式的互相影响，部分师生缺乏对多元文化和价值观念的判断、选择和认同；缺乏对传统文化和民族文化的理解和吸纳；缺乏对文化资源的选择判断能力和跨文化的交流交际能力，这使他们在理想观念和价值取向方面容易发生偏离。同时，西方世界借助经济全球化，鼓吹“文化全球化”，把我国的大学看作对我们进行和平演变的前沿阵地，加紧对我国大学师生进行文化渗透，以实现“西化”“分化”我国的战略企图。西方“实用主义”“自由主义”“功利主义”“金钱至上”等观念在大学师生的价值观、政治观、民主观、生活方式等方面的渗透，加剧了大学主体的实效化和功利化，使得大学文化的功利化趋向明显，道德评价标准模糊。[②] 在大搞文化渗透和文化扩张的严峻形势下，使大学师生保持清醒的文化自觉，增强我国文化竞争力，提高中华文化国际影响力，粉碎西化、分化图谋，是思想政治工作的重要任务。

二是多元文化冲击大学文化的主旋律，给大学文化建设带来新的挑战。其一，传统文化的落后性与现代主导文化的先进性形成了尖锐的矛盾和碰撞。传统文化既有优秀的一面，也有落后腐朽的部分，当代中国的主导文化是以马克思主义为核心，融国内外优秀文化和先进文化为一体的具有中国特色的社会主义文化。传统文化中倡导的理想人格和价值理念，受到了以创造和追求为目的，以消费为载体，以不断创新发展为主要内容的现代文化的挑战，这使得大学师生在认识上会有持久的争议，在心理接受过程上会有长时间的调适，在习惯行为

① 姜正国、范大平、杨国辉：《全球化背景下的高校思想政治教育创新研究》，湖南人民出版社，2011，第5~8页。

② 刘薇：《高校校园文化建设与思想政治教育互动研究》，辽宁大学博士学位论文，2012。

养成上会有一个漫长的转换过程，价值失范也会在一定时期内存在。其二，通俗文化的媚俗性冲击着大学文化的高雅性。大学是经典文化和高雅艺术的发源地，弘扬智慧、理性和真善美的价值观是大学文化建设的重要内容。

第三，社会主义大学文化建设为思想政治教育提供新的发展契机。思想政治教育集实践活动、教育事业和独立科学于一体，它在中国特色社会主义文化建设事业中具有重要地位，发挥着不可替代的作用。思想政治教育属于上层建筑，它由社会存在和经济基础决定，是一定社会存在和经济基础的反映，又对一定的社会存在和经济基础起反作用。[①] 思想政治教育是培育人的工作，大学文化建设从根本上说也是大学人才的培养问题，它们只是方法和途径不同。思想政治教育中以政治思想教育为核心的道德、心理综合教育实践，是大学文化建设实践的重要基石。加强思想政治教育对于全面贯彻落实党的基本方针政策，推进大学文化建设的进程，培养优良的校纪学风，优化大学育人环境，提高大学师生的思想道德素质和科学文化水平，促进社会进步和大学发展，具有重要的意义。同时大学文化建设既是思想政治教育的基础，又是其实现的内在途径，应合理规划两者的行为，实现两者在培育人才方面功能的统一。

思想政治教育对大学文化建设具有引导和影响作用。思想政治教育是思想和行为相统一的过程，大学文化建设是知行统一的过程，即知识、能力和风气统一的过程。思想政治教育担负着在大学生群体中统一思想、凝聚力量的重大任务。只有高尚的理想、先进的理念通过实践的检验与磨炼，深入大学师生的内心深处，成为大学师生的行为指南和生活标尺，才能充分发挥大学文化建设的创造力和影响力，提高大学教育质量。实现中华民族复兴的伟大理想、推动社会主义文化大发展大繁荣、兴起大学文化建设新高潮、培育建设社会主义合格接班人的重要任务，不仅是新阶段思想政治教育应该承担的重大使命，也是思想政治教育在大学建设中的努力方向，牢牢掌握思想政治教育工作的领导权和主动权，高举

---

① 张耀灿：《思想政治教育学原理》，华中师范大学出版社，1988，第 83 页。

中国特色社会主义伟大旗帜，把社会主义核心价值体系融入大学文化建设的全过程，贯穿大学教育教学和管理工作的各个方面，使党的教育方针和基本要求得到贯彻落实，使其在新领域、新要求、新境界得以体现，为大学发展和人才培养提供坚实的理论基础和思想支撑。

思想政治教育是一种有目的、具有超越性的实践活动。① 思想政治教育为大学文化建设保驾护航，是促进大学文化不断发展的基本途径。胡锦涛同志曾指出："谁占据了文化发展的制高点，谁就会拥有强大的文化软实力，谁就能够在当今激烈的国际竞争中赢得主动权。"② 建设文化强国是实现中华民族伟大复兴的重大战略目标，大学文化作为一种教育手段和育人载体，担负着提高人才的培养素质、促进大学的发展壮大、引领社会文化的发展方向的重要职责。在日新月异的时代，大学教育飞速发展，思想政治教育的巨大价值日益凸显，给大学文化发展提供了源头活水，而大学文化建设也急需思想政治教育的指导和引领。

本选题的理论意义与实践价值包括以下几点。

第一，有利于丰富思想政治教育的内涵。思想政治教育是一定时代所特有的文化现象，从其实践层面上看，它又是一种文化活动。③ 思想政治教育在内容、功能、价值等方面对大学文化具有重要影响。新时期大学文化建设赋予思想政治教育历史重任和时代使命，大学作为优秀文化传承的重要载体和思想文化创新的重要源泉，肩负着重要的文化使命，思想政治教育的本质及功能决定思想政治教育应承担起大学文化建设的光荣使命，从大学文化建设中发掘其有益的资源，并将其运用到思想政治教育实践过程中，不断充实思想政治教育的内涵，拓展思想政治教育的功能。

思想政治教育所规定、展现或引导的价值追求和态度定向，决定着大学文化的发展追求。大学文化是在大学长期办学实践的基础上，经过

① 张耀灿、郑永廷：《现代思想政治教育学》，人民出版社，2001，第 65 页。

② 《十六大以来重要文献选编》（下），中央文献出版社，2008，第 752 页。

③ 孔宪峰：《思想政治教育视野下儒家"和"文化研究》，中国书籍出版社，2013，第 44 页。

历史的积淀、自身的努力和外部环境的影响，逐渐形成的一种独特的社会文化。[①] 大学文化是大学师生的精神家园，是大学中思想启蒙、人格唤醒和心灵震撼因素的结合体，是知识、能力、人格的升华和结晶。思想政治教育对大学生的认知与行为具有稳定的导向作用，对大学师生的价值观念、道德准则和情感气质具有重要的塑造作用，能够引导大学生树立并完善自己的人生观、价值观和世界观。思想政治教育既是一项事业，是党和国家整体事业的一部分；又是一种活动，是培养人的思想、政治、道德素质的教育实践；还是一门科学，探索实践思想政治教育本质和规律。[②] 大学文化建设为思想政治教育的发展提供适宜的环境，同时也有利于对思想政治教育工作重要性的认识。以马克思主义理论为基础和指导，遵循思想政治教育的规律，自觉把马克思主义基本原理和管理理论教育、思想政治教育的原则运用于大学文化建设的各个方面，指导大学文化建设的实践。同时树立科学发展观，坚持以人为本的根本方针，总结国内外大学文化建设的实践经验，回答时代提出的新课题，吸收人类文明成果，不断促进大学的全面进步和大学师生的全面发展，推进思想政治教育的发展和创新。在大学文化建设中既要尊重人、理解人、关心人，又要教育人、引导人，激励人；充分调动和发挥教育者和被教育者各方面的主体性，把教育与自我教育统一起来，突出思想政治教育的内容和地位，为大学文化建设指明方向。

思想政治教育在大学文化建设中有着全局性和战略性作用。在新的时代条件下，不断挖掘大学文化蕴含的资源，将其与时代精神有机结合并加以转化，对于进一步丰富思想政治教育内涵拓展其功能具有重要的作用。[③] 大学文化建设的内容是思想政治教育目标的具体形式，强有力的思想政治教育，对于巩固马克思列宁主义、毛泽东思想、中国特色社会主义理论在意识形态领域的指导地位，坚持党对大学文化建设的领导

---

① 王冀生：《大学文化的科学内涵》，《高等教育研究》2005 年第 10 期，第 10 ~ 11 页。

② 沈壮海：《思想政治教育的文化视野》，人民出版社，2005，第 389 页。

③ 黄蓉生：《青年大学生思想政治教育的时代主题》，《光明日报》2013 年 7 月 2 日，第 15 版。

有重要的保证作用；增强大学师生的使命感和责任感，充分调动他们的文化创造和创新的积极性和主动性；引导大学师生用科学态度对待民族传统文化和外来文化，既弘扬中华民族优秀文化，又博采各国文化之长，反对民族虚无主义和崇洋媚外的心态；使大学文化建设适应社会主义精神文明建设发展的特点和要求，抵制和消除市场经济的负面影响；在思想文化多元化趋势明显的情况下，不断巩固大学师生共同的思想道德基础，增强大学师生的精神力量，实现大学师生思想和精神的全面发展，为构建社会主义和谐大学和实现大学师生的全面发展提供强有力的精神支撑。本选题正好契合这一时代背景，挖掘思想政治教育的价值，进而为实现大学文化的建设与人的全面发展的重大时代课题提供借鉴。

第二，本研究有利于提高思想政治教育对象的文化素质。文化的本质就是化人，对一个人素质和能力的提高起着潜移默化的作用。大学生是大学文化建设的主体，大学生文化素质水平的全面提升既是受教育者自身发展的重要因素，也是思想政治教育的培育目标。“教育的过程实质上就是文化化人的过程，将先进文化成果转化为个体内在本质力量、促进人的精神生活全面发展。育人功能是大学文化的本体功能，大学文化对大学生的成长具有十分重要的作用，‘化人’功能是文化的最大功能。在这一过程中，思想政治教育与人的精神发展直接而密切地联系着，成为培养塑造人的各种素质、推动人的精神发展的基本途径，并占据着突出的地位。”① 思想政治教育对大学生精神生活的全面发展具有认识、导向、规范和文化素质培育功能，在人才的培养过程中，发挥着大学文化的教育功能，培养大学生健康的人格，帮助大学生树立正确的世界观、人生观和价值观。

其一，提升大学文化的育人功能，丰富大学师生的情感体验，陶冶高尚情操，培养乐观态度。蔡元培先生曾指出：“教育者，养成人格之事业也。”② 在大学文化建设中弥补专业人才培养存在的缺陷，通过文

① 沈壮海：《思想政治教育的文化视野》，人民出版社，2005，第 26 页。

② 高平叔：《蔡元培教育论著选》，人民教育出版社，2011，第 2 ~ 3 页。

化的手段，使大学师生合理宣泄情绪，消除愁绪、不平衡心态，缓和冲突，抑制并克服不良情感。在此基础上丰富大学师生的内心情感，充实精神世界，升华思想境界。在这一过程中，各种心理功能和思维机制得到充分发挥和协调发展，促使大学师生心理健康、心态稳定、人格健全。

其二，提升大学文化的益智功能，有助于大学生掌握全面的知识结构和科学方法。爱因斯坦曾指出："我的科学成就很多是从音乐启发来的。"① 大学中各类文化知识源远流长，它可以启发大学生的智力，完善其知识结构，提高大学生的整体素质。如文学艺术、文化成果熏陶大学生的文化素质，激发他们的潜能、促进智力开发。人类的历史经验和教训，有助于他们认识自己、认识他人和认识社会。重视各学科之间的相互作用和相互渗透，才能在科学研究上有所创新，才能培养出既精通技术又了解社会，适应性强，有创造力的复合型人才。

其三，提升大学文化的审美功能，培养大学师生美的鉴赏力，形成美的心灵，激发美的创造。大学文化建设的审美功能既表现在美化大学生的心灵、言语及形象，提高大学生的审美能力，塑造大学生的灵魂等方面，又体现在大学生的文化素质养成过程中，文化知识与文化精神在思想教育过程中得到美的享受，并在先进思想影响下潜移默化地养成美的行为、美的语言、美的人格和美的创造。

第三，本研究有利于培育与践行社会主义核心价值观。培育与践行社会主义核心价值观是当前思想政治教育领域中的核心任务。胡锦涛同志曾指出："社会主义核心价值体系是社会主义精神文化建设的基本内容。"② 社会主义核心价值体系蕴含着人文精神的最高成果，是大学文化建设的基地和磁场。社会主义核心价值体系是先进文化的摇篮，是人类思想文化精髓的集中体现，代表着社会思想和文化的主流发展方向，具有显著的价值性和真理性。社会主义核心价值体系融合了建设中国特色

---

① 《爱因斯坦全集》，申文斌译，湖南科技出版社，2013，第28页。

② 胡锦涛：《在纪念中国科协成立50周年大会上的讲话》，《人民日报》2008年12月16日，第2版。

社会主义理论体系的思想内涵，是人民团结奋进、互助合作的精神和价值依托，体现了社会主义文化的优越性和先进性。社会主义核心价值体系在中国的生根发芽且不断壮大，离不开文化建设特别是大学文化建设。中国大学要办得有特色、有水平，就要坚持文化教育领域的社会主义核心价值方向，促使大学文化科学发展、彰显魅力、辐射社会。

社会主义核心价值观不仅是思想政治教育工作的行为指南，更是大学文化建设的实践指南。胡锦涛同志指出：发展社会主义先进文化，必须把社会主义核心价值体系建设融入国民教育、精神文明建设全过程。[①]习近平同志强调：社会主义核心价值观是人才培养、科学研究、社会服务和传承文明的指导思想、精神动力和行为规范，青年要自觉践行社会主义核心价值观。大学文化是以推进大学发展为基本目标的文化模态，大学文化建设离不开社会主义核心价值体系的正确引导，它是贯彻社会主义核心价值理念的重要渠道。[②] 在大学文化建设的进程中时刻践行社会主义核心价值体系，特别是主题教育活动中深刻突出“以爱国主义为核心的民族精神和以改革创新为核心的时代精神”，在实践中贯彻和落实社会主义荣辱观，创造良好的环境和氛围，使其成为他们塑造品质、追求卓越的精神家园，让大学生在社会主义核心价值体系中做到真学、真信、真用。同时在课堂教育中充分渗透社会主义核心价值体系的内容，让大学生乐于主动接受这一先进理论体系，并在其指引下成为时代的先锋和奉献的模范，使其成为大学文化建设的重要渠道和思想政治教育的有效途径。[③]

社会主义核心价值观是大学文化建设的重要内容。社会主义核心价值观决定着大学文化为谁培养人、培养什么人、如何培养人等基本问题，它是一个不断发展、与时俱进的理论体系，是先进理论和思想文化的精

---

① 胡锦涛：《在庆祝中国共产党成立 90 周年大会上的讲话》，《人民日报》2011 年 7 月 2 日，第 2 版。

② 习近平：《青年要自觉践行社会主义核心价值观——在北京大学师生座谈会上的讲话》，《人民日报》2014 年 5 月 5 日，第 2 版。

③ 杨业华：《把培育和践行核心价值观融入大学生思想政治教育全过程》，《光明日报》2014 年 1 月 15 日，第 13 版。

华，随着社会经济和时代发展而不断变化。一方面，全面掌握社会主义核心价值观是大学教师的基本素质要求，是教育者履行人才培养职责的前提条件；另一方面，社会主义核心价值观是大学生在社会化过程中必须发展的社会性内容之一，是使自己获得社会地位的基础和前提，是使自己全面发展的精神动力。大学文化教育是个体主体性和超越性完美结合的过程，大学文化建设应坚定不移地坚持社会主义核心价值观的发展方向。大学文化建设是一个教育形态，承载和体现着社会主义历史发展的崇高使命——实现社会的公平正义和人的全面发展，而这与社会主义核心价值观追求的目标是一脉相承的。

第四，本研究有利于建设社会主义文化强国。党的十七届六中全会通过的《中共中央关于深化文化体制改革　推动社会主义文化大发展大繁荣若干重大问题的决定》，深刻阐述了中国特色社会主义文化的发展道路，明确提出建设社会主义文化强国的战略目标。社会主义文化强国是面向现代化、面向世界、面向未来的，民族的、科学的、大众的文化，是实现中华文化繁荣兴盛的唯一正确道路。思想政治教育是我们党工作的生命线，大学文化是社会主义先进文化的重要组成部分，思想政治教育推进大学文化建设的发展，增强大学文化凝聚力，弘扬中华民族主流文化，培育民族精神、提高国民素质、激发奋斗热情，为改革开放和社会主义文化强国建设提供强有力的思想保证、精神动力、智力支持。①

首先，增强民族文化认同感，为建设社会主义文化强国提供优秀文化资源。大学文化是一种拥有自我特色的文化，文化特色是大学办学最主要的目标之一，是大学产生发展的基因密码，也是一所大学进步的精神旗帜。特色大学文化促进大学师生的主体积淀和人文创造，每所大学根据自己的办学传统、资源条件、发展前景等形成文化特色，培育大学的个性，它是大学文化由传统走向现代的生命线。同时，还应该呼唤大学的文化自觉，充分认识历史文化，确立中华民族文化的主体意识，

① 李康平：《建设先进文化　推进高校思想政治教育创新》，《光明日报》2012 年 6 月 5 日，第 11 版。

增强民族文化的认同感和文化的归宿感，传承优秀传统文化，与时俱进不断创新，使社会主义特色大学文化在世界文化体系中发挥重要作用。

其次，大学文化具有丰富的社会内涵和深刻的社会影响力，是众多优秀社会思想的孵化园和实现社会主义文化强国的重要途径。[①] 它是社会主义文化的重要组成部分，是一种特定的维护大学自治，促进健康发展，坚守学术自由，彰显卓越意识，凸显人文关怀，塑造健全人格，倡导科学精神，提高创新能力，崇尚多元文化，追求文化认同的社会文化形态。大学文化建设这个战略目标的实施，与中国特色社会主义事业总体布局相适应，与建设富强民主文明和谐的社会主义现代化国家目标相衔接，与深化文化底蕴和丰富文化资源行动相匹配。既顺应时代潮流又体现大学师生的愿望，既符合实际又催人奋进，是实现中华民族文化复兴的重要保障。因此，我们将大学文化付诸思想政治教育的实践，发挥思想政治教育的作用，使其成为思想政治教育的重要文化资源，丰富思想政治教育的文化意蕴，增强思想政治教育的实效性，实现大学文化建设的价值，日益彰显大学文化的软实力，使其成为社会主义文化强国的重要驱动力。

思想政治教育是解决大学文化建设实践过程中思想与行为矛盾的中心环节，是实现大学文化建设宏伟目标的基础性工作，也是中国特色社会主义文化建设的主要内容之一。[②] 应大力发展社会主义先进文化，努力推进大学教育发展。大学在自身发展过程中创造了大学文化，大学文化作为社会文化的重要组成部分，对社会文化具有引导和影响作用。思想政治教育作为一种社会实践活动是保证大学文化建设正确发展的重要手段，具有引领和示范作用。实现思想政治教育与大学文化建设的有机统一，有利于大学生准确理解和谐大学文化的内涵，明确大学文化建设

---

① 马力、于春福：《建设社会主义文化强国研究》，西北工业大学出版社，2012，第5～7页。

② 张勇华：《重视文化对大学生思想政治教育的影响》，《光明日报》2009年12月8日，第11版。

的责任所在，明晰大学文化建设的目标和总体思路，提升大学文化建设的实效性。

## 第二节　相关概念厘定

自大学产生之日，大学文化便同时产生。“大学文化”含有“文化”概念所具备的内涵，但它又是对社会文化反复选择、加以吸收并融入大学意志和个性的文化结构。大学文化指大学师生在大学这个特定的机构中，在大学发展的过程中，在与社会的互动及相互影响下，所创造的一种文化形态，是作为社会文化载体而存在的大学内普遍为人所接受并渗透在大学各项教育活动之中的价值观念和精神追求、大学的教育制度结构、作为整体的大学和作为个体师生的行为准则、大学管理和教育过程中长期形成的符号系统以及能够标识大学个性特征的所有文化现象的总和。[①]

第一，大学文化的内涵与结构。大学文化是文化的重要组成部分，是文化的子系统。[②] 大学文化包括狭义概念和广义概念两种。狭义上的大学文化是指大学的核心价值观，也就是大学的办学理念和大学精神，它是大学在长期发展过程中形成的学术传统、文化精神和基本理念，反映大学师生对大学的总体认知、理想追求和实践探索，是凝聚力量的精神纽带，表现为一种共同的行为规范和价值观念，是大学生的文化素质、教师的文化修养、学校的文化品位的集中体现。广义上的大学文化是指大学在长期办学实践的基础上经过环境的影响、自身的努力和历史的积淀逐步形成的独特的社会文化形态，是大学师生在人才培养、科学研究、服务社会以及生活娱乐等实践活动中共同创造的整个大学教育的总和，是历史延续和积累下来的物质成果、精神成果以及制度成果的总和，是人类先进文化的重要组成部分。[③]

---

① 刘新生：《大学文化建设》，泰山出版社，2010，第 31 ~ 32 页。

② 王智平、李建民：《大学文化论》，中国社会科学出版社，2009，第 2 ~ 8 页。

③ 赖廷谦：《社会主义文化与大学文化建设》，四川大学出版社，2010，第 45 页。

大学文化是显性文化和隐性文化的统一体。[①] 显性文化主要体现在大学的物质层面，隐性文化主要体现在大学的精神层面。物质是基础，精神是灵魂，这两者共同统一于大学文化建设之中而又相辅相成。大学文化是大学在长期办学实践的基础上形成的大学精神文化、大学制度文化、大学行为文化和大学物质文化的总和。从大学精神文化到制度文化、行为文化、物质文化，由内向外构成一个同心体，精神文化居于内核，四个层面相辅相成，不可分割。大学行为文化是大学文化核心理念的行为显现，是大学文化对社会文化产生辐射作用以及大学文化与社会文化的双向交流、信息互动、互相影响的中心环节。大学物质文化是大学文化核心理念的物质显现。大学行为文化和大学物质文化共同构成大学文化的显性部分。大学制度文化是大学文化的基本整合机制，是连接大学文化显性部分与隐性部分的桥梁。大学的办学理念和发展定位通过制度形式进行明确的规定，大学的各种行为活动通过制度形式进行有效的整合，从而实现大学的战略规划和发展目标。大学精神文化是大学文化的隐性部分。大学的精神和价值观是经过大学师生的深刻反思和实践探索，逐步形成的系统化、指导性的理论体系，它反映了大学的基本价值取向，反映了社会对大学创新知识、传承知识、培养人才的总体要求。[②]

大学精神文化是大学师生的理想信念、道德情操、价值目标和观念体系的总和。它主要指大学的办学指导思想和办学理念；以校风、学风、教风等形式表现出来的大学师生的精神风貌；以校训、校徽、校歌等标志性文化符号表征出来的独具特色的大学精神传统。大学精神文化是大学的灵魂和核心，科学的大学精神，既是大学在办学实践的基础上积淀和创造的深厚文化底蕴的核心与灵魂，也是时代精神的深刻反映，在大学的生存发展中起到至关重要的作用。弗莱克斯纳曾指出：在保障大学

---

① 蔡劲松、王军霞：《大学文化建设指标体系与评估模型构建》，《北京航空航天大学学报》（社会科学版）2006 年第 2 期，第 76 ~ 80 页。

② 蔡劲松：《大学文化理论构建与系统设计》，文化艺术出版社，2009，第 12 页。

的高水准方面，大学精神比任何设施、任何组织都更有效。[①] 大学精神既能鼓励大学师生积极向上，又能规范和约束大学师生的行为。优秀的大学精神文化一旦形成，就支配着每一位大学师生的行为方向，塑造他们的精神和理念，促使他们自觉按照准则调节和规范自身行为，并以良好的气质、优雅的举止、高尚的修养等形式外显出来。[②]

大学制度文化是指大学为维持其正常运转和教学生活秩序而制定的各种规章制度和行为规范的总和。它具有鲜明的规范性和组织性，对大学师生的思维方式及日常行为具有引领和约束作用。[③] 大学制定的各项制度、大学师生对制度的态度以及制度执行构成大学文化的制度文化形态。大学制度反映了大学的基本理念，它是精神文化的物化反映和具体体现。现代大学制度的核心是自主办学和学术自由的价值观念，是崇尚科学、追求真理的前提和条件。它包括国家有关高等教育的法律、法规和政策，地方教育法规，学校内部的各项规章制度，观念体系等方面，构成大学制度文化的有机整体，为大学生存和发展提供制度文化环境。

大学行为文化是指大学师生在学习、工作和生活的各种行为中所体现的文化内涵与产生的文化现象。它是大学师生在教学、科研、学习和管理等活动中形成的集体风尚，既是大学办学理念和精神文化的动态体现，也是大学精神和价值观念的折射。在大学里，教师的一言一行和严谨治学的科学态度无时无刻不影响着学生，是他们以其为人、为教、为学的品格和气质，直接或潜移默化地影响着学生。“学高为师，身正为范”，具有高尚品德的知识渊博的老师对学生在知识的追求与人格的健全方面有着不可替代的作用。“十年树木，百年树人”，大学时期正是大学生树立正确的人生观、价值观的关键时期。大学校园活动、各种文艺

---

① 〔美〕亚伯拉罕·弗莱克斯纳：《现代大学论》，徐辉、陈晓菲译，浙江教育出版社，2001，第10页。

② 王明清：《育人功能：大学文化的本体功能》，《黑龙江高教研究》2009年第12期，第109～111页。

③ 孙雷：《现代大学制度下的大学文化透视》，光明日报出版社，2010，第11～18页。

社团、学术讲座和文体活动是大学行为文化的重要组成部分。①

大学物质文化是大学文化存在和发展的基础。大学物质文化是大学文化的物化形态，是大学师生生存和发展的物质条件，它对师生的社会发展具有重要的教育功能。创建健康、高雅的大学物质文化有利于大学生树立正确的世界观、人生观和价值观，帮助大学师生树立高度的责任心，促进其社会化的完成。大学物质文化内涵丰富，不仅包括学校建筑、教学实验设备和办公设施等为实现大学德育、智育、体育、美育和劳动教育等教育目标而提供的一切物质资源，还包括大学校园所处的社区环境、地域文化等自然与人文环境。主要包括三个方面：大学基础设施建设、校园景观建设和标志性文化建设。大学基础设施建设是大学文化建设的重要组成部分和重要支撑，它以物化的形态展现着大学文化的基本特质。校园景观建设为大学提供相对较好的环境。特色鲜明、风格独特、底蕴厚重、品位高尚的标志性文化能够高度概括大学的形象，提升大学文化的品位，滋养大学师生的精神与心灵，推动大学文化建设。②

第二，大学文化的性质及特征。文化是一所大学赖以生存、得以发展的重要根基。大学文化体现大学的个性品格和整体风貌，塑造大学个性，产生名师大家，凝聚大学师生的精神和灵魂。大学文化以培养人才，创造科学成果，服务社会，传播文化为主要内容。它是大学师生中独特的文化形式，与大学的历史使命和责任息息相关，是大学师生在继承、批判、选择人类优秀文化遗产的基础上集体创造出的文化成果。③ 大学的使命就是继承文化、传承和传播文化、研究和创新文化。大学的教育教学是一个有目的、有计划的文化实施过程。所谓教书育人、管理育人、服务育人、环境育人这些归根到底都是大学文化育人。④

---

① 王智平、李建民：《大学文化论》，中国社会科学出版社，2009，第 73～74 页。

② 孙庆珠：《高校校园文化概论》，山东大学出版社，2008，第 42～43 页。

③ 黄洁：《大学文化论纲》，天津大学出版社，2014，第 2～6 页。

④ 赵存生：《世界文化的走向与大学的文化使命》，《北京大学学报》2006 年第 4 期，第 8～10 页。

大学文化是一种行为准则。它作为一种教育手段和育人环境，培养社会发展需要的人才是其基本职能，它在提高人才的素质、促进高校发展壮大、引领社会文化发展方向方面发挥着越来越重要的作用。大学文化的形成不是一朝一夕的，而是需要经过较长时期的历史积淀和凝聚升华，在这个过程中，每一所大学都会形成特定的行为准则，这些准则规范着作为整体的大学的行为，同时也规范着大学中个体的行为。它是大学发展的内在动力。大学文化为大学发展提供精神动力。大学文化作为一种精神力量，有着历史的深厚积淀，大学一旦形成深层文化，形成大学生的集体性格，便有了灵性、有了魅力，也就有了大学精神。它能够超越时代和大学生的心理，对大学师生的生活方式、审美趣味、伦理价值产生影响，形成特殊的大学文化环境，通过确立共同的社会理想，把大学的每一个单元都融入文化之中，培养大学师生对大学的归属感和认同感，成为凝聚和激励大学中各群体的内在动力。只有获得了强有力的“精神支柱”的大学成员，才会有更高的创造力和人文素质，为大学发展提供最重要的人力资源。①

大学文化明确大学的定位。每一所大学从最初形成就呈现出功能特征，但是在大学发展的进程中，明确大学文化的定位和提升大学竞争力成为每所大学的重要任务。如何进行科学定位，突出大学的文化特色，树立鲜明的大学形象，提高大学的知名度，对现代大学来说具有战略意义和紧迫性。大学是文化的集合体，大学的基本职责在于文化积累、文化传承和文化创新，将文化留传于大学，教育学生，使大学成为师生真正的精神家园。以大学文化指导大学定位和大学规划的发展理念，符合其历史传统和现实状况，是大学的共同价值和基本思路。

大学文化塑造大学的高品位形象。大学形象是“新经济”条件下重要的“无形资产”，是一个综合性的概念，包括大学魅力、大学风格、大学生素质、服务水平、文化创新等因素，是大学外在面貌和内在精神的有机统一，是历史传统与现实文化的完美结合。对大学而言，文化是

---

① 孙萍：《文化管理学》，中国人民大学出版社，2011，第260~261页。

其灵魂。大学是高水平层次机构和设施的聚集，高水平层次人才的聚集，能够促使大学品质提升。需要以文化塑造大学，提升大学品位，为大学发展创造良好的人文环境。大学独特的文化形象和良好的文化品位，能够产生巨大的吸引力和凝聚力，这对优化大学人文环境、自然环境、学术环境等都有重要影响。[①] 大学文化形象和文化品位成为大学发展的重要构成要素，体现了大学文化的时代追求。国内外凡是能给人留下深刻印象的大学，无不具有特色，这种特色孕育于大学文化内涵之中，有历史传统、民族风情、自然因素、社会环境、时代特点、杰出人物等。牛津、剑桥等独特的文化定位，使其成为最纯粹和最高意义上的学术机构，成为国家抵抗学术生活中一切浅薄、虚假和毫无意义的东西的堡垒，这些使其在国际上具有影响力和竞争优势。[②] 北大红楼、清华学堂这些历史性建筑，构筑了大学固有的文化风格。它们记忆着大学的史脉与传承，横向地展示着大学宽广深厚的阅历，并在这纵横之间交织出每个大学独有的个性。

大学文化是一种制度结构。现代大学已经形成了完整的教育、教学、管理和运作体系，这是系统化的制度，物化了长期历史发展过程中形成和保留下来的教育理念和教育规律。同时也使得不同大学的制度表现出鲜明的个性化特征。不同历史时期、不同国家的大学在其各自的发展历程中逐渐形成了独具特色的教育制度和管理风格，这些都是构成大学文化的要素。教育制度上的特征决定了不同大学在教学体制、教学内容和教学过程各环节上表现出巨大的差异，这些差异是大学文化上的差异和大学的特色。

大学文化具有学术性。大学人才济济，他们所从事的学术性创造研究，使大学文化格调高雅、品位卓著。大学以创造知识和传承知识为基本目的，推动人类社会的文明进步，使人类美好的信念得到张扬，使人能够实现全面自由发展。大学文化把人类的未来作为自己的建设对象，

---

① 时明德：《论大学文化责任的价值向度与现实旨归》，《教育研究》2014 年第 2 期，第 76 ~ 81 页。

② 〔美〕布鲁贝克：《高等教育哲学》，浙江教育出版社，1987，第 16 页。

充满了对人类社会命运的终极关怀，充满了对民族、对社会、对整个世界的责任意识和使命意识。大学文化凸显的是执着的价值追求、坚定的理想信念、崇高的历史使命。大学文化具有潜在性。大学文化作为一种隐性课程，是显性课程的延伸和补充，开发大学文化这种潜在的教育资源，有利于增强思想政治教育的有效性。大学文化是思想政治教育载体的内在形式，大学生通过大学文化建设扮演着文化生产者的主角。大学文化是大学师生自觉建构的文化成果，它对大学师生的思想观念、价值取向和行为方式有潜移默化的影响，具有重要的育人功能。① 大学文化具有前瞻性。大学教育是对社会文化的一种超越，使大学文化在理想与现实之间保持一种合理张力。大学以传承、整理和创新知识为己任，是知识的集散地和创造源。创造知识的过程是不断提出新思想、新理论、新方法的过程，是追求未知世界、求证事物本质和规律的过程，是历尽艰辛、百折不挠、追求真理的过程。在这种特殊活动和特殊环境下形成的大学文化，必将把追求真理、捍卫真理作为自己的鲜明旗帜。大学文化拒绝对思想观念的禁锢与束缚，强调独立人格、自由思考、理性判断，在开放的环境中实现思想创新。②

第三，大学文化建设的指导思想和基本原则。我国大学的文化建设是一种科学、理性的文化实践活动，根据党中央提出的总体要求，结合高校各自的实际情况，按照大学文化建设的基本原则开展建设工作。推进大学文化建设既是深入贯彻党的基本教育方针，加强社会主义文化建设的题中应有之义，又是把社会主义核心价值观融入大学教育的重要举措。大学文化建设是中国特色社会主义建设的重要组成部分，越来越成为大学创造力和影响力的重要源泉，越来越成为提高高等教育质量的重要因素，应努力建设体现社会主义特点、时代特征和学校特色的大学文化，不断提升大学文化的软实力，增强大学文化的影响力，始终坚持党对大学文化建设工作的领导地位，充分发挥大学师生在大学文化建设中

① 丁虎生：《高度重视大学校园文化的育人功能》，《光明日报》2005 年 5 月 23 日，第 2 版。

② 赖廷谦：《社会主义文化与大学文化建设》，四川大学出版社，2010，第 45 ~46 页。

的主体作用，最大限度地发挥广大师生的积极性、主动性和创造性。大学文化的变化是不以个人意志为转移的客观现象，但是大学文化建设的基本原则是不能变的。为适应新时期文化发展的需求和把握时代发展的趋势，发挥社会主义大学文化在大学建设、文化发展、育人等方面的思想保证、精神支撑和精神动力的作用，代表中国先进文化的前进方向，把握好方向、把握好根本、把握好源头是大学文化建设的基础。

其一，坚持马克思主义在意识形态领域的领导地位。马克思主义是立党立国的根本，也是文化建设的根本，决定着文化发展的性质和方向。马克思主义揭示了自然、社会和思维的发展规律，是在批判地总结人类优秀文化成果的基础上创立的科学理论，是我们认识世界、改造世界的强大思想武器，是大学文化的灵魂和核心。[①] 坚持大学文化的前进方向，最根本的是坚持马克思主义的指导地位。大学文化涉及政治、经济和社会生活的方方面面，坚持马克思主义的科学世界观和方法论是把握大学文化发展方向的前提条件。[②]

运用马克思主义最新成果引领大学文化发展方向，增强其吸引力和感染力。挖掘传统优秀文化来凝聚民族精神，以面向现代化、面向世界、面向未来为标准构建大学的时代精神，完成大学文化建设的历史使命。大学文化是人类文明智慧的结晶，体现历史发展方向，符合时代潮流。建设中国特色社会主义大学文化就是要以中国化的马克思主义为指导，以培育“四有”新人为目标，大力发展民族的科学的大众的社会主义先进文化。[③] 以当代中国的马克思主义统领大学文化建设，以科学的理论武装人、以正确的舆论引导人、以高尚的精神塑造人、以优秀的作品鼓舞人，支持先进文化、改造落后文化、抵制腐朽文化，不断丰富大学师

---

① 郭建宁：《马克思主义中国化与建设共有精神家园》，《北京大学学报》2010 年第 4 期，第 13 ~ 16 页。

② 胡显章：《先进文化建设中的大学文化研究》，高等教育出版社，2009，第 35 页。

③ 刘建军：《马克思主义指导思想在当代中国的多重文化身份》，《山东师范大学学报》（人文社会科学版）2013 年第 1 期，第 33 ~ 38 页。

生的精神世界、增强他们的精神力量，使大学师生在大学文化建设中始终保持奋发激昂的精神斗志；同时，着眼于社会主义现代化建设的实践，反映中华民族优良文化传统，弘扬和培育民族精神，使中华文化源远流长、光辉灿烂，积极借鉴和汲取人类一切优秀文明成果和精华，打造中国特色和中国风格的大学文化，不断增强大学先进文化的吸引力和感染力。

坚持用马克思主义最新成果统领大学文化建设的实践。社会主义核心价值观是先进文化的集中体现，也是先进文化培育的思想指南。大学文化建设要自觉坚持科教兴国和人才强国的战略，突出科学精神、改革精神和创新精神，做到以学生为本，用先进的文化成果武装当代大学生的头脑，丰富当代大学生的精神世界，使他们成为马克思主义先进文化的推动者和实践者。① 马克思主义理论成果为大学师生提供丰富多样的精神产品，满足大学生不断增长的精神文化需求，使其在现代大学文化中获得新的生命力，充分挖掘本土传统文化资源的现代价值，传承学校传统、学校精神，巩固文化的坚实根基。同时有效地吸收外来文化的优秀成果，大胆创新，突破旧习惯，探索新思路，在创新性的两者融合中形成先进的文化价值体系和强劲的人文魅力，以文化力求创新力，以创新力促竞争力，又由竞争力强文化力，相互促进，展示大学文化与时俱进的时代风采。

其二，大学文化建设应遵循文化发展的基本规律。经济发展决定文化的发展，文化又给予经济巨大的反作用。大学文化建设应坚持为人民服务、为社会主义服务的总体原则，坚持百花齐放、百家争鸣的发展方针，遵循文化发展的客观规律。“古为今用，洋为中用，批判继承，综合创新”是马克思主义对文化发展客观规律的正确认识，也是对中国千年文化发展完整的、明确的阐述。② 这些深刻体现着人类思想文化发展的基本规律，它作为大学文化发展的客观规律，不仅是中国大学思想文

① 冯刚：《用社会主义核心价值体系引领思想政治教育创新发展》，《学校党建与思想教育》2008 年第 11 期，第 1 页。

② 方克立：《中国文化的综合创新之路》，中国社会科学出版社，2012，第 255 页。

化发展的规律，也是对西方大学文化发展的总结，更是未来大学文化发展的必然趋势。

发展先进文化就是要发展中国特色的社会主义文化。保持文化发展的继承性前提下渐进的变异是文化发展的必然趋势，也是文化保持鲜活生命的根本动力。[①] 建设社会主义精神文明，发展面向现代化、面向世界和面向未来的，民族的科学的大众的社会主义文化。大学文化新发展也是先进文化的不断创新，代表着中国先进文化的前进方向，是社会主义新文化建设的重要内容。大学文化发展要做到有据可循，依据就是综合创新，提倡大学文化中的创造能力，用对立统一的规律处理文化发展中的矛盾关系，认真洞察先进文化发展的总体趋势和动态走向，以开放的胸怀和宽阔的视野关注国内外文化发展的基本走向，探索文化发展的基本规律，准确把握先进文化的发展脉络，关注全球文化发展的总体概况，及时洞悉文化全球化的变化，正确把握先进文化的走向。

吸纳性和融合性是先进文化得以丰富和发展的源泉。大学文化发展具有融合性，它在发展过程中不断吸收其他文化的优秀成果，并将其他文化的精华融合到自身文化中，不断扩大和提升自我发展空间。[②] 在信息文化迅速发展的当今时代，优秀成果层出不穷，大学是优秀文化传播的重要基地，大学文化建设应遵循文化发展的普遍规律，及时准确掌握先进文化发展的最新成果，并以多种形式积极传播先进文化的建设成果，体现先进文化的前进方向。[③]

其三，坚持“共性”与“个性”相统一的育人理念。大学文化建立在时代文化、世界文化、民族文化、校园文化等基础上，通过对这些文化的有效整合为自身建设提供依托，不断丰富人才培养、科学研究、服

---

① 蒋斌、韩安贵：《文化建设与全面、协调、可持续发展》，《求是》2004 年第 4 期，第 41 ~ 42 页。

② 胡显章：《先进文化建设中的大学文化研究》，高等教育出版社，2009，第 15 页。

③ 李海玉：《以社会主义核心价值体系为根本推进大学文化建设探究》，《教育探索》2012 年第 4 期，第 116 ~ 118 页。

务社会、传承文化等功能，深刻体现社会特点、时代特征和科学民主开放是大学文化的“共性”。[①] 大学文化是大学师生在对知识进行整理、传承、交流和创新的过程中形成的一种文化系统。它强调独立人格、独立思考、独立判断，在自由氛围中进行学术思考和研究，实现科学的创新和发展。大学文化凸显执着的价值追求、坚定的理想信念、崇高的神圣使命，它崇尚严谨、逻辑、实证、经验，具有强烈的批判精神，引导大学师生大胆质疑，在去粗取精、去伪存真中继承传统、整理和创新知识。

大学“个性”是大学经过长期积累和沉淀而形成的比较持久稳定的特征。《中国教育改革和发展纲要》提出：制定高校分类标准和相应的政策措施，使各种类型的高校分工合理，在各自的层次上办出相应的特色。特色是大学文化的亮点，大学要积极培育办学特色，强化特色意识，重视特色建设，形成“你无我有、你有我优、你优我强”的特色优势，才能在知识经济时代和高校竞争中占据有利地位，培养自身可持续发展的潜力和持久的生命力。创出自身特色已成为大学适应和超越自身与社会发展的必然要求。优秀的大学文化能够鲜明体现学校的个性和特色，有个性、有特色的大学文化才会有影响力和竞争力。大学文化建设既要从学校的实际出发，体现和塑造学校的个性和特点，同时也要按文化发展的规律来实施，坚持个性化与遵循文化发展的普遍规律相统一的原则。

个性是大学文化建设的聚焦点，是大学文化建设的重要特征，它是一所大学独具的，具有典型意义。[②] 大学文化要有自己独特的个性，就必须从大学实际情况出发，有计划、有目的、有组织地开展文化建设活动。在“发展特色文化，壮大文化力量”的原则指导下，加强特色文化建设，发展学科特色、专业特色、人才培养特色、师资特色、管理特色和校园文化特色，有效提升大学文化的品位和层次，促进大学特色和大

---

① 刘新生：《大学文化建设》，泰山出版社，2010，第135页。

② 王文燕：《论大学文化个性的形成》，《江苏高教》2010年第4期，第13～16页。

学文化的协调发展和良性循环，利用自我条件来打造凸显自我优势的富有个性的大学文化。同时要体现个性就必须立足于学校的办学定位，学校的层次和类型，学校的发展目标、学科专业、科研水平、师资状况等整体条件，科学合理地规划和设计大学文化，使其从内容到形式都充分体现学校各层面的文化内涵，营造出特色鲜明的文化氛围。

其四，坚持科学精神和人文精神相统一的原则。科学教育和人文教育促成了大学中科学精神和人文精神的生存和发展，它们是大学文化的重要组成部分。① 科学精神是大学师生在科学活动中逐渐形成的意识和态度，它建立在一定的科学理论和实践基础上，是对科学的不断认识和科学探索精神的不断升华，包括理性精神、求实精神、探索精神、协作精神、宽容精神、献身精神等多个方面。人文精神是蕴含在人文社会科学中的对人类生存价值的关怀，是一种以人为中心、以人为本的教育思想，它包括信念、道德、理想和人格等。

科学精神和人文精神是大学文化的精髓。弘扬科学精神以激发大学师生对主观世界和客观世界的探索研究，树立实事求是、严谨规范、求真务实、独立创新观念，使他们获得一技之长，为社会发展贡献力量。科学精神为大学的发展注入强大的生命活力，发挥着强有力的价值导向、群体凝聚和社会辐射等作用，是大学发展生生不息的原动力，也是大学始终充满生机和活力的内核动能。强化大学科学精神，提升文化生产力意识，将科学生产力和文化生产力作为科学精神的重要组成部分，把建设重心放到科教兴国、文化立国的轨道上来。② 大学文化建设要求尊重人的价值，注重大学师生的精神生活，追求真善美，发挥以人为本为核心的人文精神。人文精神是人类先进文化的精髓，反映着以人的发展为中心的社会要求和价值取向。人文精神指导着大学师生树立正确的世界观、人生观和价值观，培养大学师生学会与他人交往，与团队合作的做

---

① 申作青：《科学文化在大学文化建设中的地位和作用》，《自然辩证法研究》2006 年第 6 期，第 77 ~ 80 页。

② 李辉、钟明华：《“大学精神”的本质特征及其建设思路》，《中山大学学报》1999 年第 2 期，第 116 ~ 120 页。

人能力，使他们具有良好的情感体验，以健康积极的心态适应社会，使科学精神和人文精神贯穿大学文化建设的全过程。这样不仅满足其对科学文化的需求，同时也满足不断增长的人文文化的需求，实现人的全面发展，充分激发他们的发展与创造潜能，满足文化生产力的发展要求。[①]

第四，大学文化建设的地位与作用。

其一，大学文化建设是实现大学可持续发展的重要保证。社会发展要求大学文化稳定健康发展。现代大学不仅要培养和塑造高素质、创新型人才，为探索未来、追求真理提供可靠的科学数据，为人类发展解决重大问题；而且还要成为知识创新、生产力持续发展的原动力，成为联系民族优秀文化与世界先进文明的交流平台和文化窗口。大学不单单是地理区域范畴，也不仅仅是人才的简单堆积，其历史使命和时代特征的发挥在很大程度上是通过大学文化来实现的，只有大学文化健康发展，才能保证大学的发展方向，才能保证大学历史功能的充分发挥。

大学文化建设持续健康发展是实现人才培养目标的重要基础。大学为了实现培育“四有”新人的目标就必须创造良好的环境和氛围，让大学生既能学习文化知识、掌握技能，又能获得宝贵的精神财富，提高思想道德修养水平和审美情趣，健全个人人格。同时，大学文化建设能够提高大学德育教育的有效性。布局合理、层次分明的大学文化可以净化大学师生的心灵，丰富多彩、积极向上的大学校园文化活动使原本抽象的“道德说教”变得形象而生动、合理而充实，从而让大学师生容易接受并融入大学文化建设。大学文化促使大学师生从内心产生高昂情绪和奋发进取的动力，提倡崇高而富有特色的大学文化精神，产生一致的精神气候和融洽的文化氛围，将广大师生紧密地团结在一起。[②]

---

① 王冀生：《大学是一种精神和文化的存在》，《杭州师范大学学报》2010 年第 3 期，第 117 ~ 120 页。

② 张耀灿：《以社会主义核心价值体系引领和谐校园文化建设》，《高校理论战线》2012 年第 3 期，第 47 ~ 50 页。

大学文化建设是深化智育、提升美育和促进心理健康的有效途径。集知识性、娱乐性和教育性于一体的大学文化为大学师生提供了表现自我的广阔舞台，促进了大学师生之间的相互交流，让教师清楚地了解到大学生的知识需求和心理状态，有针对性地向大学生传授相关知识，实现大学生知识学习与人文素养的有效互补，提高大学生的审美判断力，滋养大学生的精神和心灵，使大学生的学习生活得以充实、能力才华得以展示、心理素质逐步成熟，有利于大学教育目标的实现、有利于大学生的健康成长，是大学教育健康发展的重要组成部分。

其二，大学文化建设决定着大学发展的高度和走向。大学文化建设决定着大学自身的改革高度、发展定位和未来走向，是大学创新的动力源泉。[①] 它作为一种在大学自身发展过程中逐渐形成、不断进化并积极作用于大学师生思想和行为的群体文化形态，是一所大学素质总和的具体体现。它能提高大学的教学效率和丰富大学师生的课外生活，体现明显的教育效应，使其使用功能、审美功能和教育功能达到和谐统一。作为大学文化的物质载体，优良的大学文化设施，如教学楼、图书馆、文艺、体育、科技活动等可使教师的“教”与大学生的“学”达到良性互动，提高教学效率；景色优美的大学环境，可使大学师生身心愉悦，在享受美好环境的同时，追求“真”和实践“善”。[②]

大学文化是大学师生共同追寻的精神家园。大学是知识分子密集的地方，也是探寻文化和彰显精神的地方。大学文化作为一种价值观被大学师生认同后，会有一种巨大的黏合力，从各个方面把他们聚合起来，产生巨大的向心力和凝聚力。它把大学师生的思想和力量团结在一起，激发他们为着共同的目标奋发进取的情感，进而内化为积极向上、开拓进取的巨大合力，使他们感受和意识到自己是大学文化建设中的主要成员，同时在文化素质提高的过程中产生强烈的认同感、归属感和责任感，

---

① 郭广银、杨明：《新时期高校校园文化建设的理论与实践》，南京大学出版社，2007，第 196 ~216 页。

② 王玉芝、沈文华：《求是之光——浙江大学文化研究》，高等教育出版社，2011，第 389 页。

创造出一致的精神气候和融洽的文化氛围。

大学文化建设是实现思想交流和精神传递的重要途径。体育比赛、文艺会演、社会调查、社团表演等内容丰富的文化形式能够让大学师生接触社会生活，了解民俗民情，从而实现两者近距离的思想观念交流，使大学文化得以传递、交流，进而实现升华与创新。在这种氛围中大学师生注重对精神生活的需求，注重精神生活的质量。大学师生通过各种讲座、沙龙、论坛等形式进行思想交流，这样既能使师生丰富自我、调整自我，实现精神的升华，又能实现文化的创新，推动大学文化的发展。

其三，大学文化建设是社会主义文化建设的重要内容。大学文化是高等教育发展的“起搏器”，在文化传承创新中担负着重要使命。[①] 大学文化建设的示范性、辐射性和持久性是大学自身发展的战略需求，也是建设社会主义先进文化的重要内容。[②] 大学以人才资源优势、思想资源优势，通过传承文化、研究文化、创新文化发挥着独特的文化功能，保持着旺盛的生命力，成为社会进步的加速器。大学文化在高等教育发展中成为推动先进生产力发展的重要力量，也是实现大学师生利益的重要体现。一方面，大学通过教育活动把新思想、新观念和新技术传授给学生。另一方面，大学又通过文化活动让大学师生向社会传播文化，促进社会文化的发展。大学是高等教育发展进步的桥梁纽带和思想观念创新的源头，也是传承民族优秀文化和孕育时代先进文化的摇篮和基地。[③] 中国大学文化建设按照中国特色社会主义文化发展的本质要求，倡导以办学理念、校训校风、弘扬主旋律为核心的大学精神，传承优良历史文化，营造体现社会主义特点、时代特征和大学特色的精神氛围，不断满足大学师生日益增长的精神文化需求，重视学术文化建设，创

---

① 眭依凡：《大学文化决定大学作为》，《中国社会科学报》2012 年 10 月 15 日，第 1 版。

② 孙家学：《提升大学文化内涵建设　强化文化育人功能》，《中国高等教育》2011 年第 22 期，第 6 ~ 7 页。

③ 马化祥、霍晓丹：《国际化视野下的高校校园文化建设——以北京大学建设和谐校园文化为例》，《思想理论教育导刊》2011 年第 3 期，第 109 ~ 111 页。

造追求真理、尊重科学实践、坚持诚信治学、培养民主科学的学术风气，形成博大精深、海纳百川的文化氛围，把发挥大学师生的创造性和能动性作为大学文化建设的动力，使大学成为践行社会主义核心价值观的示范区，成为培养社会先进文化和引领时代前进方向的辐射源。

大学文化是体现时代性、符合规律性和富有创造性的先进文化。[①]它的重要特点在于“新”，突出的是新的思想、新的观点和新的方法。新思想、新观点和新方法反映事物发展的规律，体现了社会发展的本质要求，具有强大的生命力。马克思曾指出：“人们自己创造自己的历史，但是他们并不是随心所欲地创造，并不是在他们自己选定的条件下创造，而是在直接碰到的、既定的、从过去承继下来的条件下创造。”[②] 大学文化建设要做到一脉相承和与时俱进的有机统一，解放思想、实事求是，以创新的精神状态和理论勇气，不断开辟新的文化视野，丰富先进文化的内容体系。创新和发展先进文化是大学进步的内在动力，是展现大学生命活力的重要方式。大学文化在发展过程中既要注重吸收社会文化的积极因素，又要对社会文化进行总结和升华，不断超越社会文化的表面化和浅薄性，克服社会文化的浮躁性和功利性，保持大学独特的文化品格和个性精神。大学文化以其独有的文化观念、思维方法和行为方式影响社会文化的发展趋势，引领时代发展的方向，为社会发展提供宝贵的精神资源。[③]

## 第三节　研究综述

大学在我国有着悠久的历史，大学文化源远流长，但是现代意义上

① 马寒：《裂变与整合：多元视域下的大学文化研究》，世界图书出版公司，2012，第16～17页。

② 《马克思恩格斯选集》（第1卷），人民出版社，1995，第585页。

③ 张应强：《大学的文化精神与使命》，安徽教育出版社，2008，第12～18页。

的大学起源于欧洲，中国在五四运动前后借鉴欧美模式，大学从传统书院和学堂向现代转型，逐步形成了中国特色的大学制度和大学精神。思想政治教育作为中国共产党重要的政治优势，是建设中国特色大学文化的重要内容，它决定为谁培养人、培养什么人、如何培养人等关键问题，在大学建设中处于重要地位。发挥我党的政治优势，解决大学文化建设所面临的问题，传承和发展大学文化的育人功能，是我们研究的关键。因此，我们进行思想政治教育与大学文化建设研究，除了厘清我国学者对此问题的研究历程外，还有必要追根溯源，回顾国内外学者在这方面所做的研究和贡献。

大学文化建设是一个具体而复杂的矛盾运动过程，有其内在逻辑及运行机制。思想政治教育是党的政治优势，是教育、组织和动员大学师生为建设中国特色大学文化而奋斗的强大武器。社会主义大学文化建设，对于思想政治教育而言，既是机遇又是挑战。既要准确把握思想政治教育的价值定位和功能取向，厘清继承和拓展思想政治教育的相应功能，也要明晰其为实现大学文化建设目标、内容、原则、方法、载体、环境和管理等需要哪些方法途径，形成整套操作性强的服务大学文化建设的思想政治工作教育体系。

从学术研究的内在逻辑和学术发展的基本动态来看，大学文化建设与思想政治教育是学术界长期关注的一个重大课题。2004 年颁布《中共中央、国务院关于进一步加强和改进大学生思想政治工作的意见》、2005 年召开全国加强和改进大学生思想政治教育工作会议、2010 年召开全国加强和改进大学生思想政治教育工作座谈会、2015 年颁布《关于进一步加强和改进新形势下高校宣传思想工作的意见》，邓小平、江泽民、胡锦涛、习近平等党和国家领导人先后多次作专题阐述，对大学文化建设做出了具体部署，并提出了一系列重要思想，强调加强大学文化建设，高度重视发挥思想政治工作的作用，国内学术界掀起了对大学文化建设与思想政治教育研究的热潮，对大学文化建设与思想政治教育的方方面面进行了广泛而深刻的研究。专家学者对两者的科学内涵、主要特征、意义价值、目标要求、实施途径等进行了大量研究，对在大学文化建设中发挥思想政治教育作用的必要性和重要性的看法高度一致，并从课堂教学、校园文化活动、社会主义核心价值观教育等视角，初步开展了探讨。

本书依据文献计量学原理，通过计算机网上检索，对人文与社会科学学术总库收录的关于思想政治教育与大学文化建设研究成果进行统计分析。中国国家图书馆的图书联机网上检索项为“题名/关键词”，以思想政治教育/大学文化建设/思想政治教育 + 大学文化建设为检索词进行联合检索，将检索出的文献分类进行统计分析。文献资料包括期刊、专著和硕博论文（见表 1 – 1 至表 1 – 3）。

**表 1 – 1　基于中国国家图书馆的图书联机网上检索系统的专著精确统计**

| 专著检索主题词 | 年份 | 专著（部） | 代表性出版社 |
|---|---|---|---|
| 思想政治教育 | 1978 ~ 2014 | 1302 | 高等教育出版社<br>中国社会科学出版社 |
| 大学文化建设 | 1978 ~ 2014 | 66 | 山东人民出版社<br>中央文献出版社<br>泰山出版社 |
| 思想政治教育 + 大学文化建设 | 全部 | 0 | |
| 思想政治教育 + 大学文化 + 使命 + 作为 | 全部 | 0 | |

**表 1 – 2　基于 CNKI 系列数据库联机检索结果**

| 篇名检索主题词 | 年份 | 检索对象 | 文章（篇） | 代表性文章 |
|---|---|---|---|---|
| 思想政治教育 + 大学文化建设 | 1978 ~ 2014 | 党和国家的相关文件 | 11 | 《中共中央、国务院关于进一步加强和改进大学生思想政治工作的意见》《关于进一步加强和改进新形势下高校宣传思想工作的意见》 |
| 思想政治教育 + 大学文化建设 | 1978 ~ 2014 | 期刊论文 | 49 | 李贵兰的《加强大学文化建设　提高思想政治教育的时效性》载于《思想政治工作研究》；吕文颖的《加强大学文化建设对大学生思想政治教育的重要性》载于《山东社会科学》 |

续表

| 篇名检索主题词 | 年份 | 检索对象 | 文章(篇) | 代表性文章 |
|---|---|---|---|---|
| 思想政治教育 + 大学文化建设 | 1978 ~ 2014 | 博士学位论文 | 9 | 韩国顺的《以社会主义核心价值观引领大学生思想政治教育研究》;陶丽的《思想政治教育视阈下的大学生成长轨迹研究》 |
| 思想政治教育 + 大学文化建设 | 1978 ~ 2014 | 优秀硕士学位论文 | 127 | 刘显威的《文化校园建设:思想政治教育的有效载体》;朱志坚的《高校校园文化的思想政治教育功能研究》 |
| 思想政治教育 + 大学文化建设 | 1978 ~ 2014 | 重要学术会议文献 | 3 | 王宏的《加强学生思想政治教育促进学生全面成才》;张旭的《红色情怀育人 联大精神塑魂——云南师大校园文化建设与学生思想政治教育工作》 |
| 思想政治教育 + 大学文化建设 | 1978 ~ 2014 | 重要报纸全文 | 39 | 李康平、张吉雄的《建设先进文化 推进高校思想政治教育创新》载于《光明日报》;高洪、田建国、徐艳国的《大力加强校园文化建设 全面促进大学生思想政治教育》载于《光明日报》 |

**表 1-3 英文文献检索结果**

| 著作(论文)篇名英文检索主题词 | 年份 | 专著(部) | 论文(篇) | 代表性著作 |
|---|---|---|---|---|
| Ideology | 1978 ~ 2014 | 82 | 1078 | *The Analysis of Ideology* |
| University Culture | 1978 ~ 2014 | 21 | 145 | *A Study of High School Attendance Representing Mexican Culture from the Perspective of Students* |
| Ideology And University Culture | 1978 ~ 2014 | 3 | 16 | *Culture and Ideology in Higher Education* |

通过对国内外文献资料的收集整理分析，我们发现其具有以下几个特征：一是大学文化建设和思想政治教育是国内外学者研究的热点；二是当前社会主义大学文化建设研究是一种从理论体系向实践形态转化的研究，这一转化研究的好坏将直接影响大学文化建设的效果，思想政治教育功能和作用的发挥是实现教育目标的重要途径；三是对思想政治教

育在大学文化建设中的实施途径和行动标准的准确把握是思想政治教育实现的重要前提。

国内相关研究主要集中在以下四个方面。

第一，关于思想政治教育的价值与思想政治教育的功能研究。

关于思想政治教育的价值，学者研究的侧重点主要集中在以下三个方面。

第一类观点是对思想政治教育价值本质的研究，以张耀灿、陈秉公、邱伟光、项久雨等学者为代表。张耀灿认为思想政治教育价值本质是价值主体的需要与思想政治教育属性的统一，即人的思想政治品德社会化的需要与满足人的思想政治品德社会化的属性之间的对应关系的综合。[①]陈秉公认为思想政治教育是社会结构中一个关键性要素，是社会上层建筑中的核心部分，在社会全局建设和一切工作中具有主导地位。[②]邱伟光认为思想政治教育具有重要的战略地位，在社会经济建设、政治发展和文化建设中发挥着不可替代的作用，它有普遍的客观基础和复杂的表现形式。[③]项久雨指出思想政治教育价值是人和社会在思想政治教育实践中建立起来的，以人的思想政治品德形成和发展规律为尺度的一种客观的主客体关系，追求思想政治教育中的"真""善""美"，它是思想政治教育在其教育活动中合乎人的发展和社会进步而呈现出的一种肯定的意义关系。[④]

第二类观点根据不同标准、从不同角度，将思想政治教育价值和功能分成不同的类型，以李辽宁、孙其昂、苏振芳为主。张耀灿指出导向功能、保证功能、育人功能和开放功能是思想政治教育功能中最根本、最核心的内容，是思想政治教育本质的集中显露。[⑤]陈万柏把思想政治

① 张耀灿、郑永廷等：《现代思想政治教育学》，人民出版社，2006，第165页。

② 陈秉公：《思想政治教育学》，高等教育出版社，1997，第54页。

③ 邱伟光、张耀灿：《思想政治教育学原理》，高等教育出版社，1999，第121页。

④ 项久雨：《思想政治教育价值论》，中国社会科学出版社，2003，第46页。

⑤ 张耀灿、郑永廷、吴潜涛等：《现代思想政治教育学》，人民出版社，2006，第115～129页。

教育的价值概括为保证、导向、凝聚、激励、调节、转化六大功能。[①] 李辽宁从思想政治教育的意识形态性出发，认为思想政治教育具有意识形态功能和非意识形态功能，其中意识形态功能是思想政治教育的主导功能。[②] 苏振芳认为思想政治教育的基本职能是“灌输、转变、调节、凝聚和激励”，主要包括引导政治方向、激发精神动力、塑造个体人格和规范调控行为。[③] 孙其昂认为思想政治教育的价值是指客体满足人的精神价值的程度和可能，是一种肯定的力量，包括精神价值和肯定性层面。思想政治教育具有劝人行善，调动人的积极性为正确的理想而奋斗的功能。[④]

第三类观点是对思想政治教育价值和思想政治教育功能实施途径的分析，以项久雨、王敏、平章起、陈成文等为代表。项久雨认为思想政治教育价值和思想政治教育功能实现的内涵是由“潜”到“显”，在实践的基础上从无到有的过程。[⑤] 王敏认为思想政治教育价值的实现是主客体相互作用的过程，在实现过程中经历了三个阶段，即“内化”“外化”“两个转化”。[⑥] 平章起认为思想政治教育价值的实现过程是从其与外部社会有机联系、相互作用中产生的，更是其内部诸因素矛盾运动连续不断、动态综合的结果。[⑦] 陈成文认为思想政治教育价值通过灌输的方式得以实现，灌输法是思想政治教育价值实现过程中最常用、最基本的方法，强调在现代条件下，正确利用灌输途径，克服单向投注的弊端，建立起教育者与受教育者平等交往的双向互动的新理念。[⑧] 邹绍清和罗

---

① 张耀灿、陈万柏：《思想政治教育原理》，高等教育出版社，2001，第 69 页。

② 李辽宁：《当代中国思想政治教育意识形态功能研究》，武汉大学出版社，2006，第 51 页。

③ 苏振芳：《思想政治教育学》，社会科学文献出版社，2006，第 304 页。

④ 孙其昂：《思想政治教育学前沿研究》，人民出版社，2013，第 213 ~ 214 页。

⑤ 项久雨：《论思想政治教育价值的实现及其规律》，《江汉论坛》2006 年第 11 期，第 110 ~ 114 页。

⑥ 王敏：《思想政治教育接受论》，湖北人民出版社，2002，第 22 页。

⑦ 平章起、梁禹祥：《思想政治教育基本理论问题研究》，南开大学出版社，2010，第 151 页。

⑧ 陈成文、阮剑兰：《论思想政治教育价值问题的研究进展》，《甘肃社会科学》2006 年第 1 期，第 85 ~ 87 页。

洪铁认为思想政治教育价值的实现要坚持合目的性与合规律性的统一，自觉地遵循唯物辩证法的方法论原则，指出灌输并不是强制性的硬灌，而是提供合适的条件和环境，采用多种教育方式。[①] 王嘉和张亚丽认为思想政治教育价值接受过程中要把握接受主体的需要与驱动之间的关系。把人与社会有机联系起来，不仅有物质需要，而且有精神需要，把广泛性需要与先进性需要结合起来，推动接受的实现。[②]

第二，关于大学文化的价值和功能研究。

大学文化是社会主义先进文化的重要组成部分，加强大学文化建设对于推进高等教育改革具有重要的意义。“文化价值”是指客观事物所具有的能够满足一定文化需要的特殊性质或能够反映一定文化形态的价值属性，反映了一定的知识、思想与认识主体之间所构成的需要与被需要的关系。[③] 关于大学文化的功能与作用，学术界的观点可谓纷繁复杂。高校思想政治教育界的研究主要集中在以下四个方面。

第一类观点是对大学文化功能范畴的界定，当前学术界对大学文化的功能范畴界定基本达成了共识，以王少安、蔡劲松、刘晖为代表。蔡劲松认为大学文化的功能主要包括四个方面：一是对大学师生的价值观、行为规范、生活方式和人格建构的引导功能；二是大学文化作为一种组织文化，本身就具有凝聚人心的内在功能；三是大学师生的道德行为、思想观念受到大学文化的规范和制约；四是大学文化在陶冶人格和净化灵魂方面具有独特的效果。[④] 王少安认为大学文化是以大学生为主体，以教师为主导，由大学师生在教育、科研、管理、生产、生活、娱乐

---

① 邹绍清、罗洪铁：《思想政治教育价值研究的理论探源》，《思想理论教育》2008 年第 7 期，第 9～14 页。

② 王嘉、张亚丽：《论接受图式对提高思想政治教育接受效果的价值》，《思想理论教育》2009 年第 3 期，第 136～139 页。

③ 教育部高等学校社会科学发展研究中心：《大学校园文化建设研究述评》，教育科学出版社，2011，第 26 页。

④ 蔡劲松：《大学文化的四个层次》，《中国教育报》2009 年 7 月 27 日，第 2 版。

等领域的相互作用而共同创造出来的物质财富和精神财富的总和。① 刘晖认为大学文化建设主要有教育导向、约束和规范、凝聚和塑造、传承和辐射等基本功能，除此之外还有育人功能、调节功能、审美功能。②

第二类观点认为大学文化是培养创新型人才的重要因素，它能使大学生受到潜移默化的感染和熏陶，侧重于文化的传承与文化的创新，以眭依凡、王智平、申作青、张杰等学者为代表。眭依凡认为大学文化是培育人才的重要条件，大学文化建设是一种寓教育于环境的潜在课程，是大学环境、设施、气氛以及教风学风、大学精神的有机统一，大学文化使大学生受到潜移默化的感染、启迪和熏陶，对提升大学生的综合素质和创新能力具有重要意义。③ 王智平和李建民认为大学文化是特有的文化现象，具有强烈的学术性和专业特色，它既影响着大学生的价值观、人生观和世界观，又影响着大学生的人文素养、科学精神、专业技能，还影响着大学生的思维方式、审美情趣和身心素质。④ 申作青认为大学文化以优秀的传统文化为基础，通过长期不断的影响力，在大学师生中形成无形的强大的向心力、感召力和凝聚力；通过对大学师生精神、心灵、性格、能力的塑造，促进大学生的社会化；通过开展集思想性、知识性、学术性、娱乐性和运动性于一体的活动，促进大学生的全面发展。⑤ 张杰认为大学文化建设通过一系列文化传承和文化创新活动，把“自在的文化”提升为“自觉的文化”，通过此过程使大学师生受到优秀文化的熏陶、提高其文化选择力，进而推进优秀文化的发展、规范社会

---

① 王少安：《试析大学文化的内涵、特色和功能》，《中国高教研究》2008 年第 5 期，第 66 ~ 67 页。

② 刘晖：《论大学文化的特征、嬗变与功能》，《高教探索》2006 年第 3 期，第 11 ~ 17 页。

③ 眭依凡：《关于大学文化建设的理性思考》，《清华大学教育研究》2004 年第 1 期，第 11 ~ 17 页。

④ 王智平、李建民：《大学文化论》，中国社会科学出版社，2009，第 2 ~ 10 页。

⑤ 申作青：《当代大学文化论——基于组织文化子系统视野的认知与探索》，浙江大学出版社，2006，第 33 ~ 38 页。

价值体系，促进文化健康发展。[①]

第三类观点认为大学文化建设是提高大学核心竞争力的重要手段，主要体现在凝聚力、教育力、创造力和影响力四个方面。以王冀生、张卫良、文大稷、秦在东为代表。王冀生强调大学文化对社会文化的发展具有促进作用。大学是传承和创造先进文化的重要场所，而大学文化建设担负着创造时代新文化，推动先进文化发展的作用。[②] 张卫良认为大学文化是大学核心竞争力的重要体现，大学文化创新促进大学核心竞争力的提升，大学核心竞争力的提升也推动和丰富着大学文化的内涵。随着时代的发展，大学文化成为大学增强吸引力、扩大影响力和提高竞争力的重要手段。[③] 文大稷和秦在东认为全面建设大学文化责任重大。大学通过物质文化建设、学术文化建设、社团文化建设、管理文化建设、媒体舆论建设等途径，创造良好的大学文化环境。这既是大学发展需要的客观条件，又是社会主义核心价值体系教育的重要场所；既可以陶冶大学师生的情操，又可以净化大学师生的心灵，把大学精神和当代社会主义教育的核心理念融入其中，发挥“润物细无声”的独特作用。[④]

第四类观点是对大学文化核心功能的认识，在大学文化的诸多功能中，有些功能发挥着突出作用。以韩延明、李培根、姜宇飞、任世强等为代表。韩延明认为育人功能是大学文化的本体功能，并体现在导向功能、激励功能、价值认同功能和情感陶冶功能四个方面。[⑤] 李培根认为大学文化像一种黏结剂，大学精神文化至关重要，它将大学师生聚集和团结起来，形成巨大的向心力、凝聚力和推动力。[⑥] 姜宇飞和孙雷认为

---

① 张杰：《以高度的文化自觉和文化自信推动大学文化建设》，《求是》2012 年第 9 期，第 47 ~49 页。

② 王冀生：《大学文化的科学内涵》，《高等教育研究》2005 年第 10 期，第 9 ~ 14 页。

③ 张卫良：《大学核心竞争力理论与实践研究》，中国海洋大学出版社，2006，第 190 页。

④ 文大稷、秦在东：《论创新大学文化与培育大学精神》，《学校党建与思想教育》2010 年第 16 期，第 15 ~ 17 页。

⑤ 韩延明：《强化大学文化育人功能》，《教育研究》2009 年第 4 期，第 89 ~ 93 页。

⑥ 李培根：《论大学精神与文化》，《国家教育行政学院学报》2015 年第 1 期，第 3 ~ 7 页。

大学内在的不可替代的力量即先进文化的指导功能，对大学生具有潜在性、深刻性和持久性。[①] 任世强认为加强大学文化的育人功能，进一步发挥大学文化的作用，要从大学生思想政治教育、大学环境建设、大学文化氛围、良好的人际关系等方面切入，建立规范有序的长效机制，开展丰富多彩的文化活动，创造文化育人的有利条件和优良环境，充分发挥大学文化的育人功能，实现先进文化可持续发展。[②] 王明清认为大学文化要把握时代脉搏，着眼当今形势发展变化和整个社会文明的发展步伐，按照社会主义文化大繁荣的格局进行宏观规划和精心设计，突出社会主义大学文化特色，发挥大学文化的多重和复合功能。[③]

第三，关于大学文化建设与思想政治教育的内在关系研究。

学术界对大学文化建设与思想政治教育的内在关系进行了深入探讨，主要观点集中在以下三个方面。

第一类观点认为思想政治教育和大学文化建设是两个完全不同、相对独立而又完整的研究体系，以周复、王景云为代表。周复认为思想政治教育和大学文化建设是两个相对独立的研究体系。它们在研究对象、内容、功能和研究方法上不尽相同，不能相互替代。[④] 王景云认为大学文化与思想政治教育是两个完全不同、相对独立而又完整的体系。大学文化建设随着社会大环境的变化而变化，而思想政治教育的内容、方针和原则具有较强的阶级性，在教育过程中有明显的教育者与被教育者、主体与客体、主动与被动之分。[⑤]

---

① 姜宇飞、孙雷：《现代大学制度视域下大学文化的功能审视与创新向度》，《文化学刊》2014 年第 1 期，第 136 ~ 142 页。

② 任世强：《大学文化的育人功能及实现路径》，《光明日报》2013 年 12 月 1 日，第 7 版。

③ 王明清：《育人功能：大学文化的本体功能》，《黑龙江高教研究》2009 年第 12 期，第 109 ~ 111 页。

④ 周复：《大学文化与大学生思想政治教育》，《高等农业教育》2005 年第 12 期，第 32 ~ 34 页。

⑤ 王景云：《大学和谐文化与高校思想政治教育》，《黑龙江高教研究》2008 年第 3 期，第 110 ~ 112 页。

第二类观点认为大学文化建设与思想政治教育是一种你中有我、我中有你，相互依存的关系，两者的共同理念是育人为本，以刘新庚、蔡峋、姚刚、朱琦等为代表。刘新庚认为大学文化建设和思想政治教育的根本任务是培养中国特色社会主义事业的建设者和接班人。坚持育人为本、德育为先，促进大学生的德智体全面发展的基本教育方针，将思想政治教育融合在大学文化建设之中，形成人人重视德育、处处渗透和谐的育人环境，推进思想政治教育和大学文化建设的协调发展。[①] 蔡峋认为大学文化既是思想政治教育的重要资源，又为巩固思想政治教育成果提供重要保证，大学物质文化为思想政治教育提供育人环境，大学精神文化为思想政治教育提供精神动力和智力支持，大学制度文化为思想政治教育提供制度保障，大学行为文化为思想政治教育提供活动平台。[②] 姚刚认为大学文化是增强思想政治教育针对性和实效性的有效途径，大学文化建设是实现教育目标和提高大学师生思想觉悟和政治素质的基本手段。[③] 朱琦认为大学文化活动使思想政治教育有形化，能不断增强思想政治教育的亲和力。将思想政治教育与大学文化活动有机结合，能活化思想政治教育的内容，使思想政治教育的形式更具吸引力和影响力，更易为大学师生所接受。[④]

第三类观点认为大学文化建设是思想政治教育的重要组成部分，它既可拓展思想政治教育的范围，优化思想政治教育的育人环境，又充实了思想政治教育的内容和形式，不断推动思想政治教育的创新发展。以王瑞芳、张勇华、李贵兰、朱凌、杨娜为代表。王瑞芳认为大学文化延伸了思想政治教育的空间，增强了思想政治教育的感染力。它使大学师生有意无意地受到启发和感染，促使大学师生遵循大学文化的价值规范，

---

① 刘新庚、刘韧：《论大学文化视域下的思想政治教育》，《湖南科技大学学报》2014 年第 2 期，第 169 ~ 174 页。

② 蔡峋：《文化浸润与学生素质提升》，《中国教育学刊》2007 年第 6 期，第 34 ~ 36 页。

③ 姚刚：《大学文化视域下思想政治教育创新》，《高校理论战线》2012 年第 7 期，第 63 ~ 65 页。

④ 朱琦：《略论大学校园文化建设的思想政治教育功能》，《湖北社会科学》2012 年第 1 期，第 192 ~ 194 页。

使大学生在思想政治教育中变“被动接受”为“自愿接受”。[①] 张勇华认为大学文化建设能优化思想政治教育的育人环境。硬件环境建设是改善思想政治教育条件、提高思想政治教育水平的一个重要途径；而软性环境建设更能使大学生处于良好的教育环境之中，大学文化建设更应注重“软件”建设，实现宏观环境和微观环境的有机结合。[②] 李贵兰认为大学文化建设能够丰富思想政治教育的内容和形式，提高思想政治教育的实效性。大学文化建设包含思想政治教育的深刻内涵，它以其特有的形式充实和发展了思想政治教育。[③] 朱凌认为应开展特色主题教育活动，把德育、体育、美育融入大学文化活动。精心设计和组织开展内容丰富、形式新颖、吸引力强的大学文化活动，让大学生参与其中，使其思想情感得到熏陶、精神生活得到充实、道德境界得到升华。[④] 杨娜认为大学文化建设不断推动思想政治教育创新。大学文化建设紧密联系着社会文化的“热点”与大学生思想的“兴奋点”，通过开展丰富多彩、寓教于乐的活动，把思想政治教育的内容有形和无形地渗透到大学生的思想中，拓宽了思想政治教育的渠道，增强了思想政治教育的效果，提升了思想政治教育的水平，推动了思想政治教育的创新，符合时代发展的要求和思想政治教育的客观需要。[⑤] 刘月秀认为大学精神文化中的办学理念、学校精神、优良传统、思想观念、价值取向等属于思想政治教育的范畴；大学物质文化中的自然环境、校园建筑、活动场所、绿化和文化传媒设施等渗透着思想政治教育的目的和要求。大学生在大学文化氛围中，自觉不自觉地受其熏陶和影响，通过选择教育、自我教育，逐步升华和完

---

① 王瑞芳、吴静：《论和谐校园与大学文化建设》，《思想教育研究》2007 年第 6 期，第 13 ~ 15 页。

② 张勇华：《重视文化对大学生思想政治教育的影响》，《光明日报》2009 年 12 月 8 日，第 11 版。

③ 李贵兰：《加强大学文化建设　提高思想政治教育的实效性》，《思想政治工作研究》2012 年第 7 期，第 38 ~ 39 页。

④ 朱凌、朱友岗：《发挥校园文化思想政治教育作用的路径选择》，《学校党建与思想教育》2007 年第 9 期，第 77 ~ 78 页。

⑤ 杨娜：《校园文化：高校思想政治教育创新的新手段》，《思想政治教育研究》2009 年第 1 期，第 34 ~ 36 页。

善自身，体现着思想政治教育本身的目标和所要追求的教育效果。①

第四，关于大学文化建设在思想政治教育中的地位作用及实施途径的研究。

学术界对大学文化建设在思想政治教育中的地位，用社会主义核心价值观引领大学文化建设，并发挥其积极作用进行了深入的探讨，主要有四类观点。

第一类观点认为把握大学文化建设的发展方向，实现育人目标是两者的基本目标，以骆郁廷、张楚廷、张秉义、万美容为代表。骆郁廷认为大学文化的发展是不以个人意志为转移的客观现象，大学文化建设的基本原则不能变。始终坚持马克思主义在意识形态领域的指导地位，坚持以中国特色社会主义理论体系为统领。② 张楚廷认为大学文化建设要大力弘扬中华优秀传统文化，积极吸收借鉴国外文化发展的有益成果。始终高举社会主义文化旗帜，坚决抵制腐朽落后的文化对大学师生思想的侵蚀。大学文化建设要不断创新，既要成为科学思想发展的重要载体，又要从中汲取营养和力量，为发展先进文化提供强大动力和重要支撑。③张秉义认为大学文化建设要坚持民族性与世界性相结合、传统性与现代性相协调的原则，社会主义核心价值价值体系作为文化体系和价值标准，其作用的发挥是建立在大学师生信仰和认同的基础上。④ 万美容认为社会主义核心价值观引领大学文化建设是由大学存在的政治性意义和精神性意义决定的内在必然选择，它使大学师生树立理想信念、构筑精神支柱、强化道德观念，从而使大学的发展获得不竭的精神动力。⑤

---

① 刘月秀：《试析大学文化的使命与功能》，《学校党建与思想教育》2012 年第 18 期，第 90 ~ 91 页。

② 骆郁廷、魏强：《文化发展视域下的大学生思想政治教育》，《思想理论教育》2012 年第 5 期，第 39 ~ 44 页。

③ 张楚廷：《大学文化与传统》，《高等教育研究》2012 年第 6 期，第 1 ~ 5 页。

④ 张秉义：《民族精神：大学生思想政治教育的重要内容》，《求是》2005 年第 2 期，第 58 页。

⑤ 万美容：《论高校德育文化建设的基本原则》，《思想理论教育》2012 年第 3 期，第 25 ~ 28 页。

第二类观点是社会主义核心价值观对大学文化建设和思想政治教育具有重大的理论价值和实践意义，以张耀灿、李海玉为代表。张耀灿认为社会主义核心价值观是大学文化发展的“方向盘”，社会主义核心价值观是大学师生奋发向上的思想旗帜和团结一致的精神纽带。[①] 李海玉认为社会主义核心价值观是大学文化建设和思想政治教育的“参照剂”、“黏合剂”和“溶解剂”，通过思想政治教育将其辐射力渗透到大学文化的各个领域，以其感染力吸引大学师生，以其说服力争取大学师生，以其整合力团结大学师生，进而达到价值整合的目的。[②]

第三类观点探讨了社会主义核心价值观引领大学文化建设的主要途径，以杨晓慧、黄蓉生、周玉清为代表。杨晓慧系统研究了社会主义核心价值体系融入大学生思想政治教育全过程的基本问题，围绕“融入全过程”的本质特征、接受主体、整合功能、运行模式、创新机制五个基本问题进行探索。[③] 黄蓉生从思想政治教育与大学生成长成才规律出发，对社会主义核心价值观与我国大学生价值观的历史演变与现实进行分析，结合当代大学生思想政治教育实际情况，构建社会主义核心价值观引领大学生思想政治教育的长效机制。[④] 周玉清认为大学文化的精神文化、物质文化、制度文化、行为文化等具有育人功能，从社会主义核心价值观的意识形态文化属性与大学文化建设的内在契合入手，提出社会主义核心价值观引领大学文化建设的原则、任务和主要途径。[⑤]

第四类观点认为大学文化建设是贯彻落实科学发展观和实现中国

---

① 张耀灿：《以社会主义核心价值体系引领和谐校园文化建设》，《高校理论战线》2012年第3期，第47～50页。

② 李海玉：《以社会主义核心价值体系为根本推进大学文化建设探究》，《教育探索》2012年第4期，第116～118页。

③ 杨晓慧：《社会主义核心价值体系融入大学生思想政治教育全过程的基本问题研究》，人民出版社，2011，第11～42页。

④ 黄蓉生、胡建军、崔健：《加强大学生社会主义核心价值观教育的多维思考》，《思想理论教育》2015年第6期，第9～14页。

⑤ 周玉清、王少安：《社会主义核心价值体系引领大学文化建设论纲》，人民出版社，2011，第34～35页。

梦的重要手段，以冯留建、熊建文、张再兴、韩迎春为代表。冯留建和熊建文认为实现中国梦需要提升文化软实力，坚持社会主义意识形态在文化建设中的指导地位；坚持理论创新，增强感染力和说服力；以人为本，推进和谐与创新的统一，融入和贯彻文化建设各方面、全过程，形成统一的指导思想、共同的理想信念、强大的精神力量和良好的道德风尚，更好地凝魂聚气、强基固本。① 张再兴认为科学的方法论是实现社会主义核心价值观引领大学文化建设的有效途径，应着力提升大学文化自身的系统性和生态性，发挥社会主义核心价值观引领大学文化以及大学师生思想、行为的价值引导作用，着力加强价值主导、渗透融通、践行强化、环境控制等机制的建构和优化。② 韩迎春认为在培育与践行社会主义核心价值观的过程中，思想政治教育是重要手段，大学文化发展应具备四个条件：反映大学教育发展的必然性和规律性；具有坚实的群众基础和足够的吸引力和凝聚力；具有可持续发展的动力支持和足够的有效性；具备有力的人力和物质条件保障。③

国外对大学文化建设和思想政治教育的相关研究。

国外大学教育具有明显的西方传统文化特点，是西方资本主义政治、经济、文化制度孕育下的产物。“人类进入阶级社会以后，思想教育就有极为鲜明的阶级性。”④ 思想政治教育的实质和目的是为阶级统治服务，但名称和形式则各式各样。在国外虽无“思想政治教育”之名，但他们在公民教育、法律教育、共同价值观念教育、民族振兴教育、传统文化教育、道德教育等方面做了大量实质性的思想政治教育工作。他们在追求高度物质文明的同时，较好地实现了思想意识形态的教育

① 冯留建、王炳林：《实现中国梦需要提升文化软实力》，《思想理论教育导刊》2014 年第 5 期，第 74 ~79 页。

② 张再兴、杨增岽：《社会主义核心价值体系与高校思想政治教育发展》，《思想政治教育研究》2008 年第 2 期，第 1 ~4 页。

③ 韩迎春、杨淑玲：《谈将社会主义核心价值融入高校校园文化建设之中》，《教育探索》2012 年第 7 期，第 129 ~131 页。

④ 杨国辉：《思想政治教育创新的审美探讨》，中南大学出版社，2006，第 6 页。

与引导，维护了其思想上的稳定。它从宗教中分离出来，承担着各专业学科的知识教育和技能培训职责，在人生准则和社会准则等方面的教育上，受到资本主义社会高度普及的理性文化与宗教精神直接或间接的影响，体现着西方国家的核心价值观，诠释着德育教育的内涵。目前对国外思想政治教育在大学建设中的评价与借鉴主要集中在以下三个方面。

第一，国外大学教育中思想政治教育的主要内容。

西方国家大学的思想教育主要包括政治教育、道德教育、法制教育，主要体现在爱国主义教育和政治认同教育两个方面。他们高度重视爱国主义教育，加强对本民族成员的爱国主义情感培养。① 如美国大学注重从爱国教育、法制教育、文明教育、价值观教育和心理教育等方面激发大学生的民族自豪感和责任感。② 以本民族的英雄人物为载体，对历史上成就突出的人，以多种形式彰显其功德；以鲜活的教学案例来激励世人，使大学生形成强烈的民族自豪感，并通过先进事迹让大学生把爱国情感和爱国信念切实转化为学习、生活和工作的动力，形成为祖国做贡献的态度与能力。同时，注重以学科知识为载体，在教育过程中广泛渗透强烈的爱国主义。教育大学生热爱祖国的大好河山，珍惜本民族丰富的文化遗产，通过对民族发展史的教育，唤起大学生的民族自尊心和自豪感。③ 如西班牙利用各种教育活动开展爱国主义教育，在语文、历史、音乐等课堂上进行渗透，特别突出了西班牙的民族历史文化知识和人物事迹的内容。④

西方国家的思想政治教育坚持“个人利益为核心的自由主义”，维

① Bradley E. Cox, Kadian L. McIntosh, Robert D. Reason, Patrick T. Terenzini, “A Culture of Teaching: Policy, Perception, and Practice in Higher Education,” *Research in Higher Education*, 2011, 52 (8): 808 - 829.

② 〔美〕迈克尔·W. 阿普尔：《意识形态与课程》，黄忠敬译，华东师范大学出版社，2003，第 2 ~ 12 页。

③ Bruner J., *The Culture of Education*, Cambridge, MA; Harvard University Press, 1996 : 10 - 11.

④ 〔西班牙〕奥尔特加·加塞特：《大学的使命》，徐小洲、陈军译，浙江教育出版社，2001，第 98 页。

护和巩固资产阶级在政治、经济和文化等方面的统治地位。① 如美国为塑造美国精神和弘扬美国的价值观念通过国家名义确定思想政治教育的中心内容。美国大学向大学生灌输“美国是世界上最好的国家”和“当一名美国人具有无比的优越感”的思想。② 英国强调当代大学教育内容是“集中于制度及程度上的认识，培育大学生对制度的认同感，并使其认为英国议会制度是唯一可认同的政体”。英国对大学生的政治教育往往在宗教教育和道德教育的名目下进行，并且绝大部分高校开设了通识教育，通识教育的具体内容有英国历史、西方文明史、英国政府、现代社会、民主问题、英国议会等。③

国外大学思想政治教育的重要目标是塑造大学生良好的思想品德，培养大学生较为统一的价值观和政治认同感。如新加坡大学教育强调促进个人品德的发展和完善，以儒家文化为主，从小注重培养大学生的“忠孝仁爱礼义廉耻”，并以“德行、智慧、礼仪和学问”为出发点，培养大学生的社会意识、公民意识和奉献精神，明确了品格教育“爱国、诚实、勇敢、善良”等核心的价值观。④ 美国大学要求把大学生培养成为具有必要的思想品质和行为标准的人，使他们具有为社会生活和科学技术发展的献身精神和优良品质。学校支持大学生有组织地走向社会，承担一定的责任，如为社区人员服务、在公共场所进行义务劳动等，通过参加这些有意义的社会实践活动，培养大学生为社会做贡献的意识和团结互助的精神。⑤ 美国、德国和英国的思想政治教育强调对大学生时代精神的培养，以顺应社会发展的要求。他们要求大学生厘清本民族文化的历史和现实情况，并且将教育内容立足于本国，着眼于全球化和多

---

① William G. Tierney, *Culture and Ideology in Higher Education*, New York: Praeger, 1991: 6 - 9.

② Hutchins, R. M. , *The Higher Learning in America* New Haven Conn: Yale University Press, 1936: 22 - 36.

③ 〔英〕约翰·亨利·纽曼：《大学的理念》，高师宁译，贵州教育出版社，2003，第28 ~ 32 页。

④ 王学风：《新加坡基础教育》，广东教育出版社，2003，第 5 ~ 12 页。

⑤ Alfred North Whitehead, *The Aims of Education and Other Essays*, New York: Macmillan Company, 1929: 12 - 16.

元主义，进行中外比较，取长补短，审时度势地促进本国文化的正确发展。① 西方国家大学通过合理利用美育开展思想政治教育，以潜移默化的方式对大学生的心灵进行陶冶。如德国大学强调培养大学生的审美意识和审美情趣，教育他们如何正确地分辨生活中的美和丑，让大学生通过对艺术美的领略和理解，提高美的欣赏力、鉴别力和创造力；提出“先进的学校不仅是传播知识和培养能力的场所，也塑造人的个性、人的心灵的地方”。② 他们认为大学环境是思想政治教育的重要手段，大学环境自身具备教育的功能，道德教育与大学环境的有机结合是实现大学教育目标的重要手段。优良的大学环境能促进大学生的创造热情，有利于其形成稳定的心理状态。③

法制教育是西方德育中最直接的政治性教育。法律是统治阶级意志的集中体现，它直接维护现存的阶级关系和阶级统治，是维护社会秩序的重要手段。④ 如美国大学强调法律的合理性、权威性、神圣不可侵犯性。采取多种形式强化对学生的法制教育，教育大学生要遵纪守法，履行作为公民的责任和义务，让大学法制教育成为整顿社会秩序、维护社会安定的重要内容。它注重让大学生深入了解和学习法律的形成与演变过程，从社会背景中分析法律和制度，把法制教育同介绍美国社会和大学教育特点，分析美国制度，介绍议会、法院等结合起来。⑤

第二，国外大学思想政治教育的主要特征。

国外思想政治教育体现出教育方式的隐蔽性、教育目标的政治性与

---

① Abraham Flexner, *Universities: American, English, German*, New York: Oxford University Press, 1930: 348.

② 〔德〕雅斯贝尔斯：《大学之理念》，邱立波译，上海人民出版社，2007，第 2～10 页。

③ Peter A. M. Maassen, "The Concept of Culture and Higher Education," *Tertiary Education and Management*, 1996, 2 (2): 153－159.

④ 〔美〕罗伯特·伯恩鲍姆：《大学运行模式》，别敦荣译，中国海洋大学出版社，2004，第 8～22 页。

⑤ Bradley E. Cox, Kadian L. McIntosh, Robert D. Reason, Patrick T. Terenzini, "A Culture of Teaching: Policy, Perception, and Practice in Higher Education," *Research in Higher Education*, 2011, 52 (8): 808－829.

社会发展的适应性等显著特点。[①] 国外思想政治教育作为各国高等教育的重要组成部分，是影响学生意识的重要工具。虽然西方没有类似我国的关于思想政治教育的概念和独立学科，但其教育内容与理念深深渗透在学科教学中，体现出较强的时效性。国外将政治教育转化为知识教育，如思想政治教育课程，美国与法国称之为“公民教育”、英国和加拿大称之为“政治教育”、西班牙称之为“共处之道教育”、日本称之为“社会科学”等。[②] 国外教育通过其他各个学科内容和思想政治教育的融通与对接，使其在思想政治教育的内容上显得更加贴切。如美国高校要求每一门主修课程从历史、社会和伦理学的角度进行学习和研究，学生在学习中须回答相关问题，即这个领域的历史和传统是什么、怎样面对和处理伦理和道德问题。国外大学在思想政治教育过程中注重为学生创造多种受教育的情境和场所。在精神环境建设上，将思想道德教育融入怡人的校园环境，许多学校有自己的校旗、校训和校徽。通过这些方式，把学校文化、精神和价值观自然地渗透到每个学生的思想行为中。[③]

西方教育重视思想政治教育的政治功能，并将其作为确保资产阶级统治地位、巩固和发展资本主义制度的重要工具，培育忠诚于资产阶级社会和国家的“合格公民”是教育的目的。如美国大学通过国家标识不断强化学生的“美国意识”，美国国旗、国歌、国徽、美国代表人物的画像等在校园里随处可见，它标榜着资本主义民主与自由，始终在宣传美国教育的先导性和资本主义制度的优越性。培养学生对民族国家的归属感是西方国家思想政治教育的前提。如俄罗斯独立后，国内人民信仰出现“真空”。为了填补这个真空，学校高举爱国主义旗帜，通过“二战纪念馆”里的英雄雕像、从卫国战争的战场挖掘出来的战争遗物和英雄的英勇事迹等对学生进行爱国主义教育，通过这些活动不断增强民族

① 〔英〕约翰·汤姆林森：《文化帝国主义》，冯建三译，上海人民出版社，1999，第12页。

② 姜正国、范大平、杨国辉：《全球化背景下的高校思想政治工作创新研究》，湖南人民出版社，2011，第62~67页。

③ 〔美〕詹姆斯·杜德斯达：《21世纪的大学》，刘彤译，北京大学出版社，2005，第18~23页。

精神的生命力和号召力。[①]

国外高校思想政治教育重视与社会发展紧密结合，使其服务于经济、政治和文化建设。国外思想政治教育顺应本国经济发展需求，为经济发展提供思想动力。如日本在其教改报告中指出："是否能够培养出道德情操和创造力卓越的年轻一代，加强学校的德育是关键。"日本政府认为只有重视德育投资才能使日本经济得到高速发展。[②] 国外高校思想政治教育的目标是确保其国家的政治影响、社会的稳定和促进学生对本国政治体制、价值观念的认同。资本主义国家的大学德育必然符合资产阶级的要求，政治原则是其德育的核心。他们积极宣传"私有财产神圣不可侵犯"，资产阶级的"自由、民主、平等、博爱"等思想观念。同时，西方高校不仅注重共同价值观的教育，还根据学生的实际情况，重视利用社会文化建设的资源，传授某种特定文化价值。从国外大学思想政治教育的发展来看，其成功是因为顺应和参与了特定的社会文化运动，每次改革都使思想教育更为贴近社会现实，更好地让学生为社会实践服务。[③]

第三，国外大学开展思想政治教育的主要途径。

西方国家思想政治教育内容丰富，范围极广，其多元价值观的灌输主要通过政府、学校、家庭、宗教等多种途径进行，从而实现教育途径的体系化。[④] 首先，西方政府直接参与引导大学思想政治教育的发展，在教育活动中起着指挥棒的作用。如日本政府高度重视大学思想政治教育的重要性，提出学校不仅要发展学生的智力，智力加品德才是大学教育的目的。[⑤] 西方政府全面支持大学的思想政治教育并通

---

① Stocking, George W., *Objects and Others Essays on Museums and Material Culture*, Madison, Wisconsin: The University of Wiscons in Press, 1985: 12.

② 刘桂萍、孙岩帝、张富国：《日本历代首相施政报告中的"教育立国"思想论析》，《东北师大学报》（哲学社会科学版）2013 年第 5 期，第 251 ~ 253 页。

③ 吴琼：《当代国外思想政治教育方法及其启示》，《求实》2000 年第 5 期，第 45 ~ 46 页。

④ Harvard University, *General Education in a Free Society*, Cambridge, Mass: Harvard University Press, 1945: 24 - 25.

⑤ 李祖超：《日本的教育现代化之路及其对中国的启示》，《清华大学教育研究》2004 年第 3 期，第 23 ~ 29 页。

过立法为思想政治教育提供法律依据和有力保障。法国在《法国教育体制改革》中指出：教育的目的是培育自由社会的公民，公民的思想品德教育是学校的主要责任。[①] 英国在《国家课程》中强调培养集德行、礼仪和学问于一体的绅士是英国教育的出发点。[②] 美国在《关于全美教育目标的报告》中要求所有学生都要参与提高和显示良好公民意识和责任心的公益活动。[③] 德国《联邦德国教育总法》规定：大学要培养学生在一个自由、民主和福利的法律社会中对自己的行为有责任感。[④]

国外大学是思想政治教育的中心机构，发挥着主导性作用。国外大学开展思想政治教育不是单一的说教式，即对大学生进行灌输教育，而是采用多元化、多方位、多层次的教育方式。[⑤] 如法国在学校开设了很多有关共和国公民伦理与道德的课程，培育大学生的良好道德认知，使每个大学生获得自由并富有责任，培养集体观念，使其成为有教养的人。将思想政治教育渗透到各个课程当中，发挥各科教学活动的“渗透作用”。他们在法语教学中除要求大学生掌握语言的基本知识外，还引导学生热爱自己优美而严谨的民族语言。[⑥] 国外大学着力开展实践教学，让学生践行良好道德行为。如德国强调大学生的社会实践活动，在学制上安排了很长时间的生产劳动实习，既作为重要的教学实践环节，又作为重要的劳动教育方式。[⑦] 国外大学着力营造和谐校园文化，营造良好的道德氛围。如美国的路易斯安那州立大学在硬件

---

① 刘春芬：《近年来法国高等教育体制改革探微》，《黑龙江高教研究》2005 年第 10 期，第 70～71 页。

② 祝怀新：《英国基础教育》，广东教育出版社，2003，第 12～18 页。

③ John. L. Rudolph, *Scientists in the Classroom: The Cold War Reconstruction of American Science Education*, New York: Palgrave, 2002: 63.

④ 周丽华：《德国高等教育管理体制改革的新思维》，《华南师范大学学报》（社会科学版）2004 年第 4 期，第 105～110 页。

⑤ Clark Kerr, *The Uses of the University* , Cambridge: Harvard University Press, 1982: 11－13.

⑥ 邱柏生、董雅华：《思想政治教育学新论》，复旦大学出版社，2012，第 86～112 页。

⑦ 魏银霞、彭英：《英德美高校的应用型人才培养模式》，《教育评论》2011 年第 6 期，第 151～153 页。

设施上投入了相当多的人力、物力、财力，优美的校园环境产生了润物细无声的影响。学校总体的环境对学生的影响比抽象的说教更容易激发其在感情上的共鸣和思想上的认同。①

家庭教育是思想政治教育的基础，社会教育是其关键，两者应形成合力，共同作用、相互促进，使思想政治教育的效果达到最大化。如新加坡对家庭教育非常重视，政府通过立法、制定政策来维护家长权利的完整，取得了明显的效果，对学校教育起到很好的补充和深化作用。② 西方思想政治教育的主要模式是使学校德育重点与学生、学校和地方的情况紧密联系起来。教育家杜威曾提出“教育即生活”和“学校即社会”。③ 外界环境在学生道德行为举止中起着重要的作用，西方德育管理逐渐向综合化、网络化发展，逐步体现德育的升华化。在英国学校自治与社会教育的结合是学校发展的最佳途径。④ 英国的道德教育注重通过政治养成培养学生的政治判断能力，引导学生认定自由民主制度的价值。通过“政治教育课程”，学校的课堂教学与实际生活紧密联系，具有生活气息，提高了思想政治教育的渗透力。同时，西方教育强调传媒对学生思想意识的引导作用。电视、广播、报纸、电影、录像、互联网等技术已被广泛运用于思想政治教育活动中。英国前首相撒切尔夫人曾指出：大众媒体要加强对公民的思想政治教育，把占统治地位的意识形态需求放在优先考虑的地位，广播电台和电视台记者做的工作就是直接参与国家的政治活动和意识形态活动。⑤

宗教引导是西方思想政治教育的重要途径。西方各国通过遍布全

---

① 刘升民：《美国大学校园文化概览》，重庆大学出版社，2008，第 31 ~ 32 页。

② 霍利婷、黄河清：《学校、家庭、社会共同营造和谐教育——新加坡“教育合作伙伴”概念引介》，《外国教育研究》2008 年第 12 期，第 73 ~ 75 页。

③ 杜威：《杜威教育论著选》，赵祥麟、王承绪译，华东师范大学出版社，1981，第 2 ~ 6 页。

④ Chubb J. , Moe T. , *Politics, Markets and America's Schools*, Washington; Brookings Institute, 1990: 17.

⑤ 马忠虎：《撒切尔主义对当代英国教育改革的影响》，《比较教育研究》2001 年第 10 期，第 1 ~ 6 页。

国的宗教团体和教会，帮助学生解决日常思想问题和精神困惑，同时对学生进行道德熏陶和政治控制。西方国家历来重视宗教教育，并把它视为国家道德教育、伦理原则和价值取向的基础。① 如在德国宗教教育几乎成了道德教育的代名词，宗教教育是学校道德教育的核心内容，每个高校都设有宗教课，宗教教育的内容广泛，包括世界观、道德观和职业观教育。宗教教育在学校中享有正式课程的地位，并对学生学习宗教课程的作用和影响做出了明确的规定。② 在美国学校宗教教育是一种受宪法保障的教育方式，在美国校园里随处可见不同宗教派别的教堂，宗教组织活跃、活动频繁、方式多样、内容丰富。学校允许学生在规定时间到教堂接受宗教教育，在上课前集中学生一起做礼拜等。③

当前大学文化和思想政治教育研究方兴未艾，人们对大学文化和思想政治教育的认识也更加深入，相关研究的内容比较丰富。但是，大学文化建设与思想政治教育结合起来，特别是思想政治教育在大学文化建设中的使命与作为的研究仍有亟待探讨的课题，具体而言主要集中在四个方面。

第一，大学文化研究应充分吸收思想政治教育的理论和方法，以使大学文化研究更具理论根基。事实上，大学文化研究已经作为知识活动中的富有魅力和令人激动的领域而出现，而这种知识活动已经对人类文化的特征做出了并承诺继续做出新的重要阐释。在这方面我们还需要做更多的思考和探索。

第二，注重思想政治教育在大学文化建设中的历史演进过程。研究思想政治教育在中国特色大学文化中的使命和作为要有比较研究和历史研究，既要研究西方思想政治教育在西方大学文化建设中的发展，又要

---

① 〔美〕宾克莱：《理想的冲突——西方社会中变化着的价值观念》，马元德译，商务印书馆，1983，第16~22页。

② 〔加〕约翰·范德格拉夫：《学校教育——七国高等教育管理体制比较》，王承绪译，浙江教育出版社，2001，第35~36页。

③ 〔美〕罗伯特·M. 赫钦斯：《美国高等教育》，汪利兵译，浙江教育出版社，2001，第55~66页。

研究在中国大学中思想政治教育影响下的大学文化，这是研究中不可或缺的两大要素，但目前这两方面的工作做得都还不够。文化是历史的真实表现，思想政治教育亦是历史之真实成果，故大学文化研究的一个重要方面就是思想政治教育融合下的大学文化的演进历史，因此历史研究尤其应该加强。

第三，大学文化研究需要进行哲学思考。思想政治教育是一定时代所特有的文化现象，是一种有目的的具有超越性的实践活动。大学文化作为上层建筑的组成部分，与其是怎样的关系？怎样以历史唯物主义和辩证唯物主义的观点总结在中国大学思想政治教育服务和作用下大学文化建设进程中的经验与教训？当前应开展思想政治教育的何种方法和途径来为大学文化保驾护航，不断创新大学文化？只有回答好这些问题，才能更好地贯彻落实科学发展观、培育与践行社会主义核心价值观、实现中国梦的伟大理想，指导大学文化建设，使之不断与时俱进。

第四，进一步加强思想政治教育对大学文化建设的作用的个案研究。以北京大学、清华大学、中国人民大学、南京大学、浙江大学、北京师范大学、华中师范大学、中南大学、外交学院等为代表的一批著名高校，在长期的办学过程中，形成了各具特色的大学文化，我国各地区、各层次的高校也都有自己独特的文化。重点选择若干高校来作为具体的思想政治教育下大学文化建设个案研究，可以使大学文化研究和大学文化建设的实践有机结合起来，并以此推动大学文化建设的发展。

总之，思想政治教育是实现大学文化不断发展的重要途径，思想政治教育在大学文化建设中的运用和发展是一项重要而长期的工作，需要我们在原有成果的基础上，结合时代的新特征和新要求，使之不断深化。

## 第四节　研究方法与基本框架

一是运用调查研究法，灵活运用问卷调查、网络调查、座谈等形式多样的调查活动，准确掌握当前思想政治教育在大学文化建设中的新特点、新趋势和思想政治教育面临的新情况、新问题，准确把握思想政治教育在大学文化建设中有何使命和任务。本书重点对湖南省内高校师生对思想政治教育在大学文化建设中使命与作为的认同情况进行实地考察，掌握第一手资料。

二是运用文献研究法。根据信息不可能都通过亲自考察得到的实际情况，对古今中外思想政治教育在大学建设中的研究广泛涉猎，通过横向比较，探索国内外大学文化建设的异同；通过纵向比较，探索我国思想政治教育在大学文化建设中的历史渊源、发展规律及趋势，从中总结和发现规律性的结论。

三是运用逻辑归纳法。历史不能抛弃、血脉不能割断，思想政治教育在大学文化建设中的使命与作为本身就是一个承前启后、继往开来、源远流长的动态发展过程。廓清大学文化建设与思想政治工作两者之间的辩证关系，通过对已掌握的思想政治教育在大学文化建设中的实证案例成果和问题的逻辑归纳，进一步厘清思想政治教育在大学文化建设中的使命和作为。

四是运用学科方法，坚持用马克思主义中国化的最新研究成果统领研究过程，综合运用马克思主义理论、思想政治教育学、教育学、政治学、社会学、心理学、管理学、历史学等学科的基本原理和方法，对研究方案和成果进行科学设计、理论检校，以保障成果的创新性和科学性。在大学文化建设中实现对我国大学思想政治教育传统模式的经验和国外发达国家具有代表性的思想政治教育模式的了解、分析、总结和归纳，根据当下思想政治教育的时代背景、文化需要、思想现状和发展趋势等，探索思想政治教育在大学文化建设中的创新发展。

本书研究思想政治教育在大学文化建设中的使命与作为，就是运用思想政治教育的相关原理阐述大学文化建设赋予了思想政治教育什么使命和哪些使命；思想政治教育能够为大学文化建设做什么，即思想政治教育在大学文化建设中的应有作为；思想政治教育以何种方式为大学的文化建设做贡献；思想政治教育通过什么渠道为大学的文化建设做贡献，即通过何种路径发挥思想政治教育在大学文化建设中的作用。找准大学文化建设中思想政治教育的目标定位，发挥思想政治教育的职责功能，准确回答思想政治教育在大学文化建设中“应有使命”“应有作为”“怎样作为”等重要问题，使思想政治教育成为大学文化建设中的重要内容，进而推动大学文化建设的创新发展。

我们在国内外大量相关文献研究的基础上，阐述大学文化建设的理论体系与运行态势，在此基础上揭示大学文化建设与思想政治教育的辩证关系，为研究思想政治教育在大学文化建设中的使命与作为奠定了理论基础；对东西方大学文化发展的历史和建设的现状分析后，开始了对核心和难点的研究，以思想政治教育在大学文化建设中的使命为切入点，探求思想政治教育在大学物质文化、大学精神文化、大学制度文化、大学行为文化中的应有作为，发挥思想政治教育在大学文化建设中的积极作为，构建中国特色大学文化体系的全新框架。

我们对以下内容进行重点系统研究。

第一章从总体上阐释本书的选题背景和意义，并论述本书的研究方法和重点、难点。在分析了国内外大量相关文献的基础上，阐述了大学文化、大学文化建设的相关概念，在此基础上，揭示建设大学文化与思想政治教育的辩证关系，为后面研究思想政治教育在大学文化建设中的使命与作为奠定理论和实践基础。

第二章考量思想政治教育使命与作为的科学依据。马克思主义意识形态观、思想政治教育功能理论和社会主义文化大繁荣的战略决策是思想政治教育使命与作为的理论依据。国内大学文化建设的时代需求和国外大学文化建设成果经验借鉴是思想政治教育使命与作为的现实诉求。

第三章对思想政治教育与大学文化建设的关联性进行考察。大学文化建设是思想政治教育的重要途径和有效载体，思想政治教育是大学文化建设的重要渠道和主要手段，两者统一于国家人才培养战略。

第四章对思想政治教育在大学文化建设中的现状进行调查，面向不同层次的高等院校开展问卷调查，调查思想政治教育在大学文化建设中的作用、功能以及实施途径的状况，对调查结果进行统计和分析。调查发现思想政治教育在大学文化建设中起着统一思想、凝聚力量、化解矛盾、传播辐射、教育育人、创新开发等功能，也存在功能发挥得不完善、不明晰，对开展思想政治教育方法途径的了解尚不够全面和深入等问题，还需要进一步探索实践。

第五章标题为大学文化建设赋予思想政治教育的历史使命。本章的中心论题是大学的文化建设赋予了思想政治教育什么使命和哪些使命，即大学文化建设要求思想政治教育彰显核心价值观不断增加正能量，引领时代先进文化不断增强感染力，弘扬民族优秀文化不断提升实效性。

第六章标题为思想政治教育在大学文化建设中的应有作为。本章的中心论题是思想政治教育能够为大学的文化建设做什么，即思想政治教育在大学文化建设中的应有作为。思想政治教育能够在大学文化建设中起到引导功能、辐射功能、育人功能和辐射功能。主要体现为确保大学文化建设的正确导向、促进大学先进文化的传播辐射、优化大学文化精神的育人环境、推动大学文化内涵的时代创新。

第七章标题为思想政治教育在大学文化建设中积极作为的方式途径。本章的中心论题是思想政治教育通过什么渠道为大学的文化建设做贡献，通过何种路径发挥思想政治教育在大学文化建设中的作用。培育文化品格，亮化大学精神文化；筑牢文化基础，美化大学物质文化；营造文化氛围，优化大学行为文化；培育规制观念，强化大学制度文化。

本书的研究思路如图 1－1 所示。

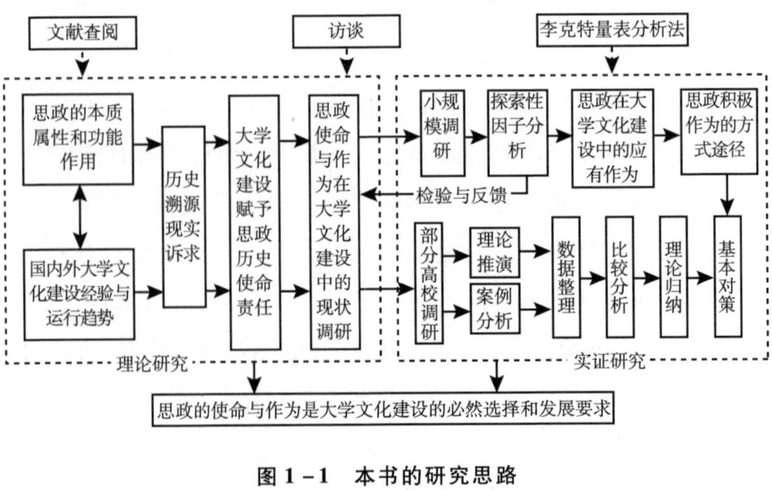


**图 1－1　本书的研究思路**

作为大学文化建设重要内容的思想政治教育，是实施大学文化建设的基本途径，是对先进文化和教育文化的再选择和再创造，是展现大学文化的丰富内涵和生命活力的重要层面。思想政治教育的使命是以思想政治教育本身所具有的知识属性、地位、功能、内在空间等作为基础的，在实践中实现。思想政治教育的知识属性、地位、功能、内在空间等是负载思想政治教育使命的要素。每一个阶段思想政治教育遇到的主题都是与时代主题相联系的。思想政治教育是以人的思想为对象的教育活动，在大学文化建设中，它帮助大学师生解放思想进而用解放了的思想指导活动。它的目的在于唤醒大学师生沉睡的思想，激发其奋发向上的精神力量，获得正确且明确的方向。社会主义大学文化建设不仅普遍存在思想政治教育，而且等待着思想政治教育。等待思想政治教育是大学文化建设的普遍现象，尤其在社会转折时期大学文化建设更为急迫地等待思想政治教育。

## 第五节　研究重点难点

本书研究的重点有以下三个方面。

第一，确立了“思想政治教育在大学文化建设中的使命和作为”这一核心命题。育人是思想政治教育和大学文化建设最初始、最基本、最重要的职能。教育之为教育，就在于对人的发展的促进、心灵的唤醒和文化的传递。西方“师表”苏格拉底说过，教育不是灌输知识而是点燃心火；东方“师表”孔子提出，教育要“依于人、游于艺、志于道、据于德”。这些都印证了“育人”的重要性。同时，任何一种教育，如不借助文化来传道，必将缩短它的历史长度，甚至在历史长河的冲刷下黯然失色或悄然消失。大学文化是“育人为本”的文化。大学因把“育人”作为自己的根本任务而成为人类文明的精神家园和人才培养的重要基地。基于此，我们较为全面地梳理“文化”及“大学文化”的内涵与特性，认为大学必须恪守“育人首位”之职责，高度重视文化育人功能。思想政治教育是我们党的政治优势，是大学文化建设的“生命线”，它的功能作用决定了其在大学文化建设中的使命。本书立足于思想政治教育在大学文化建设中的地位和作用，从中国特色大学文化对思想政治教育的发展创新的角度出发，阐述实施思想政治教育的必要性，思想政治教育是社会主义大学文化重在建设的必然要求，是其历史使命的必然要求，也是坚持马克思主义理论品质的必然要求。

第二，本书梳理了大学文化建设与思想政治教育的内在联系，即大学文化建设赋予思想政治教育的历史使命。我们广泛吸纳多学科观点和成果，对大学文化与思想政治教育育人功能的理论依据进行了多层面、多视角、多方位的学术探索。从文化学的文化自觉领域，心理学的文化与人格理论，社会学中帕森斯对文化、社会、人三个命题的关系理论，管理学的文化管理理论，教育学的潜在课程理论，伦理学的伦理关怀与文化育人的关系理论，政治学的文化软实力等不同视角，厘清和深耕了大学文化赋予思想政治教育使命与作为的理论基础和现实诉求。

第三，本研究强化了思想政治教育在大学文化建设中作为的主要方式和途径。我们在描述思想政治教育育人功能、导向功能、辐射功能和创新功能的基础上，尝试提出了思想政治教育在大学文化建设中的基本原则和具体策略。我们认为通过以下方式实现：美化大学物质文化，亮化大学精神文化，强化大学制度文化，优化大学行为文化。思想政治教育使命和作为的提出：一是便于解决高等教育大众化背景下思想政治教育定位的模糊与偏颇，消除在大学文化建设中的思想障碍；二是期待能够对“中国梦”语境下强化思想政治教育、提高人才培养质量产生切实的理论指导意义，为大学文化建设及其育人功能发挥提供有益的经验和借鉴。

本书研究的难点有以下三个方面。

第一，研究过程中需要梳理大学文化建设与思想政治教育的内在联系，准确把握大学文化赋予思想政治教育的历史使命。思想政治教育与大学文化建设相互补充、相互促进，但也有明显区别。大学文化建设既是一个理论问题，又是一个实践课题。大学文化建设应把握社会的节拍和时代的脉搏，在大学的办学建设实践中不断丰富和完善，在社会生活中不断探索和前进。特别是现阶段大学文化建设过程中，应坚持先进方向与和谐目标相统一，共性文化与个性文化相统一，物质环境与精神环境相统一，科学精神与人文精神相统一，传统文化与时代精神相统一，民族精神与世界文明相统一，整体规划与分区实施相统一等。

第二，研究过程中要处理好借鉴与突破的关系。围绕大学文化建设对思想政治教育的使命与作为进行研究，属于思想政治教育研究中一个较新的角度，对这一方面内容的挖掘、整理和阐释，离不开思想政治教育学的基本概念和框架，需要处理好借鉴与超越的关系。大学文化已经成为思想政治教育中的重要因素，大学文化建设赋予思想政治教育神圣的使命。一方面，大学文化构成了思想政治教育所面临的场所；大学文化是思想政治教育的重要资源；大学文化是思想政治教育的重要载体；大学文化建设推动思想政治教育的发展创新。另一方面，以社会主义价值观为核心的文化本身就是思想政治教育的核心内涵。当今社会的一项重要任务是促进社会主义文化大发展大繁荣，大学文化中渗透着社会主义价值观的内涵，社会主义价值观的塑造往往以文化为载体。在社会主义大学文化的建构中，推动思想政治教育的发展与创新已经成为时代的主题。

第三，研究过程中注意材料的甄别和取舍，阐释和分析思想政治教育在大学文化建设中具体作为和作用的发挥。对国内外思想政治教育在大学文化建设中的贡献的基本材料，通过问卷调查和典型事例的分析和探索，我们了解思想政治教育除了选择、传承和创新文化的任务外，更重要的是要用文化教育人，通过传承、创造优秀先进文化，培育合格接班人。而今全面建设中国特色社会主义大学的奋斗目标和实现中国梦的强烈追求，对高等学校的人才培养、科学研究、社会服务和文化传承与创新提出了更高的标准和要求。我们梳理大学文化和思想政治教育育人的理论与实践，深度思考：思想政治教育要干什么，思想政治教育能干什么，思想政治教育如何去干等问题。思想政治教育不仅要重视让学生学什么，更要重视怎么学；不仅要重视让学生思考什么，更要重视怎么思考；不仅要重视让学生做什么，更要重视怎么做；不仅要重视让学生成什么人，更要重视怎么做人。帮助大学师生树立起一种“大学文化自觉”，构筑起一种“大学文化自信”，彰显出一种“大学文化自强”。

# 第二章　考量思想政治教育使命与作为的科学依据

马克思主义意识形态观是思想政治教育使命与作为的指导思想；思想政治教育功能原理是确立思想政治教育使命与作为的基础；社会主义文化大繁荣的战略决策是思想政治教育使命与作为的现实依据；中国特色社会主义大学文化建设的时代需要，与对国外大学文化建设的经验借鉴是思想政治教育使命与作为的现实诉求。

## 第一节　理论依据

马克思主义意识形态观是科学理解思想政治教育使命与作为的理论基础。马克思主义意识形态观深刻揭示了人的思想形成的原因及思想政治教育发挥作用的基本原理，为我们探寻思想政治教育的使命与作为的理论渊源提供了参考和支撑。思想政治教育功能理论为思想政治教育使命与作为确定了目标，为人的全面发展把握方向、丰富内容、提供指导和创造条件，成为思想政治教育使命与作为的重要支撑点。社会主义文化大繁荣的战略决策是思想政治教育使命与作为的现实理论依据，关于文化建设的理论是全党的宝贵精神财富，在建设中国特色社会主义大学文化的历程中发挥着重大作用，能够为思想政治教育使命与作为研究指明科学的方向。

## 一　马克思主义意识形态观

马克思主义意识形态观是思想政治教育使命与作为的理论基础。马克思主义意识形态观是思想政治教育的理论基石，是由党的思想政治教育工作的性质和马克思主义意识形态观的特点决定的。马克思主义学说奠定思想政治教育的理论基础，马克思主义从最本质的社会关系，观察社会历史发展的重复性和常规性，抓住思想政治教育的本质。[①] 马克思、恩格斯、列宁等作为马克思主义的创立者、实践者和发展者，不仅创立与发展了马克思主义这个科学的理论学说，以马克思主义的基本原理奠定了研究思想政治教育的理论基础，为认识和把握思想政治教育提供了世界观和方法论指导；而且在不同场合就思想政治教育的相关问题做出了或直接或间接的论述，为进一步深化对思想政治教育的认识提供了具体的智慧成果和理论启迪。

马克思意识形态观揭示人类社会发展的客观规律，是思想政治教育理论的出发点。马克思主义为思想政治教育的主要方法和途径提供了理论支撑，揭示思想政治教育的地位和作用。主要内容有：如果从观念上来考察，那么一定的意识形式的解体足以使整个时代覆灭[②]；从社会生活的各个领域中划分出经济领域，从一切社会关系中划分出生产关系，即决定其余一切关系的基本的原始的关系[③]；统治阶级的思想在每一时代都是占统治地位的思想，任何一个时代的统治思想始终都不过是统治阶级的思想[④]；一个阶级是社会上占统治地位的物质力量，同时也是社会上占统治地位的精神力量，而那些没有精神生产资料的人的思想，一般隶属于这个阶级；批判的武器当然不能代替武器的批判，物质力量只能用物质力量来摧毁，但是理论一经掌握群众，也会变成物质力量[⑤]；

① 习近平：《深入学习中国特色社会主义理论体系　努力掌握马克思主义立场观点方法》，《求是》2010 年第 7 期，第 17 ~ 24 页。

② 《马克思恩格斯全集》（第 30 卷），人民出版社，1995，第 539 页。

③ 《列宁选集》（第 1 卷），人民出版社，1995，第 6 页。

④ 《马克思恩格斯选集》（第 1 卷），人民出版社，1995，第 98 页。

⑤ 《马克思恩格斯选集》（第 1 卷），人民出版社，1995，第 9 页。

真正导致解放的措施，只有在经济变革促使广大工人群众意识到自身的地位，从而为他们取得政治统治开辟了道路的时候才有可能。[①] 在社会主义革命时期，对人民群众进行阶级教育，培养他们的阶级意识，是思想政治教育的核心内容之一，革命理论只有为人民群众所掌握和解释，才能成为他们的思想指导和行为指南，而思想政治教育是使理论掌握群众的基本途径。

继承和发展文化的先进性必须把马克思主义中国化最新成果作为文化建设的指导思想。马克思主义具有与时俱进的理论品质，它是一个求实创新的科学体系。毛泽东同志关于马克思主义意识形态观的主要论述有：领导我们事业的核心力量是中国共产党，指导我们思想的理论基础是马克思列宁主义；一定的文化是一定社会的政治和经济的反映，又给予伟大影响和作用于一定社会的政治和经济[②]；文化是反映政治斗争和经济斗争的，但它同时又能指导政治斗争和经济斗争；文化不可缺少，任何社会没有文化就建设不起来[③]；实行百花齐放、百家争鸣的方针，不会削弱马克思主义在思想界的领导地位，相反会加强它的这种地位[④]；思想政治工作是一切工作的生命线，政治工作是一切经济工作的生命线[⑤]。毛泽东同志对马克思主义意识形态观的深入认识，在改造客观世界的同时改造主观世界，为思想政治教育实践提出了有针对性的理论指导，做出了卓越贡献。

邓小平关于马克思主义意识形态观的论述是邓小平理论的重要内容。解放思想、实事求是是马克思主义理论和思想政治教育理论的精髓。其主要内容有：所谓资产阶级自由化，就是要中国全盘西化，走资本主义道路[⑥]；对马克思主义的信仰，是中国革命胜利的一种精神动力；属于文化领域的东西，一定要用马克思主义对它们的思想内容和表现方法进

① 《马克思恩格斯全集》（第38卷），人民出版社，1972，第59页。

② 《毛泽东选集》（第2卷），人民出版社，1991，第663页。

③ 《毛泽东文集》（第3卷），人民出版社，1996，第109～110页。

④ 《毛泽东文集》（第7卷），人民出版社，1999，第232页。

⑤ 《毛泽东文集》（第6卷），人民出版社，1999，第449页。

⑥ 《邓小平文选》（第3卷），人民出版社，1993，第207页。

行分析、鉴别和批判[①]；社会主义制度的优越性表现在它的文化、科学技术水平应该比资本主义发展得更快、更先进，这才称得起社会主义，称得起先进的社会制度[②]；社会主义现代化建设是我们当前最大的政治，思想政治教育须围绕经济建设这个中心；学校应该把坚定正确的政治方向放在第一位[③]。邓小平同志对马克思主义意识形态观深刻透彻的理解，丰富了思想政治教育的内容，为思想政治教育的发展提供了科学的理论依据。

江泽民同志关于马克思主义意识形态观的阐述是“三个代表”重要思想的重要组成部分，是现代思想政治教育形成、发展和不断完善的理论来源。其主要内容有：马克思主义是我们立党立国的根本，也是社会主义文化建设的根本，决定着我国文化发展的性质和方向[④]；在当代中国，发展先进文化，就是发展中国特色社会主义的文化，就是建设社会主义精神文明；我们进行的一切工作，既要着眼于人民现实的物质文化生活需要，同时又要着眼于促进人民素质的提高，促进人的全面发展，这是马克思主义关于建设社会主义新社会的本质要求[⑤]；坚持什么样的文化方向，推动建设什么样的文化，是一个政党在思想精神上的旗帜，牢牢把握中国先进文化的发展趋势和要求，坚持以马克思列宁主义、毛泽东思想、邓小平理论为指导，立足于建设中国特色社会主义的实践，发展具有中国风格、中国特色的社会主义文化，引导人民从思想上精神上正确武装和不断提高[⑥]。

胡锦涛同志关于马克思主义意识形态观的阐述是科学发展观的重要内容，在马克思主义的理论宝库中占有重要地位。其主要内容有：坚持马克思主义在意识形态领域的指导地位，牢牢掌握宣传舆论工作的主动

---

① 《邓小平文选》（第3卷），人民出版社，1993，第45页。
② 《邓小平年谱（1975－1997）》（上），中央文献出版社，2004，第200页。
③ 《邓小平文选》（第2卷），人民出版社，1994，第104～106页。
④ 《江泽民文选》（第1卷），人民出版社，2006，第158页。
⑤ 江泽民：《在中国共产党成立八十周年大会上的讲话》，中共中央党校出版社，2001，第26页。
⑥ 《江泽民文选》（第3卷），人民出版社，2006，第276～277页。

权，妥善处理意识形态领域出现的问题，使社会思想舆论的主流更加积极健康向上①；马克思主义是我们立党立国的根本指导思想，是社会主义意识形态的旗帜和灵魂；坚持和巩固马克思主义在我国意识形态领域的指导地位，是党和人民团结一致，始终沿着正确方向前进的根本思想保证②；要把意识形态工作作为关系国家安全和社会稳定、关系党和人民事业兴衰成败的重大工作紧紧抓好，始终坚持和不断巩固马克思主义在意识形态领域的指导地位③；要保证我国改革开放和社会主义现代化建设顺利进行，必须坚持马克思主义在意识形态领域的指导地位，把握先进文化的前进方向，丰富人们的精神世界，鼓舞人民投身现代化建设的斗志④；社会主义核心价值体系是社会主义意识形态的本质体现；巩固马克思主义的指导地位，坚持不懈地用马克思主义中国化的最新成果武装全党、教育人民⑤。这些创新了思想政治教育的内容与方法，是新时期思想政治教育的重要理论来源。

习近平同志继续推进对马克思主义意识形态观的认识，并与中国国情紧密结合。其主要内容有：意识形态工作是党的一项极其重要的工作，做好意识形态工作，事关党的前途命运，事关国家长治久安，事关民族凝聚力和向心力⑥；改革开放是一场深刻的革命，必须坚持正确的方向，沿着正确的道路推进，在方向问题上，我们要不断推动社会主义制度自我完善和发展，坚定不移地走中国特色社会主义道路⑦；牢牢把握高校意识形态工作领导权；办好中国特色社会主义大学，坚持立德树人，把

① 胡锦涛：《在中共十六届三中全会第一次全体会议上的讲话》，中国共产党中央委员会宣传部，2003。

② 胡锦涛：《在全国宣传思想工作会议上的讲话》，中国共产党中央委员会宣传部，2003。

③ 《十六大以来重要文献选编》（中），中央文献出版社，2006，第318页。

④ 胡锦涛：《在中共第十六届六中全会第一次全体会议上的讲话》，中共中央、国务院，2006。

⑤ 《十七大以来重要文献选编》（上），中央文献出版社，2009，第26页。

⑥ 习近平：《在全国宣传思想工作会议上的讲话》，中国共产党中央委员会宣传部，2013。

⑦ 习近平：《以更大的政治勇气和智慧深化改革　朝着十八大指引的改革开放方向前进》，中国共产党新闻网，2013年5月25日。

培育和践行社会主义核心价值观融入教书育人全过程；坚持党的教育方针，坚持社会主义办学方向，加强和改进思想政治工作，切实把党要管党、从严治党落到实处①；社会主义核心价值观是文化软实力的灵魂、文化软实力建设的重点②；要弘扬社会主义先进文化，深化文化体制改革，提高国家文化软实力③。这些重要论述增强了思想政治教育的时代感、针对性、实效性和主动性。

## 二 思想政治教育功能理论

第一，思想政治教育功能是思想政治教育本质的外在体现。

思想政治教育代表阶级属性的功能。思想政治教育历来被认为具有阶级性，或称意识形态性、政治性等，思想政治教育这种实践活动始终代表或反映着一定阶级和社会集团的意志与利益。④ 由于利益协调和组织工作的需要，任何阶级在使用硬控制手段的同时，对本阶级所属成员更需要用大量的说服式、教育性的软控制手段——思想政治教育——去不断凝聚阶级成员的阶级共识。⑤ 思想政治教育代表阶级属性的功能通常包含代表谁、代表什么、何以代表、怎样代表等一系列问题。思想政治教育长期以来保持自己代表阶级属性的功能，具有团结群众和教育干部的功能，并且在处理两者的关系上做到均衡有度、不偏不倚，最大限度代表最大多数人的意志和心声，而不是代表少数人的意志和心声。

思想政治教育功能是实施大学教育的理论基础。⑥ 在大学文化建设中思想政治教育任务有多层次、多种类和高要求的特征，思想政治教育

① 习近平：《胸怀大局 把握大势 着眼大事 努力把宣传思想工作做得更好》，《人民日报》2013 年 8 月 21 日，第 1 版。

② 《把培育和弘扬社会主义核心价值观作为凝魂聚气强基固本的基础工程》，《人民日报》2014 年 2 月 26 日，第 1 版。

③ 习近平：《着力提高国家文化软实力》，《先锋队》2014 年第 4 期，第 4 页。

④ 陈秉公：《思想政治教育学》，高等教育出版社，2006，第 26 页。

⑤ 邱柏生、董雅华：《思想政治教育学新论》，复旦大学出版社，2012，第 89 页。

⑥ 汪和生、寿韬：《校园文化的大学生思想政治教育功能简论》，《学校党建与思想教育》2006 年第 4 期，第 64 ~ 65 页。

功能作用体现为将社会发展所要求的思想政治品德水平内化为大学师生的思想政治品德水平，使大学师生的思想道德水平符合社会发展的需要。从人的思想品德形成、发展、变化的规律来看，思想政治教育面对不断发展变化和日趋复杂的人的思想，有针对性地开展思想教育活动，使各个不同思想层次、不同思想特点的人得到符合社会发展要求的思想改造。[①] 从大学文化发展角度来看，思想政治教育功能的发挥要按照大学在某一特定时期对大学师生思想的特殊要求来教育和改造人，同时要解决大学某一时期大学师生的思想问题。面对这些多层次、多种类、高标准的任务，思想政治教育要将理论转化为实践，必须依靠功能的发挥。

思想政治教育功能是教育主观方面与教育客观方面联系的中介。思想政治教育充当了攻克人的思想堡垒的精良武器，这也是思想政治教育最主要的特征之一。[②] 在大学建设中思想政治教育的客体和环境不断发生变化，要正确认识、把握教育客体与教育环境，发挥思想政治教育的特有功能，采取一定的手段和方式，将主观愿望和客观实际联系起来，使之发生联系，使主观认识与客观实际相统一，达到改造教育客体和营造教育环境的目的。思想政治教育功能是思想政治教育抽象理论、规律与思想政治教育实际联系的纽带和桥梁。[③] 在大学教育中思想政治教育的对象是大学师生，解决大学师生的思想问题重在以理服人，要求思想政治教育功能理论具有很强的系统性、逻辑性和一定的理论深度，揭示大学师生的思想变化规律和大学教育的普遍规律。同时，思想政治教育功能决定了思想政治教育要认识和改造思想政治教育的客体，把深刻的思想和科学的理论转化为现实的可操作的方式方法，实现思想政治教育的目的。

第二，思想政治教育功能是思想政治教育使命与作为的集中表露。

---

① 陈万柏、张耀灿：《思想政治教育学原理》，高等教育出版社，2007，第57~64页。

② 顾海良：《高校思想政治教育导论》，武汉大学出版社，2006，第6页。

③ 张耀灿、郑永廷、吴潜涛等：《现代思想政治教育学》，人民出版社，2006，第130页。

思想政治教育功能发挥是思想政治教育规律的体现。[①] 思想政治教育功能是世界观的运用，思想政治教育功能发挥的程度直接关系到思想政治教育整体效能的体现与发挥，关系到思想政治教育价值的实现。[②] 发挥思想政治教育的功能，使大学师生的思想政治品德符合大学发展的要求，其旨在认识和改造大学师生的思想，其高度的现实性和应用性决定了思想政治教育功能理论的运用是思想政治教育使命与作为研究和实践活动的指南。首先，思想政治教育功能将思想政治教育基本理论、规律和原则做了向大学文化建设中可操作、可具体应用的方法转变，使思想政治教育功能理论得以正确运用，这是发挥思想政治教育功能的第一步。其次，对各种各样的思想政治教育理论、方法、经验和做法进行了分析、提升和凝练，不断明晰思想政治教育功能的应用范围，还明确了各种功能之间的内在联系，构建功能互动的体系。这解决了大学文化建设过程中教育规律与大学师生的思想形成变化规律有机结合的问题，解决了思想政治教育过程中的程序问题，以及在每一环节、每一阶段应当发挥什么功能和如何应用这些功能的问题。[③]

思想政治教育功能是规律的具体化与实践化。[④] 思想政治教育的本质属性与大学文化发展的需要形成思想政治教育功能发挥的两个不可缺少的要素。一是指导人们认识思想政治教育客体，认识是一个由现象到本质、由表到里的螺旋式上升过程，发挥思想政治教育功能的目的是掌握、认识客体的本质和规律。要认识思想政治教育的客体，必须遵循一定的认识规律和方法，使功能的发挥与认识对象的实际相符合。二是指导人们有效改造思想政治教育客体。一方面，保证了大学文化建设的方向性和实用性。大学文化的意识形态性很强，失去了世界观的指导，也

---

① 姜正国、范大平、杨国辉：《全球化背景下的高校思想政治教育创新研究》，湖南人民出版社，2011，第 46 ~ 48 页。

② 李辽宁：《思想政治教育功能研究综述》，《求实》2005 年第 1 期，第 73 ~ 77 页。

③ 平章起、梁禹祥：《思想政治教育基本理论问题研究》，南开大学出版社，2010，第 81 页。

④ 罗国杰：《马克思主义思想政治教育理论基础》，高等教育出版社，2002，第 26 ~ 28 页。

就失去了根本的方向。另一方面，保证了大学文化建设朝着实用、实效、健康、和谐的方向前进，使大学教育为认识和改造人的思想服务。三是为大学发展提供了动力和工具。思想政治教育自身的不断革新和发展，需要不断发现新问题、研究新问题、解决新问题。大学师生的思想是不断变化发展的，思想政治教育也须不断创新，而思想政治教育功能的发挥则为思想政治教育的发展提供了现实可行的方法，保证了大学文化建设动态、不断发展。[①]

第三，思想政治教育功能是社会主义大学文化建设发展的客观需求。

其一，思想政治教育与大学文化建设主体的需求满足之间有密切的联系。思想政治教育的地位和作用与大学文化建设的时间、内容、条件相统一，思想政治教育是社会主义大学的重要特征，是一切工作的“生命线”，是精神文明建设的重要组成部分。思想政治教育是客观存在的社会实践活动，其目的是满足主体对“思想”及其活动形式的需要，它在全面发展的教育中占主导地位。[②]

其二，大学文化建设与思想政治教育功能的共享程度高。共享程度高的事物或活动的价值较大，思想政治教育可以存在于复杂的环境中。思想政治教育能够满足多个主体需求，包括物质、文化、环境、行为乃至个人的若干需求。思想政治教育随着有效活动的不断开展而不断延伸和扩展它的价值，它的内在价值在于不断激发人的内在动机，调动人的积极性，并使其创造出难以计量的精神价值或转化为源源不断的物质价值，这是精神生产力的特殊功能。有效的思想政治教育可以影响大学师生一生的生活追求和精神世界，从而体现持久的影响力。

其三，大学文化建设与思想政治教育功能的持久程度高。首先，思想政治教育不仅能满足大学文化建设主体的恒常持续的需求，而且能满

---

① 刘芳：《论社会主义先进文化与思想政治教育的内在关联》，《思想教育研究》2013 年第 3 期，第 27 ~ 31 页。

② 林景华：《充分认识思想政治教育的作用》，《光明日报》2006 年 11 月 11 日，第 7 版。

足大学文化建设不断变化发展的需求；其次，思想政治教育能够同时满足多个大学主体、国家与政党、团体乃至个体的恒久持续的需要；最后，思想政治教育既能够满足大学文化建设这一主体恒久持续的需要，又能满足大学文化建设中的临时性需要。

其四，大学文化建设与思想政治教育功能的范围广。主要有导向保证功能、传播辐射功能、育人转化功能、开放创新功能。思想政治教育的导向和保证功能通过启发、动员、教育等方式，把受教育者的思想行为引导到符合社会发展要求的方向上来，使其保持坚定正确的政治方向。[①] 一是目标导向功能。通过长期的思想政治教育，社会主义核心价值观在大学建设中占据主导地位，促使社会主义核心价值观在大学师生思想中扎根，坚定大学师生努力奋斗的信心。二是舆论导向功能。利用赞赏、激励、批评、监督等手段，制造和形成正确的舆论，以调节和规范大学师生的思想行为。三是行为导向功能。引导大学师生通过自我教育的方式提高思想认识，主动投身社会主义大学文化建设中。[②] 思想政治教育站在“正确的立场”上，运用训诫和教导的口吻指点人们的言行“应该”如何，或者“不应该”如何；思想政治教育与解放人、解放人的思想、促进人们转变观念、促进人的自由发展、提升人的创新能力紧密结合起来。

思想政治教育具有传播辐射功能，它不仅能综合利用各种手段（如物质的、精神的）去直接调动人的积极性，而且在思想政治教育过程中所传导的思想内容具有辐射激励作用。一是奖惩辐射。通过目标辐射、关怀辐射、批评辐射、教育辐射等方式激发大学师生的积极性和主动性。二是思想传播。即实现思想认知—思想认同—思想践行的转化。首先，明确价值认知的目标，完善价值认知内容，做好价值观的认知引导；其次，在方法上注重实践化与灵活化相结合，不断创新形式；最后，加强实践教育和体验教育，提高趣味性和有效性，激发大学师生的认同感。

---

① 张耀灿、陈万柏：《思想政治教育学原理》，高等教育出版社，2001，第 75 ~ 77 页。

② 郭瑞燕、柴达：《新时期强化高校思想政治教育导向功能的思考》，《思想理论教育导刊》2013 年第 6 期，第 99 ~ 101 页。

三是凝聚激励。思想政治教育具有激发人的行为动机、调动人的积极性的功能。它本身是人们利益的集中反映，在教育方法、教育手段相同的情况下，反映人们的利益追求，成了思想内容产生激励作用的根本尺度。[①] 在大学文化建设中社会主义核心价值观变成强大的黏合剂，形成强大的向心力和凝聚力，使大学师生产生昂扬向上的情绪和奋发进取的精神，形成大学主体共同特有的责任意识和集体意识，增强大学凝聚力，提升思想政治教育的吸引力和说服力。[②]

思想政治教育的育人和转化功能。教育主体使用非暴力、非强制、非欺骗的手段，对活动对象展开以心理影响、精神感召和思想感化等为主要特征的教育说服活动，使其形成良好的个性、品德并发展多方面的优秀才能。[③] 一是精神状态的培育。马克思曾指出：激情、热情是人强烈追求自己对象的本质力量。[④] 把社会主义核心价值观转化为大学师生的自觉追求，形成团结奋进的强大精神力量，并与其世界观、人生观和价值观外化为大学师生昂扬向上的精神状态。二是思想观念的教化。占统治地位的思想理论体系为人们提供社会发展的基本理论、路线、纲领和重要思想，通过思想教育内化为世界观、人生观、价值观和共同理想。[⑤] 思想政治教育作为一种柔性的社会管理工具，作为服务上层建筑的一种工具，与政治上层建筑的最大区别是非刚性、说服性和教育性。

通过思想政治教育实现“精神变物质”和“物质变精神”的双重转化。[⑥] 思想政治教育开发创新功能的主体是人，而不是思想理论、观念精神本身，更不是路线方针政策等。一是增强开发意识。通过各种活动

---

① 王易、张莉：《试论激励法在大学生思想政治教育中的运用》，《思想理论教育导刊》2010 年第 7 期，第 78 ~ 82 页。

② 熊建生：《思想政治教育内容结构论》，中国社会科学出版社，2012，第 276 ~ 279 页。

③ 教育部思想政治工作司：《思想政治教育原理与方法》，高等教育出版社，2010，第 201 页。

④ 《马克思恩格斯全集》（第 42 卷），人民出版社，1972，第 169 页。

⑤ 孙其昂：《思想政治教育学前沿研究》，人民出版社，2013，第 173 ~ 174 页。

⑥ 邱柏生、董雅华：《思想政治教育学新论》，复旦大学出版社，2012，第 17 ~ 19 页。

形式将一定的社会理论、观念、精神、价值转化为大学师生的个体意识与群体意识，转化为他们的行为动机。然后由具有一定思想理论所指导的大学师生进行各种现实的社会活动，思想政治教育不断从大学师生的物质性活动中、精神性活动中、综合性活动中，甚至从自身的活动中及时凝练、提升、总结、抽象和归纳各种有价值的观念与精神。二是提高创新能力。思想政治教育有效地引导大学师生摆脱保守、消极的思想意识，培养和激发创新意识，注重为大学师生个性发展提供方法论指导，提供动力源泉和智力支撑，以实现对人的个性的开发与完善，实现“精神变物质”和“物质变精神”的双重转化。

## 三　社会主义文化大繁荣的战略

社会主义文化大繁荣的战略决策是思想政治教育使命与作为的现实依据。马克思指出：文化的传承与发展是多元化的，是革命性、进步性的辩证统一，不同的历史发展阶段表现出不同的形态。[①] 列宁指出：社会主义文化建设需要批判地吸收以往一切优秀的文化遗产，只有确切地了解人类全部发展过程所创造的文化，才能实现对文化的改造，建设无产阶级的文化。[②] 他们的论断对发展国民教育、提高全民文化素质及文化中思想政治教育等问题的论述具有极高的指导意义和价值。社会主义的时代精神是大学文化建设的基本底蕴，把集体主义、爱国主义和社会主义作为大学文化的主旋律，通过舆论引导、典型示范，使集体主义、爱国主义和社会主义成为大学生群体的主要价值取向，让大学文化充满追求新知、鼓励创新的气息，为大学师生提供一个展示个性、全面发展的宽松环境。坚持以社会主义核心价值观指导大学文化建设有利于明晰大学文化的内涵，明确大学文化建设的责任，明确大学文化建设的目标、总体思路和方法，确保大学文化建设的实效。坚持以人为本、全面协调可持续发展的要求，实现大学物质文化、大学精神文化、大学制度文化

① 《马克思恩格斯选集》（第 1 卷），人民出版社，1995，第 18 页。

② 《列宁选集》（第 4 卷），人民出版社，1958，第 348 页。

和大学行为文化协调发展、可持续发展和全面发展。

社会主义文化大繁荣是建设中国特色社会主义大学的重要保证。中国特色社会主义文化作为正确的思想价值导向，保证了社会主义大学发展的方向。党和国家领导人历来重视文化建设问题，强调以马克思主义世界观、认识论、方法论、价值观为指导，创立并发展具有中国特色的社会主义文化。以毛泽东为代表的第一代共产党人，制定了新民主主义的文化纲领。他指出我们不但要把中国从政治上受压迫和经济上受剥削变为政治上自由和经济上繁荣，而且要把这个被旧文化统治因而愚昧落后的中国，变为一个被新文化统治因而文明先进的中国[①]；马克思这些老祖宗的书必须读，他们的基本原理必须遵守，这是第一，但是任何国家的共产党，任何国家的思想界，都要创造新的理论，写出新的著作，产生自己的理论家，来为当前的政治服务，单靠老祖宗是不行的[②]；新文化是在观念形态上反映新政治和新经济的东西，它为新政治和新经济服务[③]。百花齐放、百家争鸣的方针，是促进艺术发展和科学进步的方针，是促进我国的社会主义文化繁荣的方针。[④] 那个时期的文化观包括中国传统文化、马克思主义革命文化和马克思主义科学文化，是科学、人文和革命相结合的文化。

社会主义文化大发展大繁荣为思想政治教育使命与作为提供了新的视野和思想。思想政治教育具有政治性，而其意识形态理论包括哲学、道德、艺术等，属于文化领域。思想政治教育同时具有文化性，文化性是思想政治教育的本质属性。思想政治教育在社会主义文化大发展大繁荣的背景下，通过文化传承过程而进行意识形态理论教育。体现在思想政治教育的目标定位上，便是提高大学师生的思想文化素质、培养健康完美的人格，促进大学师生的全面发展；体现在思想政治教育的价值选择上，便是突出先进文化，提升文化品位；体现在思想政治教育的功能

① 《毛泽东选集》（第 2 卷），人民出版社，1991，第 663 页。
② 《毛泽东文集》（第 8 卷），人民出版社，1999，第 109 页。
③ 《毛泽东选集》（第 2 卷），人民出版社，1991，第 695 页。
④ 《毛泽东文集》（第 7 卷），人民出版社，1999，第 229 页。

上，便是通过丰富文化内涵、凝聚文化力量、引领文化方向来影响大学师生的心理活动、思维观念和意识形态；体现在思想政治教育的主体上，便是提升教育者与被教育者的文化素质，增强教育的共鸣性、魅力性和实效性。[①] 同时，思想政治教育使命与作为吁求社会主义文化性的回归。大学师生是传统文化的继承者、时代文化的消费者和未来文化的创造者，要充分体现文化性、提升文化品质、彰显文化特质，增强思想政治教育的吸引力、感染力和实效性，把思想政治教育变成文化熏陶、文化传承和文化创新的过程，变成教育过程实质就是文化化人的过程。[②]

十一届三中全会开创了社会主义现代化建设的新局面，它赋予了文化建设以中国特色的内涵，对中国大学文化建设提出了纲领性要求。中共中央下发《关于当前反对资产阶级自由化若干问题的通知》，要求各级党和政府、各级高等学校切实加强领导，旗帜鲜明地开展坚持四项基本原则下的大学生思想政治工作。1987 年颁布了《中共中央关于改进和加强高等学校思想政治工作的决定》，进一步明确高等学校办学的指导思想，坚持高等教育的社会主义方向。邓小平同志指出：我们在建设高度的物质文明的同时，要提高民族的科学文化水平，发展高尚的丰富多彩的文化生活。只有物质文明和精神文明都搞好，才是具有中国特色的社会主义。[③] 教育要面向现代化、面向世界、面向未来，以思想建设为核心，以培育“四有”新人为目标，繁荣各项文化事业的文化观，为中国特色社会主义文化建设指明方向。[④] 我们国家要赶上世界先进水平，要从科学和教育着手。[⑤] 我们党提出坚持“二为”方向、“双百”方针和“三个面向”的教育政策，主动加强社会主义先进思想文化的宣传教育，弘扬民族优秀的传统文化。这些方针政策包含着传承中国传统优秀文化、马克思主义文化以及培养“四有”新人等重要因素，是中国大学

① 乔万敏、邢亮：《大学生思想政治教育质量提升模式研究》，人民出版社，2013，第195 页。

② 沈壮海：《思想政治教育的文化视野》，人民出版社，2005，第 26 页。

③ 《邓小平文选》（第 2 卷），人民出版社，1994，第 208 页。

④ 《邓小平文选》（第 3 卷），人民出版社，1993，第 35 页。

⑤ 《邓小平文选》（第 2 卷），人民出版社，1994，第 48 页。

文化建设的根本，实现了科学与文化、理想与现实、时代性与民族性的统一。

社会主义文化大繁荣是大学文化建设发展的内在要求。全党同志要深刻认识文化建设的战略意义，推动社会主义文化的发展繁荣；全面建设小康社会，必须大力发展社会主义文化，建设社会主义精神文明。[①] 这一时期大学发展以高校合并重组、扩招和建设一流大学为重要特征，积极改善高校的环境，有效激活了大学文化的变革，不断深化大学文化的创新特点、追求真理的科学精神和服务国家民族的人文精神。江泽民同志指出：社会主义精神文明是搞好改革开放和现代化建设的重要内容，关系到党和国家的前途命运。[②] 建设中国先进文化，使它在全国人民乃至世界人民中间具有强大的吸引力和感召力。[③]《中共中央关于构建社会主义和谐社会若干重大问题的决定》指出，建设和谐文化是构建社会主义和谐社会的重要任务，新的文化发展观是科学发展观在文化领域的具体体现，反映了党对文化发展的新认识，有利于推动中国特色社会主义文化大发展大繁荣。大力推动社会主义文化大发展大繁荣是当今时代进步和发展的重要内容，文化是我国人民精神文化生活发展的客观需求。谁占据了文化发展的制高点，谁就能够在激烈的国际竞争中掌握主动权。[④]《中共中央关于深化文化体制改革　推动社会主义文化大发展大繁荣若干重大问题的决定》指出，文化繁荣是国家和民族的灵魂和核心竞争力，中华民族的复兴归根结底是中华文化的复兴。[⑤] 发展大学先进文化的根本任务是培养有理想、有道德、有文化、有纪律的青年。大学教育承担着传播、发展、创造先进文化的重大使命。

社会主义文化大繁荣是提升综合国力的重要内容。党的十八大继续

---

① 《十六大以来重要文献选编》（中），中央文献出版社，2006，第 18 页。

② 江泽民：《论建设有中国特色社会主义》，中央文献出版社，2002，第 382 页。

③ 《江泽民文选》（第 2 卷），人民出版社，2006，第 17～18 页。

④ 胡锦涛：《高举中国特色社会主义伟大旗帜　为夺取全面建设小康社会新胜利而奋斗——在中国共产党第十七次全国代表大会上的报告》，2007。

⑤ 胡锦涛：《中共中央关于深化文化体制改革　推动社会主义文化大发展大繁荣若干重大问题的决定》，人民出版社，2011，第 22～28 页。

推进社会主义文化大发展大繁荣，中共中央、国务院印发了《关于进一步加强和改进新形势下高校宣传思想工作的意见》。习近平同志多次强调要发展和繁荣社会主义文化，并指出：一个国家、一个民族的强盛，总是以文化兴盛为支撑的，推动社会主义文化大发展大繁荣，实现中华民族伟大复兴①；牢固的核心价值观，都有其固有的根本，博大精深的中华优秀传统文化是我们在世界文化激荡中站稳脚跟的根基②；提高国家文化软实力，关系我国在世界文化格局中的定位、我国国际地位和国际影响力和中华民族伟大复兴中国梦的实现③。党中央多次强调要努力传播当代中国价值观念，促进社会主义文化大繁荣。当代中国价值观念就是中国特色社会主义价值观念，代表了中国先进文化的前进方向。④加强对中国梦的宣传和阐释，中国梦意味着中国人民和中华民族的价值体认和价值追求；意味着全面建成小康社会，实现中华民族伟大复兴；意味着每一个人在为中国梦的奋斗中实现自己的梦想；意味着中华民族文化繁荣的最大保证；意味着中华民族为人类和平和发展做出的重大贡献。⑤ 广大青年要从现在做起、从自己做起，使社会主义核心价值观成为自己的基本遵循，并身体力行大力将其推广到全社会去。⑥ 这些明确了大学文化建设的重要战略地位，明确了先进文化的具体内涵特征，也确立了思想政治教育在大学文化建设中的重要地位。

第二，思想政治教育的使命与作为对社会主义文化大繁荣的促进与发展。

---

① 《民族伟大复兴要以中华文化发展繁荣为条件——学习领会习近平总书记在山东考察时重要讲话精神》，《光明日报》2013 年 12 月 4 日，第 1 版。

② 中共中央文献研究室：《习近平关于实现中华民族伟大复兴的中国梦论述摘编》，中央文献出版社，2013，第 12 ~ 28 页。

③ 《习近平在中共中央政治局第十二次集体学习时强调朝着建设文化强国目标不断前进》，《中国新闻出版报》2014 年 1 月 2 日，第 1 版。

④ 《习近平在中共中央政治局第十三次集体学习时强调　把培育和弘扬社会主义核心价值观作为凝魂聚气强基固本的基础工程》，《人民日报》2014 年 2 月 26 日，第 1 版。

⑤ 习近平：《胸怀大局　把握大势　着眼大事　努力把宣传思想工作做得更好》，《人民日报》2013 年 8 月 21 日，第 1 版。

⑥ 习近平：《青年要自觉践行社会主义核心价值观——习近平在北京大学师生座谈会上的讲话》，《文汇报》2014 年 5 月 5 日，第 1 版。

其一，它是丰富与繁荣社会主义文化的基本路径。大学是社会的思想库，它不仅为社会主义建设培养人才，而且在传承文明和生产知识中不断发展和创新文化，为社会奉献优秀和先进文化成果，为社会主义主流文化提供新鲜的文化元素，不断丰富社会主义先进文化的内容，推动社会主义文化的大发展和大繁荣。社会主义大学是集中体现社会主义文化方向的场所，对社会文化发展起着传承、示范和辐射作用，有什么样的文化观，就会有什么样的文化建设，大学文化建设作为社会主义文化建设的重要环节，需要服从于社会主义文化建设大局，体现社会主义文化的先进性。在社会主义文化大发展大繁荣的建设中，大学文化既是社会文化的亚文化，在一定程度上受社会文化的影响，同时又是社会文化的先导，起着引领社会文化先声、影响社会主义文化发展方向的重要作用。

用科学的态度对待本民族传统文化和其他外来文化。社会主义核心价值观指导着大学文化建设的体系，是培育大学人文精神、创新大学文化活动、构建大学文化发展模式的理论基础。大学文化像任何文化一样具有民族性和时代性，是民族文化和时代文化的统一。民族精神、时代精神是大学精神的灵魂，以爱国主义为核心的民族精神和以改革创新为核心的时代精神起着决定性的作用。毛泽东指出："中华民族不但以刻苦耐劳著称于世，同时又是酷爱自由、富于革命传统的民族。"① 爱国主义是民族精神的核心，也是大学文化的核心、大学精神的灵魂。邓小平指出："我们国家的每个人包括娃娃都要有爱国主义精神，有民族自尊心，这与实现四个现代化是密切相连的。"② 科学对待本民族文化和外来文化是大学文化形成和发展的基点，也是大学生思想政治教育的重点。

改革创新的时代精神是大学文化永葆活力的强大精神动力，也是思想政治教育发展的助推器。只有大学师生把解放思想、实事求是、与时俱进的精神和锐意改革、勇于创新的精神当作自己应该提倡、推崇、遵循和践行的重要价值理念，大学文化才能紧跟时代，大学才能不断发展。

---

① 《毛泽东选集》（第 2 卷），人民出版社，1991，第 623 页。

② 《邓小平年谱（1975 - 1997）》（下），中央文献出版社，2004，第 802 页。

大学文化建设与思想政治教育是一个开放的运动的体系，它们既需要对建设内容进行改革，同时又需要加强与其他社会文化，包括外国的优秀文化的交流和联系，对它们中于自身有用的东西加以借鉴，在改革中实现创新，实现自身的进一步完善和发展。

其二，它在丰富与繁荣社会主义文化建设中发挥着重要作用。马克思指出：文化是一定社会的政治和经济的反映，同时也反作用于一定社会的政治和经济。[①] 全面建设中国特色社会主义大学，加快推进大学先进文化发展，代表先进生产力的前进方向要做到以下两点。首先，坚持社会主义文化的正确方向，顺应当今人类文明的主潮流，与我国现代化的发展方向相一致，发展面向现代化、面向世界、面向未来的，民族的、科学的、大众的社会主义文化。其次，坚持文化的民族性，唯有民族的才是世界的，面对世界日益加剧的文化冲突，特别是来自西方文明的严峻挑战，中国特色社会主义大学文化更应带有鲜明的民族性，自觉站在民族振兴的高度，完成中国传统文化向现代文化的创造性转变。

塑造大国文化形象，树立中国大学的文化优势。大学担负着承载优秀文化和弘扬传统文化的责任，我们需坚定自己的文化理想，在世界上塑造自己鲜明的文化形象。坚持弘扬和完善民族精神，增强民族凝聚力，提升民族自信心和自豪感，使大学师生保持昂扬向上的精神状态，不断增强自己的文化影响力。社会主义大学要在推进文化传承创新中发挥作用，准确把握当代中国文化发展所处的历史方位，把握先进文化的前进方向，培育理性的文化自信精神，激发全民族的文化创造活力，推动当代中国文化的科学发展。[②]

## 第二节　现实诉求

中国共产党自建立以来就把思想政治教育应用到各个领域，我国高

---

① 《马克思恩格斯选集》（第1卷），人民出版社，1995，第100页。

② 沈壮海：《大学的文化意义与文化使命》，《高校辅导员》2011年第4期，第3~9页。

校思想政治教育具有鲜明的时代性，把社会主义核心价值观融入思想政治教育的使命与作为中，是社会主义意识形态主导文化引领大学文化建设的本质要求，也是思想政治教育的内在需要和实现新时期思想政治教育针对性、实效性的客观诉求。对国外大学文化建设的合理借鉴是正确认识和有效把握思想政治教育使命与作为现实诉求的重要内容，是我们进一步讨论思想政治教育使命与作为相关问题的必要前提。

## 一　中国大学文化建设的时代诉求

为了进一步落实科教兴国和人才强国战略，提高大学的地位和人才的社会地位，形成尊重人才、尊重知识、尊重学术的社会氛围，大学要继承文化、创新文化、发展文化和引领社会进步，成为国际多元化文化沟通和交流的桥梁。我们需要建设中国特色社会主义大学文化，捍卫大学的使命与责任，强化大学的教育责任、学术责任、服务和引导社会的责任和国际责任。①

第一，对大学精神文化建设重要性的认识达到新的高度。《中华人民共和国高等教育法》的颁布有力推动了大学文化建设重要性的探讨，对大学精神文化建设的思想认识达到前所未有的新高度。大学精神文化建设在社会发展中的地位得到了不同程度的认可，践行社会主义核心价值观和传播先进文化需要加强大学精神文化建设，积极发挥大学精神文化的育人功能、传播辐射功能、服务社会功能和引领社会文化发展功能。这既是对大学文化认识的深化，又是对先进精神文化认识发展的深化。②各个学校对大学精神文化建设的重视程度空前提高，已把大学精神文化建设纳入自身发展战略规划，并制定出专门的大学精神文化建设发展规划。

大学精神文化建设呈现出良好的发展势头。大学精神文化是大学精神的一种概念化和文字化，通过大学精神文化直接彰显和传递大学精神

---

① 王少安、周玉清：《大爱精神与大学文化建设》，人民出版社，2008，第58页。

② 张卫良、冯玉萍：《校园文化建设对大学生文化素质养成的作用》，《理工高教研究》2003年第5期，第82~83页。

的精要和宗旨。大学校训高度体现大学办学精神的训词，能够历久弥新，具有震撼力。如北京大学以自己深厚的大学文化底蕴和雄厚的文化创造力优势，成为现代大学文化发展的领航者。[①] 南开大学等富有悠久历史的高等学校，认真总结自己的历史文化传统和近年来的办学实践，加快建设步伐。[②] 还有很多相对“年轻”的大学也积极结合自身特点，开展富有自身特色的大学文化创建活动。在推进大学文化建设的过程中，大学逐渐形成自己独特的价值观念，这些校园核心价值观念在学校产生了积极影响。以校训为例，中国人民大学的“实事求是”、厦门大学的“自强不息·止于至善”、武汉大学的“自强·弘毅·求是·拓新”、华中师范大学的“求实创新·立德树人”、浙江大学的“求是·创新”、中南大学的“知行合一·经世致用”，或立意深远，或富于特色，为大学师生所接受，在社会上获得了广泛的认同。

第二，体现社会主义核心价值观理念的大学制度文化成为推动大学文化建设的动力源泉。[③] 大学制度文化在继承中国优秀文化传统和吸收中外大学制度文化优秀成果的基础上，以社会主义核心价值观为基点，经过大学师生的共同努力和实践，思想内容进一步提升，得到各高校的高度重视。[④] 随着大学师生对发展教育事业的不懈努力，大学文化建设也实现了跨越式发展，尤其是社会主义核心价值观作为大学建设的核心理念，引领着大学文化建设的方向，大学制度文化建设取得了长足的进步，成为推动大学文化建设的动力源泉。

对大学制度文化建设地位和作用的思想认识进一步加强。大学师生认识到大学制度不仅是管人、管物、管事的工具，而且是保护大学师生的创造精神、鼓励大学师生的创造行为、多出创造成果的保障平台；它

① 马化祥、霍晓丹：《国际化视野下的高校校园文化建设——以北京大学建设和谐校园文化为例》，《思想理论教育导刊》2011 年第 3 期，第 109 ~ 111 页。

② 薛进文：《培育南开特色的大学精神》，《求是》2012 年第 6 期，第 29 ~ 30 页。

③ 王永友、刘美娜：《大学制度文化形成机理与作用机理分析》，《教育探索》2009 年第 3 期，第 12 ~ 14 页。

④ 陆岩：《依托校园文化平台推进社会主义核心价值体系大众化》，《高校理论战线》2012 年第 2 期，第 25 ~ 28 页。

不是单纯的制度建设，而是对大学办学精神、理念、规律和行为等进行探索、总结、升华的文化行为；同时，鼓励师生践行社会主义核心价值理念，建设富有责任与担当的大学制度文化，已成为大学文化建设的重要追求，大学制度文化的实践逐步成为大学师生关爱社会、国家、学校与他人的实践，成为大学师生彰显高度责任感和崇高职业精神的实践。①

促进大学教育和谐发展的国家教育法律制度日趋完善。《高等教育法》《教师法》《普通高等学校设置工作暂行条例》等教育法律和教育行政法规相继颁布，成为大学规范办学行为的指南和大学师生权利实现的保障。《中共中央国务院关于加强和改进大学生思想政治教育的意见》《普通高等学校学生管理规定》《关于进一步加强和改进新形势下高校宣传思想工作的意见》等制度相继出台和完善，不仅是对大学生成长成才的要求，更是贯彻以人为本的价值理念，对大学生高度负责的生动体现。

大学内部管理体制、运行机制以及政策体系建设成效明显。在大学组织管理制度体系建设方面，形成了以党委领导下的校长负责制为根本制度的“党委会议制”、“校长办公会议制”、“院系党委会议制”以及相应的校院系教代会、职代会和学代会制度，为大学实现科学决策、推进民主办学提供了制度保障。② 在大学学术制度体系建设方面，形成了以科研项目、经费、成果管理为基本内容的学术管理制度，以成果转化、科技服务、专利申请与转让为主要内容的学术成果转化和激励制度，为激发大学师生的科技创新活力和科技创新能力奠定了制度基础。如中山大学采取全程导师制，推动师生的科研创新能力，做到全程育人。浙江大学以“理论学习、理论研究、理论实践、成果转化”为主线，紧扣学术主题，具有很强的生命力和凝聚力。在大学教学工作制度体系方面，形成了以规范教学行为、提高教学质量为核心的日常教学管理、专业建设、实验实践教学、教学评估等大学教学质量保障制度，为提高大学教育质量提供了制度平台。如湖南师范大学建立了思想政治教育理论课程

---

① 金进良：《大学制度文化建设中的取向》，《教育探索》2009 年第 1 期，第 14 ~ 17 页。

② 人民日报评论员：《坚持和完善党委领导下的校长负责制》，《人民日报》2014 年 10 月 16 日，第 6 版。

管理创新机制，成绩显著，得到各界好评。在学生工作制度体系方面，形成了以日常教育和学生管理规定为核心内容的大学生思想政治教育制度，为培养社会主义接班人提供制度保证。如东南大学采取高品位课程、高水平讲座、高情趣活动、高格调名著选读的育人模式，深化教育效果。北京科技大学以评优活动搭建思想政治教育平台，形成了以评促建、重心下移、重在建设的工作机制。①

第三，大学物质文化建设的良好格局已基本形成。它是自然与人文和谐发展的高品位的治学育人环境文化，是大学师生对象化活动的结果，也是其智慧、力量和意志的象征。《关于进一步加强和改进大学生思想政治教育的意见》等文件对大学的人文环境、规划布局、文化设施、校园景观、网络文化等做出了具体部署，为大学物质文化建设指明了方向。意见指出校园文化具有育人功能，建设体现社会主义特征、时代特点和大学特色的文化，要重视校园人文环境和自然环境建设，完善校园文化活动设施，建设好学生活动中心，加强校刊、广播、电视等媒体建设，加强对研讨会、报告会、讲座的管理。②《关于加强和改进高等学校校园文化建设的意见》指出：以优化校园文化环境为重点，弘扬时代主旋律、突出高品位、加强管理、注重积累，不断满足大学生日益增长的精神文化需求，为培养人才提供强大的精神动力，使高校成为发展中国特色社会主义先进文化的重要基地、示范区和辐射源。

大学物质文化建设工作的价值理念明晰透彻，育人功能发挥充分。高校高度重视校园历史景观保护、人文景观建设、校园绿化美化、建筑规划设计以及校园网络等物质文化建设，使育人环境大为改善，为人才培养质量提高奠定了坚实基础，形成领导重视、师生参与、齐抓共管的工作格局。③ 大学校园里那些长长的连廊和庄重的列柱也是教育学生的

① 中共中央宣传部：《加强和改进大学生思想政治教育优秀实例选编》，中国人民大学出版社，2005，第135页。

② 中共中央宣传部：《关于进一步加强和改进大学生思想政治教育的意见》，中国人民大学出版社，2005，第26页。

③ 严峰：《中国大学文化研究》，复旦大学博士学位论文，2005。

一部分。四方院中每块石头都能教导人们知道体面和诚实。在整体规划学校总体布局时，能够满足大学师生的工作、学习和生活需要，促进大学师生的全面发展。如厦门大学有“海上花园学府，中国南方之强”之称，被誉为最美丽大学。北京大学的博雅塔、礼堂、四合院是独具特色的文化艺术杰作，体现北国风情。在规划学校建筑与绿化美化校园时，按照人性化的要求，营造建筑与绿化相协调的园林氛围，实现人与环境的和谐统一。如贵州大学将校园建在山、水、桥、亭中，使人如痴如醉，流连忘返。北京航空航天大学设计了“时间花园”、“空间花园”和“生命花园”，彰显中国传统文化之美。[①] 在设计建造校园人文景观时，注重把社会主义核心价值观、学校核心价值理念等精神因素、信念因素、传统因素融入雕塑、纪念碑、文化亭台、文化墙和文化石等校园人文景观建设之中。如湖南大学居于岳麓山下，千年学府，浸染着浓厚的湖湘文化。曲阜师范大学位于山东曲阜，浸染着圣贤文化和儒家思想。湘潭大学校园里的毛泽东铜像和毛泽东诗词碑，浸染着毛泽东文化思想。在加强校园报刊、广播、有线电视、宣传橱窗等文化传播设施建设时，要做到因势利导，整合学校网络资源，开展融思想性、娱乐性、知识性和服务性于一体的网络文化活动，培养大学师生良好的生活方式和行为方式。如南京大学在官网上突出南京大学的标志性建筑和标志性文化符号；外交学院官网布局合理、整洁大方、高举旗帜、特色鲜明。

第四，对大学行为文化的认识不断统一、提高和深化。大学行为文化作为大学文化的重要方面，是大学历史文化积淀的显现和促进大学精神文化、大学制度文化和大学物质文化发展的直接动力，是大学文化建设的基础性文化因素。[②] 巩固马克思主义在意识形态领域的指导地位，把弘扬社会主义主旋律落实到大学制定决策、规章和办学行为的全过程，让政策和制度体现以人为本的理念，符合大学师生的希望和需求，又以

---

① 教育部思想政治工作司：《高校校园文化建设理论与实践（2011）》，中国人民大学出版社，2011，第132页。

② 蔡劲松：《大学文化的四个层次》，《中国教育报》2009年7月27日，第2版。

政策和制度规范引导大学师生自觉践行社会主义核心价值观。①

大学行为文化建设的措施逐渐系统、科学和合理。大学从管理人员行为文化到教师行为文化、服务人员行为文化和学生行为文化都做出了系统设计和规划，建立健全合理可行、运转精便、高效实用的体制和机制。设立学生工作机构、教学工作机构、科研工作机构、后勤服务机构、管理监督机构和党建思想政治教育领导小组为大学行为文化建设提供组织保障、制度保障和经费保障，组织格调高雅、主题明确、立意鲜明、层次分明的各种文化活动。如四川大学建立“五大制度”，把其纳入学校的日常工作，与党建、思想政治教育紧密结合，有利于促进人才的培养。② 引导大学师生关注教育事业的发展趋势，关心大学文化建设和发展。如北京化工大学的“引领工程”，激发了大学师生的活力，推进了大学生工作体系的创新。关心教师的健康和进步、关爱学生的命运和前途，使教师潜心于教，突出师德师风和教风建设。如哈尔滨工程大学邓三瑞教授“爱岗敬业，认真负责”的品质，北京大学孟二冬教授“俯首甘为孺子牛”的高尚师德。学生专心于学，突出学术风气建设，形成追求真理、广包宽容的学术氛围。如大连理工大学打造“学在大工”的学校名片，引导学生勤于学习、善于创造、甘于奉献。管理服务人员切实履行管理育人职责，把成长成才作为人才培养的重要内容和环节，推进大学行为文化全面可持续发展。如中国科技大学自主开发“学生信息管理系统”，促进学生成长成才。③

大学行为文化建设更加理性、规范和严谨。国家采取分层建设的方针，加快大学建设的步伐，先后启动了“211”“985”建设工程，扩大高校招生规模，支持民办教育，推进高等教育事业发展的进程。国家相继提出巩固、深化、提高、发展的教育指导方针，办人民满意的教育，建立大学教育评估制度，为不同类型的大学指明发展方向，规范了大学

① 袁贵仁：《把握大势着眼大事　努力做好新形势下高校宣传思想工作》，《中国教育报》2015 年 2 月 2 日，第 1 版。

② 中共中央宣传部：《加强和改进大学生思想政治教育优秀实例选编》，中国人民大学出版社，2005，第 179 页。

③ 王少安、周玉清：《大爱精神与大学文化建设》，人民出版社，2008，第 216 ~ 217 页。

行为文化建设。从大学办学行为文化的层面上看，各个大学结合自身办学历史、条件、层次、水平和学科专业结构等情况，科学编制学校战略发展规划，明晰学校的发展思想、办学目标、办学特色，提升学校内涵，强化自身行为自律。如上海交通大学紧密结合学校实际，提炼出以“社会主义的办学方向，世界一流的发展目标，思源致远的精神追求，明荣知耻的道德基础”为主要内容的交大核心价值追求。① 从大学师生行为文化的教育层面上看，大学注重诚信行为教育，强调言行一致的良好风尚，注重榜样对大学生行为文化的导向作用，培养大学生热爱祖国、奉献社会、关爱他人、团结诚信的优良品质。② 如湖南科技大学开展的“理想之歌”、“青春之歌”和“芳菲之歌”活动，以典范教育为指导，深化社会主义核心价值体系的内涵。③ 从加强大学行为文化的途径和载体上看，营造关爱、宽松的大学行为环境文化，倡导良好的行为方式和习惯，进而影响和改变主体的行为。如东北师范大学通过优秀文化行为体验弘扬主流思想，开展“百部经典文学作品”、“百部优秀电影”、“百部经典歌曲”和“百部优秀书画作品”活动，让学生了解历史经典、文化精品和精神成果，探索新形势下大学行为文化建设的内在规律。④

通过对国内大学文化建设的定位与思路来看，各个高校都意识到了文化建设的重要性，大学文化建设要立足于大学的办学实践，它是推动大学特色文化发展的重要因素。然而从当今国内大学文化建设的理论和实践过程来看，我国大学文化建设还存在一些问题：部分高校大学物质文化影响力尚显不够、大学精神文化建设缺失、大学制度文化价值理念模糊、大学师生的不端思想及失范行为造成了不良影响，削弱了大学行为文化的育人功能。

---

① 谈毅、王琳媛：《大学文化建设与价值认同》，上海交通大学出版社，2013，第 77 页。

② 张耀灿：《榜样文化：社会主义核心价值观培育机制的构建》，《学校党建与思想教育》2014 年第 13 期，第 7 ~ 8 页。

③ 刘新庚、刘韧：《思想政治教育在大学文化建设中的作为研究——以湖南科技大学优秀模范工作为例》，《当代教育理论与实践》2015 年第 3 期，第 126 ~ 128 页。

④ 杨晓慧：《社会主义核心价值体系融入大学生思想政治教育全过程的基本问题研究》，人民出版社，2011，第 201 页。

大学物质文化影响力尚显不够，文化建设存在不足。[①] 首先，部分大学的物质文化建设缺乏科学系统的整体规划，只注重形式，忽视内涵特色。在设计和建设上缺乏人文意蕴、缺乏鲜明特征、缺乏地域特色、缺乏学校特点、缺乏个性精神。在建设过程中随意性大，甚至需要什么就建什么，形不成系统协调的大学物质文化，如何将大学物质文化中的物质因素和社会主义核心价值观、学校价值理念等精神因素有机结合起来，没有找到较好的契合点，大学物质文化育人功能的发挥受到影响。其次，校园建筑和建设风格相似，自然环境相似，建筑及楼宇、道路等命名多采用方位词、顺序词、外观词和功用词，缺乏文化感染力，而且极其相似，校内缺乏独具一格的文化景观，缺乏丰富深厚的文化内涵和应有的高度、深度和广度，大学师生受优秀文化耳濡目染影响的效果不够理想。再次，缺乏相应的物质文化活动场所，在一定程度上制约了大学文化活动的开展，活动场所及设施数量不足、空间有限、环境不佳、设备陈旧等问题，直接影响大学文化建设的质量。最后，对大学网络建设的监管不到位，大学校园网络育人功能发挥不够。传统媒体的宣传力度不够，范围不广，如报纸、杂志发挥的作用大不如以前，影响力不够；而新媒体，如微博、微信、QQ、BBS、博客等没有得到充分运用，监管力度不够。[②] 我们强调对与网络相关的法律、法规等的教育，而忽视了对网络道德建设和大学生网络文明行为的积极引导。我们的调查显示：有 67% 的学生上网的主要目的是“娱乐”和“消磨时间”，有 23% 的学生是为了“浏览新闻信息”，15% 的学生为了“获得学校和学院通知”，只有 5% 的学生是“学习交流”。一些大学生甚至利用网络对他人进行诽谤或攻击等，部分学生沉迷于网络游戏不能自拔，表现出大学生受到网络文化的消极影响。[③]

---

① 傅林：《世纪回眸：中国大学文化研究》，教育科学出版社，2009，第 26 页。

② 徐建军：《网络与思想政治教育的关联》，《现代大学教育》2009 年第 5 期，第 58～60 页。

③ 冯刚、沈壮海：《中国大学生思想政治教育发展报告 2013》，北京师范大学出版社，2013，第 56 页。

部分高校大学精神文化建设缺失，存在形式主义倾向。[①] 这是一个极易引发道德义愤和充满危机的时代，世俗化和精神家园的荒芜化不断扩展。[②] 大学精神文化的核心内容呈现平庸化，把精神文化的各种外在表现当作摆设和应对社会的应景之物，没有内化为大学师生认同的共同价值取向。大学精神文化外在形式的同质化和雷同化，主要表现为：办学思想、办学理念、办学传统、校训校风、学风教风等。中国青年报社对国内 256 所大学的校训进行调查统计，数据表明校训中有勤奋字样的 68 所，求实字样的 65 所，创新字样的 59 所，这几个字样占据被调查大学总数的 75% 。[③] 部分师生缺乏创新意识，国家和社会意识不强，理想信念教育相对缺失。部分高校没有从根本上把世界观、人生观和价值观教育当作影响学生一生的重要教育进行系统规划，并未把人文教育贯穿教育始终。当前大学教育方式的主流依然是近乎单一的专业知识传授，大学生很少会考虑自身的价值取向和国家社会的前途和命运。我们的调查结果显示：在个人职业生涯规划考虑最主要因素中，大学生选择最多的是“个人的前途”，占 78%；其次是“自身兴趣”，占 16%；而选择“国家需要”的仅占 6%。虽然考试的指挥棒有效鞭策着大学生刻苦学习，但无法为他们解释应为何而学？同时，当前弄虚作假、实用主义、功利主义等不良风气侵蚀着大学优秀精神，影响着大学精神文化建设。弄虚作假之风侵蚀着大学求是创新的精神，实用功利之风侵蚀着大学自由探索的精神，功利主义阻碍着大学科学精神的提升。

大学制度文化价值理念模糊，制度文化机制需完善。[④] 首先，部分大学过于强调制度标准的“唯一”性，忽视了制度文化的文化性以及人文性，忽视了大学师生的心理或意识，偏离了制度文化的目的和价值，

---

① 李辉、钟明华：《“大学精神”的本质特征及其建设思路》，《中山大学学报》1999 年第 2 期，第 116 ~ 120 页。

② 高伟：《生存论教育哲学》，教育科学出版社，2006，第 3 页。

③ 邓清波：《没有人把校训当真才是大学的真问题》，《中国青年报》2007 年 7 月 27 日，第 6 版。

④ 程利：《试论大学制度文化建设的价值取向与现实路径》，《南京社会科学》2013 年第 11 期，第 128 ~ 132 页。

在一定程度上违背了“以人为本”的发展理念。“教学工作被系统地大量地编写成条文，对教师做什么，什么时候做，甚至为什么做都作了编排。教学工作往往是破碎的、割裂化的，使教师难以对自己从事的工作形成全局影响。课程来自遥远的命令，教材是别人选择的，教学常规化到了习惯性活动的程度。”[①] 这扼杀了大学师生的创造力，教育理念陈旧，教学方式呆板，没有把以责任和创新为核心内容的大学理念体现到制定大学制度文化的行为上，导致制定大学文化的行为缺乏严谨、科学和民主，甚至缺少认真和责任，出现为了制定制度而制定制度，为了要有这样的制度而制定制度的情况，制定制度成为不具有任何文化意义的简单劳动行为，给大学文化建设带来诸多负面影响。其次，部分大学的大学制度文化的理念与落实大学制度的文化行为脱节。制度成为限制大学师生全面发展的死条文，存在为落实制度而抓落实，生硬落实，无情落实制度的现象，在实施制度的过程中脱离实际，搞一刀切，缺乏人文关怀，程序意识淡薄；在落实制度的过程中，不按程序办事，致使制度执行中出现不民主和不公平，甚至侵犯人的权利的行为。

大学主体的不端思想及失范行为削弱了大学行为文化的育人功能。首先，部分大学的官僚化气息和官本位思想仍然存在，在工作中以行政权力为主导，做什么事都是靠行政命令，而不是通过教师学生集体讨论。其次，大学主体行为目的功利化，有的大学把功利化作为唯一的目的，偏离了大学的根本宗旨，完全市场化，大学主体行为变成受经济利益驱动的世俗化行为，学术腐败现象层出不穷，大学原来的功利性变成世俗功利化，出现“个人至上”“金钱万能”的现象。[②] 再次，在人才培养中，部分大学急功近利，侧重于教给学生现成的知识和结论，缺乏探索性学习，将培养人才的目标定位于直接创造价值的“生产者”，甚至“器具”，而不是把学生培养成一个完整的“人”，导致大学偏离追求真

---

① 〔美〕萨乔万尼：《道德领导：抵及学校改善的核心》，冯大鸣译，上海教育出版社，2002，第 58 页。

② 刘尧、余艳辉：《大学教师学术不端行为的诊断与防治》，《大学教育科学》2010 年第 1 期，第 60～67 页。

理的本质，忘记培育合格人才的神圣使命。[①] 大学存在一些不懂礼、不守礼、不行礼的不文明行为。大学主体对社会、集体和他人责任感和奉献精神的缺失，受到西方悲观主义哲学的消极影响，如叔本华的“人生即悲苦即悲剧”、尼采的“人生极度悲苦”、萨特的“人生就是烦恼”等。人性教育、亲情教育和感恩教育在大学教育中被边缘化，部分大学生走向极端，不能以积极向上的态度对待日常问题和人际关系，进而发生“大学生伤熊事件”“马加爵事件”等。

国内大学文化建设的经验与启示。思想政治教育既是一种方法，也是一种实践。[②] 思想政治教育和大学文化是大学建设的重要内容，是一个无止境的过程，思想政治教育表面上很“虚”，实际上却很“实”。当你认为思想政治教育很“虚”的时候，它比什么都“实”；当你认为它很“实”的时候，它又显得很“虚”。大学文化与思想政治教育是一种“虚”与“实”的统一体，这种“虚”与“实”的关系统一在育人的过程中。[③] 它的建设有规律，需要沉淀和总结，从思想政治教育的本质和使命入手，促进大学文化建设，让大学更多关注学术、更多追求真理、更多关注社会发展。

第一，全面贯彻落实党的教育方针，坚持社会主义办学方向。[④] 这是多年来大学文化建设和思想政治教育工作实践得出的根本经验，我们既要全面贯彻党的教育方针路线，坚持大学教育为社会主义现代化建设服务，为人民服务，坚持教育与文化建设相结合，科学把握大学教育和文化发展的客观规律，培育社会主义现代化建设的可靠接班人；又要不断巩固马克思主义的指导地位，用中国特色社会主义最新理论成果武装大学师生的头脑，凝聚力量、鼓舞斗志，巩固思想基础，切实把优秀文化转化为大学师生的自觉追求，用社会主义核心价值观引领大学文化建

---

① 韩延明：《大学文化育人之道》，高等教育出版社，2013，第174～176页。

② 黄蓉生：《改革开放以来大学生思想政治教育论纲》，人民出版社，2014，第12页。

③ 徐建军：《思想政治教育“虚功实做”的典范》，《湖南日报》2013年7月22日，第8版。

④ 吴仁华：《“两个巩固”是大学生思想政治教育的出发点和着力点》，《福建日报》2014年3月3日，第11版。

设，推动大学文化的大发展和大繁荣。

第二，突出教师和学生的主体地位，全面加强和改进思想政治教育工作。[①] 尊重教师和学生的主体地位与作用，加强和改进对大学师生的思想政治教育是大学文化建设的重要途径。贯彻以人为本的发展目标，树立以师生为本的理念，把维护好、实现好和发展好大学师生的根本利益作为思想政治教育的出发点，把教育的核心定位在推进人的自由全面发展上，通过创新教育观念和方法，密切联系思想政治教育和大学文化的实际，把传授知识与思想教育结合起来，把系统教学与专题教育结合起来，把理论武装与实践育人结合起来，切实改革教育内容，改进教学方法，改善教学手段，使思想政治教育更加贴近实际、贴近生活、贴近师生，提高思想政治教育的针对性、时效性和吸引力、感染力。[②]

第三，确立思想政治教育的战略地位，全面推进大学文化建设进程。明确思想政治教育的地位，发挥其功能，使教育要素、资源合理归位，从而使思想政治教育效果最优化。[③] 新的历史条件赋予社会主义大学以鲜明的民族特色和时代特色，对大学文化建设提出了新要求。在社会主义大学文化建设的实践中，正确认识和判断国际国内形势发生的深刻变化，准确领会和把握党和国家赋予思想政治教育的历史使命，按照社会主义大学文化和思想政治教育自身规律发展的内在要求，明确方向、顺应潮流、更新观念，全面推进社会主义大学精神文化、制度文化、物质文化和行为文化建设。

## 二　国外大学文化建设的合理借鉴

国外大学教育起步较早，发展相对成熟，在长期的办学实践和大学文化建设中，积累了丰富的经验，也形成了相对稳定的文化发展模式。

---

① 邱伟光：《学校德育要积极发挥文化育人作用》，《思想理论教育》2011年第22期，第4~6页。

② 杨蓓：《高校思想政治教育的历史担当》，《黑龙江日报》2013年11月5日，第12版。

③ 教育部思想政治工作司：《大学生思想政治教育理论与实践》，高等教育出版社，2009，第56页。

西方发达国家的思想政治教育，也遇到过许多矛盾，经历了长时间探索，但在模式、途径、方法上，已经比较系统和有效。①

国外大学重视宗教传统教育。马克思曾指出：宗教是颠倒的世界观，他们本身就是颠倒了的世界。宗教因此被送出世俗的世界，回归它的宗教世界领域，但宗教在精神方面的影响力和作用仍然很强大。② 宗教传统在西方国家具有很大的影响力，这与国外大学教育的产生和发展密不可分。国外许多大学开设宗教学或者相近课程，把宗教学视为大学教育的重要内容，有专职人员进行授课、辅导，并进行宗教礼仪活动，宗教已成为国外大学思想教育和管理的重要形式，宗教思想文化深深融入他们社会生活的各个方面，进入他们的精神世界，成为西方文化生活的重要组成部分，也是西方社会保持稳定的精神基础。③ 国外大学不仅重视宗教课程的设置，还在校园建筑的设计方面处处体现宗教文化的特点，修建教堂式的建筑、保存宗教历史遗迹、绘制具有宗教内容的图画，在重大节日里举办盛大的宗教舞会和宗教礼拜。

国外大学重视大学文化理念的塑造。思想理念是行动的指南，是一个人素质高低的体现。④ 大众化阶段以来，高等教育发生了一些质的变化，高等教育的大发展带来了大学思想文化观念的大变革。⑤ 国外大学文化理念反映了西方文化的世界观、价值观和人生观，其核心为大学是什么？大学文化应该怎么去做？国外大学在关注社会经济发展的同时，也高度重视大学文化理念的塑造。“培养合格可靠的人”的理念，是国外大学文化建设的根本。国外大学从创立之初就提出培养“人”、培养“合格而完善的有道德的人”的目标。如纽曼提出培育“绅士”⑥、洪堡

① 张耀灿、郑永廷、吴潜涛等：《现代思想政治教育学》，人民出版社，2006，第 75 页。

② 《马克思恩格斯全集》（第 1 卷），人民出版社，2002，第 452 页。

③ 何虎生、刘福军：《高校开展马克思主义宗教观教育的若干思考》，《思想理论教育导刊》2012 年第 11 期，第 98 ~ 102 页。

④ 张跃进：《大学文化与大学精神建设》，中国社会出版社，2010，第 92 页。

⑤ 〔英〕阿什比：《科技发达时代的大学教育》，滕大春译，人民教育出版社，1983，第 17 页。

⑥ 〔英〕约翰·亨利·纽曼：《大学的理念》，高师宁译，贵州教育出版社，2003，第 22 ~ 25页。

提出培育“完人”[①]、赫钦斯提出培育“完整的、聪明而又善良的人”[②]、雅斯贝尔斯提出培育“全面的人”[③]、克拉克·克尔提出培育“有效公民”等育人观念[④]。他们强调大学的根本在于培育人才，培养统治阶级需要的合格人才。同时，国外大学认为人才培养的模式需要多样化，这既是学生个体发展和发展特点的体现，也是社会经济、政治、文化发展的必然要求。如耶鲁大学有标准、高贵的人文博雅传统[⑤]；斯坦福大学崇尚地道的美国实用主义理念；普林斯顿大学以形而上的理论研究著称；麻省理工学院专攻形而下，以科技领先而自豪。通过大学教育和文化熏陶，学生学会生存、学会学习、学会选择、学会合作，成为一个具有科学精神和人文精神的人，实现健康成长。

国外大学重视大学景观文化设施建设。大学景观文化设施是大学物质文化建设的重要组成部分。国外大学重视大学物质文化建设，大学景观文化设施成为校园文化及社会文化建设的风景线。国外政府在大学教育中的大量投入，在大学文化设施建设中取得了显著成果，也奠定了大学文化繁荣的物质文明基础。

国家对大学进行具有福利性的文化设施建设，使其在校园建筑和文化设施及服务机构方面，体现出大学文化的独特魅力。如国外大学有世界一流的图书馆、实验室、实践基地以及大学师生活动场地。每年英国在大学教育上的拨款占英国国民经济总产值的4.7%～5.6%。剑桥大学始建于1209年，有藏书丰富的剑桥大学图书馆。芝加哥大学拥有600万册以上的藏书及数百万卷的手稿和档案，同时具有各种非常完备的服务设施和服务项目。东京大学现代化的体育中心，设有室内游泳、器械、

---

① 李铁林：《世界科学中心的转移与一流大学的崛起》，湖南师范大学博士学位论文，2009。

② 〔美〕罗伯特·M. 赫钦斯：《美国高等教育》，汪利兵译，浙江教育出版社，2001，第42页。

③ 〔德〕雅斯贝尔斯：《大学之理念》，邱立波译，上海人民出版社，2007，第37页。

④ 〔美〕克拉克·克尔：《大学的功用》，陈学飞等译，江西教育出版社，1997，第62页。

⑤ 冯建妹：《耶鲁精神：感受耶鲁大学生及其法学院》，法律出版社，2007，第23页。

篮球、网球等训练场馆，还有专门的健康咨询室，为大学师生的运动保健提出科学的意见，这些一流的文化设施对大学文化建设起到了巨大的推动作用。①

国外大学的格局呈现独特性，校园建筑彰显大学特色文化。受学校文化特质和价值倾向的影响，校园建筑有自己独特的视角。如哈佛大学被称为"一部三维空间的欧洲建筑史"，它充满历史感的校园环境，给人一种文化的沉淀气息。影响深远的标志，有自己的校色——"深红色"，被称为"王者之红"，各种各样的哈佛标志性纪念品被涂以深红色，这种风格得以延续，赋予校园景物以"灵性"和"品位"，以至于成为现代哈佛的风格，被命名为"哈佛红"，它反映了哈佛大学的历史和传统，从某种意义上说，影响深远的哈佛大学标志与哈佛大学文化产生了积极的互动效应。②

国外大学重视继承传统和创新发展的统一，注重通识教育。③ 国外大学的办学理念和办学实践都有独到之处，既坚守传统、弘扬特色，又与时俱进、勇于创新，随着时代的发展和人类文明的进步做出相应的调适。如威斯康星大学认为大学必须为社会发展服务，它成为开创现代大学社会服务新职能的旗帜，我们称之为"威斯康星思想"。④ 麻省理工学院认为培养学生具有创新精神是关键。"让'海龟'们去干苦活，让人们去思考问题，培养学生具有创新精神"这种大学精神为探索如何培养与工业社会发展相适应的人才提供源源不断的动力，正是这种精神促使麻省理工学院进行了多次重大改革，使其获得并保持世界一流大学的地位。⑤ 斯坦福大学认为大学应是研究与发展的中心，现代工业发展最重

---

① 〔英〕波特·斯科特：《高等教育全球化的理论与实践》，周倩、高耀丽译，北京大学出版社，2009，第32页。

② 林大为：《哈佛大学与真理交朋友》，现代出版社，2013，第66页。

③ Harvard University, *General Education in a Free Society*, Cambridge, Mass: Harvard University Press, 1945: 22 - 26.

④ 杨艳蕾：《超越大学的围墙——威斯康星理念研究》，中国社会科学出版社，2015，第22页。

⑤ 〔美〕查尔斯·维斯特：《一流大学卓越校长：麻省理工与研究性大学的作用》，蓝劲松译，北京大学出版社，2008，第17页。

要的资源是人不是物，应紧靠大学建立科技园区。斯坦福大学带动了美国硅谷电子工业的发展，而硅谷的成功也造就了斯坦福大学的辉煌。[①] 耶鲁大学认为“以学生为中心”是大学教育的根本，为学生发展营造了好环境，这所在创建时仅有一名校长、一名教师、一名学生的学校最终发展成青年们向往的学府。[②]

国外大学重视大学师生的个性发展。他们提倡平等与自由，提倡重视人、尊重人和发展人的利益，尊重大学师生个性发展的特征，创造有利于大学师生发展的环境，通过大学自治、自我管理、自我教育等形式，给师生更多的自主权和发展空间。[③] 如剑桥大学追求学术性，重视人潜在的动力。剑桥大学已有 60 多人获得诺贝尔奖，培养了大批世界级大师，为世界大学之最。洪堡大学提倡学术自由，充分发挥大学师生的个性，这彻底改变了中世纪大学的传统办学模式，洪堡大学出现了普朗克、劳厄、哈恩等 16 位诺贝尔奖获得者。哈佛大学实行学校自治，校友会选举校长的制度。1865 年哈佛大学通过校友会民主选举制走上了学术独立、自由的大路。哈佛学术氛围宽松又浓厚，研究成果极多，培养出一大批优秀的治国之才，如约翰·亚当斯、昆西·亚当斯、伯查德·海斯、西奥多·罗斯福、德兰诺·罗斯福、菲茨杰拉德·肯尼迪等。柏林大学把人格的培养塑造视为大学文化的基本内容，通过纪律监督、福利事业、卫生保健、心理辅导、就业指导、宿舍文化、各类生活服务等方式鼓励大学生自重、自治，培养提高其自我教育与自我管理的意识和能力。[④]

---

① 林大为：《斯坦福大学自由之风》，现代出版社，2013，第 46 页。

② 张金辉：《耶鲁大学办学史研究》，中央编译出版社，2009，第 17 页。

③ Alfred North Whitehead, *The Aims of Education*, New York: Macmillan Company, 1929: 11 - 15.

④ 李全宏：《柏林大学的教育内涵与实践——探索世界高水平大学发展之路》，中国农业大学出版社，2013，第 22 页。

# 第三章　大学文化建设与思想政治教育的关联性考察

研究思想政治教育在大学文化建设中的使命与作为，必须首先探究思想政治教育与大学文化建设的相互关系，这是深入研究本选题的关键所在，也是思想政治教育在大学文化建设中的切入点。大学文化建设是思想政治教育的重要途径和有效载体，思想政治教育是大学文化建设的重要渠道和主要手段，思想政治教育与大学文化建设统一于国家人才培养战略。

## 第一节　大学文化建设是思想政治教育的重要途径和有效载体

大学文化建设是实现思想政治教育的有效载体，对于增强思想政治教育的有效性具有重要意义，大学教育的本质是进行文化传承，使大学生通过对文化价值的获取，获得认识意蕴的全面体验，进而不断提升自我人格和灵魂。[①] 大学文化为大学生创造了一个陶冶心灵和精神动能的场所。大学文化以校风、学风、文化传统、价值观念、人际关系等方式表现出来的行为观念，对思想政治教育的各个方面起着指导性作用。教育家苏霍姆林斯基曾指出："对周围世界的美感，能陶冶学生的情操，

① 张楚廷：《大学文化与传统》，《高等教育研究》2012 年第 6 期，第 1 ~5 页。

使他们变得高雅。”① 社会主义社会为大学生实现全面发展提供了有利条件，大学生生活在大学环境中。与大学文化建设相适应的优美整洁的学习、工作、生活环境，对每个大学生起着陶冶情操与规范行为的作用。高校教育始终坚持德育和智育相统一，充分利用各种场合、各种形式进行传统教育、民主教育、五讲四美三热爱教育，重视和开展第二教育渠道，关心大学生课外生活，使他们在丰富多彩的活动中陶冶高尚情操，培养社会主义的世界观、人生观。在学校教育整个环节中，大学文化建设能消除学生逆反心理，收到正面教育所不能达到的效果。让大学生在大学中自然而然地受到影响，接受大学文化的濡染，逐步形成与大学文化发展合拍的道德风尚、行为习惯和人格风度。

大学文化建设是实现德育目标的重要途径。大学的中心任务是治学育人，以马克思主义思想政治教育理论特别是中国特色社会主义思想政治教育理论为指导，立足当代大学生思想政治教育的实践，营造一个高品位的，人文美、科学美与自然美和谐发展的，能够潜移默化地熏陶人、教化人的，多元文化并蓄、学术自由的，既健康向上又生动活泼的大学文化环境和氛围。美丽的大学校园环境是大学文化建设的重要内容。苏霍姆林斯基说过：“我们在努力做到使学校的墙壁也说话。”② 大学文化既以精神文化和制度文化为基础，又是精神文化和制度文化的外在表现，建设高品位环境文化的关键是确保先进文化在大学里的主导地位，把大学真正建设成为人类先进文化发展的重要基地。

## 一　为思想政治教育提供育人环境

大学文化为思想政治教育提供良好的育人环境。大学文化建设和思想政治教育承载着为国家和社会培养优秀人才的使命，大学又是一个文

① 湖南教育编辑部：《苏霍姆林斯基教育思想概论》，湖南教育出版社，1983，第78页。

② 《苏霍姆林斯基选集》（第4卷），教育科学出版社，2001，第205页。

化机构，它承载着传承和创新文化的使命。[①] 在现代大学教育中，大学文化始终与思想政治教育紧密结合在一起，在教育过程中形成大学文化，大学文化又以其独特的魅力感染、熏陶、激励着人。育人是大学文化的内在功能，教书育人、管理育人、服务育人、环境育人都可归属为文化育人，大学文化为思想政治教育提供强有力的育人环境。教育家史蒂芬·利考克在《我见之牛津》中指出："对大学生真正有价值的东西，是他周围的生活环境。"大学文化建设具有历史传承性，大学环境文化是大学文化的环境基础，它具有强烈的育人功能。它凝结着大学的历史、传统和大学的理念、价值取向等。它的每一处景观都记载着大学的历史，凝聚了大学的精神文化、独特的思维方式和教育理念，是大学生命力的标志，集中反映了大学的文化价值观主流，还是实现思想政治教育功能的重要途径。

大学文化发挥着隐性教育的重要作用。大学特有的无形之精神文化和有形之物理环境文化的复合体令人感动、兴奋、激越和升腾。[②] 大学文化所蕴含的大学文化精神、道德风尚等，弥漫在整个大学之中，潜移默化地融入大学生的心灵深处，在不知不觉中以强大的感染力对大学生的成长成才施加巨大的影响。母国光说过："办大学就是办一种氛围。"良好的大学文化环境，具有催人奋发向上、积极进取的教育力量。它可以促使大学生在一种无形的巨大力量推动下，在积极向上的氛围中受到激励、鞭策，健康成长。它引导大学在发展过程中秉持一定的价值取向，为大学生的科学认知、价值选择提供向导，引导他们追求正确的人生价值，寻找精神家园，使大学文化融入大学生的精神世界，成为其生命的一部分。大学文化时时刻刻影响着大学师生的治学理念、价值判断、思维方式和行为习惯。大学文化向大学师生提供社会主义核心价值观所推崇的道德标准，明确所坚持的社会主义荣辱观，提出评判是非的标准，从价值观上规范了大学生的社会认知及社会需求层

---

① 施小光：《文化传承与创新：现代大学新使命》，《清华大学教育研究》2011 年第 3 期，第 50～52 页。

② 睦依凡：《大学的使命及其守护》，《教育研究》2011 年第 1 期，第 68～72 页。

次，进而促进大学生对行为举止的约束和调控。大学生生活在优良的大学文化环境中，通过思想政治教育工作，大学生明确应该做什么、不应该做什么；社会和学校提倡什么、反对什么。同时，在校风、校训、校歌、校纪、校规等的指导下，自觉根据周围环境的变化调整、规范和约束自己的行为，使自己的思想和行为符合学校的要求，并得到社会的认同。

大学文化环境对大学生成长成才具有积极促进作用。教育部、共青团中央在《关于加强和改进高等学校校园文化建设的意见》中指出：遵循文化发展规律，以建设优良的校风、教风和学风为核心，优化大学文化环境，构建具有中国特色、时代特征和学校特点的大学文化，不断满足大学生日益增长的精神文化需求。大学文化创造优良的育人环境是指大学在传承与创新文化的过程中，利用大学自身的文化实力和文化氛围，使大学生养成学识，发展智慧，提高综合素质，提升人生境界，实现全面发展。大学在长期的发展历程中积累了深厚的文化底蕴，形成了浓郁的文化氛围，大学生在其中深受感染和熏陶。大学文化对大学生的影响具有深刻性和持久性，大学生在优良的大学文化氛围中接受文化的沐浴、情操的陶冶、道德的洗礼和人格的升华。大学通过有意识的文化教育与无意识的文化熏陶来实现育人目的，促使大学生适应现实社会，形成和树立正确的价值目标，进而引导大学生完善人格。美国教育家杜威指出："学校即社会"，"教育即生活"，"社会环境能通过个体的种种活动，塑造个人行为的智力的和感情的倾向，社会环境无意识地、不设任何目的地发挥着教育和塑造的影响"。[①] 优秀的大学文化促使大学生正确认识社会发展规律，明确社会和时代的发展趋势，形成正确的世界观、人生观和价值观，确立正确的人生目标，引导人的行为和发展方向，为大学生改造现实社会、实现社会理想、构建美好社会提供动力。

大学物质环境是思想政治教育存在和发展的基本前提。优美的环境

① 〔美〕杜威：《民主主义与教育》，王承绪译，人民教育出版社，1990，第18页。

会对大学生产生持久的、潜移默化的影响，是引起大学生思想感情、道德水平和审美观念变化的重要前提。[①] 大学中茂盛的树木、典雅的花园、庄严的建筑、严谨的教堂、明亮的报告厅、功能齐全的文化活动场所都为思想政治教育提供了良好的物质保障；同时，大学所具有的传授知识、研究学术、服务社会、追求卓越等理念将随着思想政治教育工作的进行帮助大学生在多样化的文化环境的价值观念中形成正确的价值选择。大学文化环境成为思想政治教育理念和内容的外化，思想政治教育通过制度的强制力达到育人的目标，使符合教育方向的思想与行为得到巩固和激励，不符合的得到纠正。大学环境是大学文化的一种外在表现，体现着大学的育人理想和人文精神，高品位的文化环境能够达到一种广博、自然的文化格调，使大学生在校期间感受到美妙、高雅的文化气息，并在这种气息的熏陶和鼓励下自由学习各种知识，独立地进行理性思考和探讨，然后在开放的环境中积极地进行创造，培养高雅的情操和健全的人格。

## 二　为人才培养提供精神动力和行为指南

良好的大学文化有利于健全大学生的人格，规范其言行举止，引导其发挥自己在思想政治教育活动中的主体作用。大学文化是高校增强自身发展力和核心竞争力的重要源泉，并为人才培养提供精神动力和智力保证，也是高校增强人才吸引力的一项重要因素。[②] 大学文化直接影响大学生和大学的生存和发展，能够对大学生的思想和行为进行整合与调节、激励与推动。大学的文化传统、价值体系、教育观念和精神氛围是社会特性和风貌的集中反映，是人才培养的内核。先进的大学文化蕴含大量的德育潜能，对大学生的思想觉悟、道德修养、学习状态乃至个性的形成和发展都起到了积极的作用。大学文化的状况直接关系到高校对师生的凝聚力和吸引力。如果一所大学不能吸引一批高水平的大师和高

---

① 骆郁廷：《当代大学生思想政治教育》，中国人民大学出版社，2010，第 236 页。

② 万美容、明月：《论社会主义核心价值体系引领大学校园文化建设的机制》，《学校党建与思想教育》2010 年第 28 期，第 20～22 页。

素质的学生，这样的大学就谈不上高水平。高校竞争力的不断增强，对发展大学文化的要求也越来越迫切。

大学文化建设对于提升大学核心竞争力发挥着重要作用。大学文化是社会文化的重要组成部分，在客观上已经形成了社会主流文化的“第二文化空间”。[①] 搞好大学文化对于全面贯彻党的教育方针，培养良好校风，优化育人环境，提高大学生的思想道德水平和科学文化素质，促进学校的发展和社会的进步具有重要意义。大学文化作为一种开放、先进的文化，丰富了思想政治教育的内容，拓宽了教学手段，给大学生提供了一个较为广阔的学习环境。思想政治工作者可通过大学文化，及时把握信息动态和政治热点，丰富思想政治教育课堂的教学内容；大学生可通过大学文化了解各地信息，开阔自己的视野，完善知识结构，树立正确的世界观、人生观和价值观。大学文化核心竞争力是大学在办学实践中不断积累形成的，蕴含在学校内在品质之中，是学校在可持续发展中保持竞争优势的核心能力。[②] 大学文化核心竞争力不仅表现为有形的外在物质性，而且表现为无形的大学精神。构成大学文化体系的各个层面和内容都集中体现大学文化核心竞争力的内涵和实质。[③] 大学文化是一面旗帜，大学里时时刻刻进行着对先进文化氛围和探索真理的理想追求，鼓舞大学师生形成崇高的责任感、强烈的使命感和高度的荣誉感。理想精神的感悟、师生之间的交流、师生的人格魅力、学术大师的卓著声望、优美的校园风光和以人为本的管理机制，激发了大学生潜心学习、报效祖国的热情，激发了广大教职工的工作热情。这种大学环境有利于促进优秀人才的全面成长，有利于培育、造就一批社会精英，对社会发展起到巨大的推动作用。

大学文化建设为培养社会主义事业可靠接班人提供强大精神动力。大学精神文化有利于教职员工提高育人责任感、忠于职守、创造一流成

---

① 邱柏生：《高校思想政治教育的生态分析》，上海人民出版社，2009，第6～8页。

② 杨欣虎、王菁华、戴吉亮：《大学文化核心竞争力及其构建》，《思想教育研究》2011年第4期，第43～45页。

③ 张卫良：《大学核心竞争力理论与实践研究》，中国海洋大学出版社，2006，第180页。

绩。大学制度文化能够进一步明确育人工作的内容、程序、标准以及高校各部门和人员的职责，使育人工作规范化和系统化。大学行为文化有利于促进大学生知、情、意、信、行的有机统一，能够更好实现培养社会主义现代化建设高素质人才的基本目标。大学环境文化能为进一步开展育人工作提供基础设施和物质条件保障，形成良好的大学文化氛围。[①]新时期的大学文化建设必须坚持先进性要求，以中国特色社会主义理论为指导，牢牢把握社会主义先进文化的发展方向，全面贯彻党的教育方针，坚持社会主义办学方向，继承和发扬中华民族优秀文化传统，体现鲜明时代特色，吸收世界文明成果，突出主旋律，提倡高品位，坚持高格调；必须坚持以人为本，以育人为宗旨，以校风、教风、学风建设为核心，突出大学师生在大学文化建设中的主体作用，着力培养大学生的科学精神和人文素质，帮助其健康成长；必须立足学校实际，挖掘学校历史文化资源，建设富有学校特色的大学文化，坚持不断创新的观念，勇于探索，繁荣学术，努力构建既有深厚底蕴又充满生机活力的科学民主、健康向上、丰富多彩、特色鲜明的大学文化，不断满足大学师生日益增长的精神文化需求。

大学文化建设有着双向的精神辐射效能。一种是内辐射，产生向心力，发挥凝聚功能；另一种是外辐射，产生发散力，发挥融合功能。这两个方面互相协调、相辅相成，是大学文化形态在保持完整的同时，又得以不断发展的内在规律。[②] 大学文化能对大学生精神面貌产生持久的影响和作用，它贯穿和环绕在大学生教育活动的所有环节和要素中，通过学术研究、文化传播、道德责任、精神风貌对大学生产生深远影响和广泛辐射，是思想政治教育工作得以开展的精神条件、内容要素、重要载体和趋附目标。中国大学是为社会主义现代化建设与建设具有中国特色社会主义政治服务的，大学的使命和责任使大学文化具有旗帜性影响力作用。这种旗帜性影响力是由大学自身的地位和属性决定的。[③] 大学

① 赖廷谦：《社会主义文化与大学文化建设》，四川大学出版社，2010，第54～55页。

② 林爽、赖佳、李国富等：《大学文化与传统文化创新论》，齐鲁书社，2007，第50页。

③ 张跃进：《大学文化与大学精神建设概论》，中国社会出版社，2010，第18～23页。

应承担起文化建设与人才培养的责任和使命，充分发挥大学文化的特点和优势，为社会主义的文化发展与不同文明和文化之间的交流互动搭建起广阔的平台，让中华优秀文化、和谐文化、共赢文化、多样性文化成果走向世界，在新时期坚持大学先进文化前进方向，兴起大学文化建设新高潮，激发广大师生员工的文化创造活力是建设社会主义先进文化的客观要求，也是发展大学文化特色，增强大学的凝聚力、感召力，提高大学的发展水平和竞争力的内在要求。

大学文化建设实施过程是大学全面育德的过程。深化大学文化建设，能够使其在育人过程中充分发挥渗透和熏陶功能，实现教化育人，促使其内在精神和思想上的深刻变化。同时通过创建良好的校园环境，对大学生身心发展产生深刻影响，利用优秀文化影响及改变大学生的行为，促使其人性的修为和人格的形成，提升大学生生命的内在品格和道德修养水平。[①] 大学文化建设与大学生思想教育工作相辅相成、相互包容、互相促进；大学文化建设的顺利开展还能促进大学教育教学质量的提高，使大学生建立合理的知识结构，综合素质得以全面提高。

大学文化建设有助于大学师生形成正确的价值取向、自觉的行为规范、严谨的治学精神、高雅的行为方式。在大学文化建设中行为文化是关键，紧紧抓住这一关键问题，不仅能够推进大学文化总体建设的发展，促进大学文化底蕴的不断增厚，而且还能为大学生思想发展提供行为指南，促进大学德育工作的不断深化。大学文化是一种具有时代性、开放性和超前性的文化，具有整合和导向功能。[②] 它通过各种活动，如政治活动、文体活动、社会实践活动、宣传教育活动，帮助大学生形成正确的价值取向，起到以德育人和以教化人的积极作用。外化的行为意识对内涵有着深刻的影响，大学文化所包含和产生的外在举止言行，通过对

---

① 张德江：《文化育人：大学文化建设最重要的任务》，《中国高等教育》2012 年第 17 期，第 14 ~ 16 页。

② 刘月秀：《试析大学文化的使命与功能》，《学校党建与思想教育》2012 年第 18 期，第 90 ~ 91 页。

行为主体的映射作用影响产生本质效应的变化。[①] 人的内在品格的转化是一个漫长而又富有成效的潜移默化的过程，充分利用大学文化建设这一有力平台，使之作用于大学生的意识形态领域，从而实现促进其转变的目的。有力激励大学生勇于探求真理，使大学生学会承担责任与关爱他人，具备时代品格，树立先进高尚的思想道德，致力于社会主义现代化事业的进步与发展。在推行人文关怀、时代精神等主流的社会思想的过程中，迎合大学生的需要，从而对大学生心理产生相应的作用，实现对人性的洗礼，从而提高大学生的道德水平。

大学文化建设有助于大学师生形成共同的理想信念和道德规范。大学文化是大学生思想发展的重要特征，也是实现社会主义先进文化的源泉和精神动力。[②] 大学是否以先进文化主导其前进方向，对于大学生个人来说至关重要。大学以其特有的先进文化凝聚人心，促进大学发展。有了大学先进文化的支撑和引领，大学生才能顺应时代潮流，适应社会发展，成为可靠的接班人。大学文化是一种以崇尚自由、追求进步为价值取向的文化，它融思想观念、思维方式、行为规范、社会风尚于一体，反映着大学生对社会主流文化的总体认识和理想追求。建设大学文化，在大学形成共同的理想信念和道德规范，以学生为中心，突出学生发展，体现人文关怀。做到教育是引导，不是左右；教育是影响，不是支配；教育是感染，不是教训；教育是解放，不是控制。让大学生去体验美好、体验崇高、体验快乐、体验成功，培养积极的人生态度，形成丰富的思想体系，不断增强他们的凝聚力、向心力、亲和力。

## 三　为思想政治教育提供制度保障

大学文化对大学生思想道德素质的形成既有潜在诱导性作用，又有

---

① 薛绍聪：《西方大学文化对我国大学文化研究的启示》，《山东社会科学》2013 年第 3 期，第 189 ~ 192 页。

② 朱琦：《略论大学校园文化建设的思想政治教育功能》，《湖北社会科学》2012 年第 10 期，第 192 ~ 194 页。

外在的强制性作用。制度是影响历史进程的重要因素，有效率的制度能够提供有关权利、责任和义务的规则，能够为一切创造性和生产性活动提供最广阔的空间，从而促进生产活动的进行和社会财富的增加。[①] 大学作为一个相对独立的学术组织而存在，通过协调、规范大学组织的内外部关系，保证大学的文化地位，从而使大学更好地履行其文化传承及文化创造的职责，并构建学术权力和行政权力相对独立，自主办学、组织完备、权责明确、管理科学的新型大学制度。党的十七大报告明确提出：增强中华文化国际影响力，激发全民族文化创造力，提高国家文化软实力。文化已经成为一个国家和民族的灵魂和核心竞争力。作为社会主义先进文化重要组成部分的大学文化，担负着重要的责任。大学文化坚持以马克思列宁主义、毛泽东思想和中国特色社会主义理论体系为指导和行动准则，这决定了各项行动的发展方向，这样才能保证思想政治教育符合大学发展规律，符合高校师生共同愿景，体现社会主义文化的先进性。文化鲜明的时代性，不但能够适应现实的环境，而且还能与环境形成有效的交互作用的管理体制和运行机制。[②] 在知识经济时代，大学与社会经济发展的和谐程度体现为人才培养的竞争力和科学研究的竞争力。作为市场竞争主体，社会主义核心价值观决定了教育活动的性质和方向，大学教育活动又必定体现和透射着文化价值观念。思想政治教育承载大学文化的事物，它寓思想政治教育的内容于大学文化建设之中，通过增长知识与提高素质，提高大学生的思想认识和觉悟水平。大学文化的先进性、引领性和创新性等特有属性，已成为国家文化软实力建设的基础、竞争的先锋和提升的引擎，为思想政治教育的持续发展提供精神动力和制度保障。

大学文化建设通过各项制度的约束来巩固教育成果并使之形成一种长期的精神力量。大学文化的社会化趋势要求不断改进思想政治教育的运行制度。马克思曾指出：文化的本质是人类把握世界的一种独特手段，

---

① 袁贵仁：《建立现代大学制度推进高教改革和发展》，《中国高等教育》2000 年第 3 期，第 21～23 页。

② 陈万柏、张耀灿：《思想政治教育学原理》，高等教育出版社，2007，第 103 页。

是人化的自然，是人的创造能力与自由本性的结合，在不同的社会历史条件下成为不同的文化模式，进而发挥着不同的社会作用。从传统到现代，人民都通过文化创造和文化活动体现着这种功能。① 现代大学教育日益显示出其对社会的巨大作用，大学与社会的关系日益紧密，大学越来越融入社会。高校是先进文化沉淀、发展和传承的重要阵地，是新思想、新观念的发源地，集中体现社会主义文化发展的性质和动向，对社会文化发展起着传承、示范和辐射作用。社会主义文化观决定着社会主义大学文化建设，社会主义大学文化建设作为社会主义文化建设的重要环节，必须服从于社会主义文化建设这个大局，充分体现社会主义文化的先进性。大学先进文化以马克思主义唯物论和辩证法为指导，继承和发展马克思主义文化观。文化可以由人根据一定社会的要求，有目的、有计划地选择、利用和改造，以培养合格的社会成员。② 大学文化的传承与创新是多元化的，是革命性与进步性的辩证统一。新时期实现大学文化的系统运行是思想政治教育的重要目标，同时其也为思想政治教育的不断发展提供制度保障。当代我国的大学文化建设是在马克思主义中国化、中国马克思主义大众化的先进成果引领下进行的，特别是在新的形势下，用新的语言、新的表达方式、新的沟通渠道，对大学生进行马克思主义中国化理论的宣传教育，让大学生实实在在地受到马克思主义理论的教育和熏陶，不断提高大学生自身的政治觉悟和政治素质，通过思想政治教育来不断发展新理念、探索新途径、体现新水平、实现新突破，把对中国特色社会主义的理论学习和认识水平推到新阶段。

大学文化建设既保障了大学管理理念的贯彻执行，又为培养人才提供了制度保障。大学制度文化使思想政治教育的意愿得以贯彻实施，使思想政治教育活动得以规范，它提供了一个使国家意志得以体现、办学者思想得以贯彻、大学生人格得以健全的有力制度保障。③ 大学制度集

---

① 《马克思恩格斯全集》（第 1 卷），人民出版社，1995，第 18 页。

② 陈万柏、张耀灿：《思想政治教育学原理》，高等教育出版社，2007，第 102 页。

③ 孙庆珠：《高校校园文化概论》，山东大学出版社，2008，第 134 页。

中体现了社会对大学的需求，表现为国家对大学的要求，大学的办学方针和培养目标必须充分体现国家和社会的根本利益。大学制度文化集中表现为大学规则制度的具体实施，大学文化对师生的言行具有规范调节作用，当师生的言行不符合制度规范的要求时，通过思想政治教育的不断调节，使其达到制度规范的要求。它告诉大学师生哪些行为可以做、哪些行为必须做、哪些行为禁止做，进一步丰富思想政治教育的内容，使思想政治教育能够有章可循，使其成为内在的行为标准和模式，让大学师生共同遵循“制度”这种行为准则。成熟的大学制度文化具有激发大学生的积极性和能动性的作用，并对大学生发展的目标和方法具有导向作用，激发出大学师生的潜能、激情，使其朝着理想境界不断努力奋斗。

## 第二节　思想政治教育是大学文化建设的重要渠道和主要手段

一定的文化是一定社会的政治和经济的反映。[①] 现代大学文化建设是建设中国特色社会主义理论体系中的一个重大内容，时代赋予思想政治教育工作新的任务与新的内涵，要求思想政治教育工作适应新形势的需要，为时代发展和文化繁荣提供强大的精神动力。

思想政治教育是一种教育实践活动，它对人的思想观念、政治观点、道德规范进行有目的、有计划、有组织的影响，从而使其形成符合特定社会和时代需要的思想观点和行为品格。[②] 因此，思想政治教育与大学文化有着密不可分的关系。思想政治教育工作是为培养社会主义现代化建设合格接班人和建设大学文化而进行的社会教育的一个重要方面，加强思想政治教育工作是大学文化建设的内在需要。发挥思想政治教育在

---

① 《毛泽东选集》（第 2 卷），人民出版社，1991，第 663 页。

② 陈万柏、张耀灿：《思想政治教育学原理》，高等教育出版社，2008，第4 ~5 页。

大学文化建设中的目标导向功能已成为时代趋势，建设以“先进文化”为导向的大学文化，必须加强思想政治教育。[①] 把思想政治教育的内容渗透到各种生动活泼、形式多样的大学文化活动之中，使大学生在快乐中接受教育，在教育中体会和享受快乐。思想政治教育融入大学文化建设，有利于形成由“理论”到“实践”，由“内化”到“外化”的转化，为思想政治教育提供更为广阔的实践空间。优秀的大学文化对于思想政治教育的“环绕力”深刻而持久。思想政治教育则有利于使大学生在思想上获得认同，营造优良的文化氛围和精神环境，提升大学文化品位，在思想政治教育过程中，实现二者相互强化、相得益彰。

同时，大学文化建设应做到与时俱进，体现时代性、把握规律性、富于创造性，充分发挥思想政治教育活动育人、文化育人和环境育人的功能。当代中国，先进文化的精神内核就是坚持中国特色社会主义的理想信念。以先进文化为指导，在建设大学文化的进程中，必须把培养大学生坚定正确的政治方向放在首位，坚持让马克思列宁主义、毛泽东思想、邓小平理论、“三个代表”重要思想和科学发展观占领思想阵地，大学文化建设为现代思想政治教育提供新的载体，促进大学生全面发展，实现人才培养目标，发挥思想政治教育的重要作用。[②]

## 一　思想政治教育是大学文化建设的“生命线”

美国政治学家安东尼·奥罗姆说过：“任何一个社会为了能存在下去就必须紧密地围绕并保持其制度完整这个中心，成功地把思想方式灌输进每个成员的头脑里。”[③] 因此，思想政治在各国的政治统治中均居于显著位置。毛泽东同志提出了无论是在革命战争时期还是在经济建设时期，思想政治教育都具有指导、灵魂和生命线的地位的著名论断。他指出，思想和政治是统帅、是灵魂；没有正确的政治观点，就等于没有灵

① 骆郁廷：《当代大学生思想政治教育》，中国人民大学出版社，2010，第 190～194 页。

② 陈万柏：《论思想政治教育文化载体的特征和功能》，《求索》2005 年第 5 期，第 121～123 页。

③ Anthony M. Orum, *Political Sociology*, Prentice-Hall, Inc, New Jersey USA, 1983: 317.

魂；不注意思想和政治，就会迷失政治方向，就很危险。[①] 江泽民同志指出，加强和改进党的思想政治工作，是全党的一件大事。[②] 大学生思想政治教育的目标是培育“四有”新人，在大学建设进程中，“生命线”依然是对思想政治教育地位和作用的准确定位。思想政治教育可为大学文化建设提供强大的思想保证和精神动力，大学文化建设离不开思想政治教育。

“生命线”是一个形象的比喻，生命线是保证事物生存和发展的最根本的要素。把思想政治工作比作大学建设的生命线，就是说思想政治工作对于保证大学生存和发展起着重要的作用，并因而在大学文化建设中占有重要的地位。思想政治教育在大学文化建设中作为生命线的含义主要体现在引导、服务和保证三个方面。引导作用主要包括理想信念的引导、奋斗目标的引导和行为规范的引导，这种引导作用有利于把大学师生的思想和行为纳入社会所期望的秩序之中。服务作用是强调思想政治教育为大学建设和其他一切相关工作服务，为大学发展创造良好的环境和秩序。保证作用是使大学师生在政治思想、道德品德、行动活动上保持正确的方向，维护和发展稳定的政治秩序，保证大学生活和工作的正常运行，为大学持续发展和人的全面发展创造良好的政治思想条件。思想政治教育在大学文化建设中“生命线”的论断既是对历史经验的科学总结，也是对新时期思想政治教育地位和作用的高度概括。

文件法规的制定实施为我国的教育指明了发展方向。中共中央先后于 1987 年、1999 年和 2004 年颁布《关于改进和加强高等学校思想政治工作的决定》、《关于加强和改进思想政治教育工作的若干意见》和《中共中央关于进一步加强和改进大学生思想政治教育的意见》，明确了在改革开放的历史条件下，继续坚持思想政治教育生命线的地位，摆正思想政治教育为大学建设服务的位置，是大学生思想政治教育在新时期的新鲜经验。“我们在建设高度物质文明的同时，一定要努力建设高度的

① 《毛泽东选集》（第 2 卷），人民出版社，1991，第 499 页。

② 刘云山：《全党思想政治建设的一件大事——认真学习毛泽东邓小平江泽民论思想政治工作》，《光明日报》2000 年 3 月 21 日，第 10 版。

社会主义精神文明，这是建设社会主义的一个战略问题。”① 这使我们更深刻地认识到思想政治教育的地位和作用具有重大的指导意义。社会主义精神文明主要包括科学文化建设和思想道德建设两个方面，其中思想道德建设是精神文明建设的核心，而思想政治教育是思想道德建设的中心环节，并且思想政治教育还渗透在文化建设的各个层面和环节，所以思想政治教育对精神文明发展特别是大学文化建设具有极其重要的作用。

第一，大学文化建设需要思想政治教育。大学文化建设要全面贯彻党的教育方针，用马克思主义、毛泽东思想和中国特色社会主义理论体系引领大学文化建设，以先进文化的前进方向为发展方向，以社会主义文化大繁荣为目标，遵循民族的、科学的、大众的文化原则，紧随时代步伐，充分展现大学文化魅力，这都需要我们在实践过程中实现思想政治教育的创新与转型，这样才能牢牢掌握党对大学文化建设的主动权和领导权，使大学文化在思想内涵上鲜明体现社会主义先进文化的价值取向和精神境界，不断积淀先进文化的品质特征。

充分认识大学文化建设是教育兴国和民族复兴的客观要求，是当代大学责任和义务的有机统一。思想政治教育可以加强主流意识形态的建设，继承和发扬中华民族优秀文化和革命文化传统，吸收世界先进文明成果，突出社会发展主旋律，提倡高品位和高基调，把大学师生的意志统一到大学文化建设和服务社会主义现代化建设的目标上来，激励广大师生积极、自觉地参与到大学文化的建构潮流之中。发挥思想政治教育在大学文化建设中“生命线”的战略地位和动力源泉的作用，不断增强大学文化实践者的使命感和责任感，推动大学文化建设的顺利开展。

第二，大学文化体系的构成要素及合理运行都需要思想政治教育。大学文化建设需要有大学行为文化、大学学术文化、大学制度文化、大学精神文化、大学物质文化等一系列的机制保证。但是只有这些机制还远远不够，我们还需要道德伦理、思想教育、风俗礼仪、精神心理、文化熏陶等“隐性机制”作为基础。因此，思想政治教育通过多种教育方

① 《十二大以来重要文献选编》（上），人民出版社，1986，第25页。

式方法，培育积极向上的大学文化所需要的思想道德底蕴，营造大学文化建设所需要的“正能量”氛围。

大学文化建设是社会主义文化建设的重要组成部分，社会主义文化建设需要大学文化建设。思想政治教育在社会主义文化建设中居重要地位、起主导作用，是一种巨大的无声的力量。[①] 当前，高等教育面临着新的机遇和挑战，我们要用社会主义物质文明、精神文明、政治文明的成就来加强大学文化建设。通过思想政治教育引导学生的价值取向，促进大学生健康人格的形成，培育学生成才；增强师生的凝聚力，在知识创新和服务社会方面发挥巨大作用；承担着为国家和社会培养优秀人才的使命，支撑和推动着大学文化不断发展。在现代大学教育中，大学文化始终与思想政治教育紧密结合在一起，在思想政治教育过程中形成文化，文化又以其独特的魅力感染、熏陶、激励着人。通过教育育人、管理育人、服务育人、环境育人，达到凝聚人心、优化资源、突出学术、创新育人的目的，促进人的自由、全面、充分、和谐、健康发展。

第三，大学文化建设中主体素质的塑造与提升需要思想政治教育。大学文化是由大学师生创造的。塑造并提升与大学文化发展要求相适应的主体素质，积极引导大学师生树立尊重、平等、宽容、创新、民主、参与、合作、兼顾、自由、求实、奉献等大学文化建设所需要的观念，增强大学文化建设所需要的民主和法制意识，培养大学文化建设所需要的理想信念、价值取向、伦理道德和团队精神等，养成大学所需要的和谐行为文化，这些都离不开思想政治教育的努力。思想政治教育帮助人们实现思想认识上的飞跃，从而使他们能够运用思想和理论来指导实践，实现认识到行动的飞跃，并在认识和改造客观世界的进程中，完成对主观世界的改造。[②] 在大学文化建设过程中，思想政治教育将外在社会要求转化为大学师生内在的个人意识，然后由大学师生将个人意识、思想

① 李红革、王威峰：《大学生思想政治教育人性化研究》，《湖南科技大学学报》（社会科学版）2013 年第 4 期，第 105～108 页。

② 郑永廷：《论思想政治教育的本质及其发展》，《教学与研究》2001 年第 3 期，第 49～52 页。

动机转化为外在行为和行为习惯。实现两个转化是思想政治教育促进大学师生人格发展的具体表现。[①]

思想政治教育是丰富大学师生精神世界的重要方式，旨在培养其高度的政治自觉和正确的道德观，提升和丰富大学师生的精神世界，寻求大学文化发展的需求体系和正确方式，帮助大学师生形成坚定的信念和崇高的理想。人才的人格塑造也包含着丰富的人的需求体系的内容。思想政治教育根据人的意识与行为的相关规律，一方面通过教育手段使大学师生不断明确自己的奋斗方向，确立相应的认知和情感，从而产生相应的行为；另一方面通过组织丰富多彩的大学文化实践活动形成和巩固大学师生的态度和行动，实现知行的有效转化。

## 二 思想政治教育是大学文化建设的重要部分

思想政治教育是中国共产党整合各种文化资源的主要手段，在新的社会历史条件下有无限的潜力。思想政治教育在大学文化建设中必不可少，是大学文化建设的核心部分，是大学文化建设中统一思想、统一认识最为重要的手段，是大学文化建设中的“润滑剂”。[②] 思想政治教育作为化解各种矛盾、协调各种关系的重要方法，已被实践反复证明是行之有效的，它在培养合格社会主义接班人，启发、引导、激励大学师生积极向上，实现自身人格的完善方面发挥着不可替代的作用。

第一，化解矛盾，营造和谐环境。邓小平同志曾指出：“在新的历史时期，思想政治教育要能够适应经济形势和政治形势的要求，能够有助于而不是有碍于调整工作的顺利进行。”[③] 矛盾是客观存在的，大学文化也是在不断斗争中向前发展的。大学文化要向前发展，关键在于在大学文化发展进程中，将矛盾控制在一定的度内。思想政治教育是维护大

① 张耀灿、郑永廷、吴潜涛等：《现代思想政治教育学》，人民出版社，2006，第 175 ~ 176 页。

② 刘社欣、刘江丽：《论和谐社会构建中思想政治教育的价值和功能》，《华南理工大学学报》（社会科学版）2007 年第 3 期，第 1 ~ 4 页。

③ 《邓小平文选》（第 2 卷），人民出版社，1994，第 363 页。

学文化健康发展的安全屏障。思想政治教育可以成为社会同大学师生和大学师生内部之间沟通的桥梁。通过周到细致的思想政治教育工作，管理阶层能够深刻细致地了解广大大学师生的真实想法，进而及时解决问题，让广大师生满意。思想政治教育这一政治优势使社会与大学师生、教师与学生增进了解进而相互信任，将问题解决在萌芽状态。

思想政治教育是维护大学稳定发展的必然要求。邓小平同志曾指出：无论在物质文明建设中，还是在精神文明建设中，思想政治教育都具有基础性工作的意义。[①] 通过思想政治教育工作，坚持马克思主义在意识形态领域的指导地位，加强理想信念、国情国策和形势政策教育，引导大学师生准确认识国家、社会主义制度、改革开放、全面建成小康社会、“我的中国梦”目标的信念和信心，把社会主义核心价值观融入大学教育的各方面和全过程，倡导和谐理念、培养创新精神，指引大学文化建设方向，促进大学文化健康发展。

第二，调节人际关系，营造融洽人际氛围。思想政治教育是一种“教育性交往”。[②] 人际关系和谐与否，直接关系到大学文化能否稳定发展。良好的人际关系不仅对个人十分重要，同时也是大学发展和文化管理所追求的直接目标。思想政治教育能在优化人际关系方面提出具有针对性的目标要求。对于思想政治教育来说，就是要把协调人际关系作为自身工作的一项重要任务，使人际关系和谐融洽成为其理论构建的主体性目标。

现实社会中人与人之间的关系实际上是人们之间的利益关系。[③] 在大学文化建设中，由于大学师生的社会地位、实践经验、知识水平、认识能力、观察问题的角度等各不相同，对事物认识存在较多差异，因此，大学文化建设中存在大量矛盾，有时甚至会以激烈对抗的形式表现出来。这就是说，正确处理大学文化建设中存在的矛盾，构建和谐融洽的人际关系已成为建设中国特色社会主义大学文化的一项重要内容，思想政治

① 《邓小平文选》（第2卷），人民出版社，1994，第180页。
② 鲁洁、王逢贤：《德育新论》，江苏教育出版社，1994，第78页。
③ 《马克思恩格斯选集》（第3卷），人民出版社，1995，第492页。

教育担负着不可推卸的重任。

思想政治教育发挥其内在疏导、协调与引导作用。通过理论宣传、说服教育和交流沟通等方式调控人际关系，引导大学师生以平等、尊重、互助和友爱的精神与理念来构建人际关系，使其在世界观、人生观和价值观等方面达成“共识”，从而形成相似的观点和相近的做法。这样一来就可以在一定程度上化解矛盾、理顺关系，人与人之间坦诚相待、情感交融、共同发展，建立起真正和谐的关系。

第三，调试心态平衡，促进身心健康和谐。随着我国经济体制的根本转轨和世界经济全球化的全面发展，大学师生的生存方式、思维方式、行为方式和价值观念都发生了显著变化，这些给大学师生带来强大的心理、观念和文化上的冲击，导致部分人心理失落与失衡。这就需要思想政治教育与心理健康教育有机结合，发挥其心理适应与调控功能。通过持续渐进、系统有效的工作，帮助大学师生进行适应性心理调控、消除疑惧心理与对立情绪，引导大学师生走出自我封闭的狭隘天地，建立起克服心理障碍的力量根基。①

思想政治教育以人的需要和发展为目的，是一个尊重人、调动人和教育人的运行过程。思想政治教育为实现自我价值和社会价值的有机统一，引导大学师生树立科学的世界观和健康的人生观，培养个人意志的自觉性和坚韧性。思想政治教育通过学习与实践，使个体形成健康向上的人生观、价值观以及健康动机产生的内部源泉，在意志决策阶段和执行阶段大大增强其果断性和自制性。思想政治教育通过预测大学师生的行为发展，及时地引导大学师生选择正确行为，避免错误行为，同时通过塑造完善的人格，提高大学师生良好行为的水平。

## 三　思想政治教育是实现大学文化建设的基本途径

建设先进大学文化的过程，就是解放和发展文化生产力的过程。思想政治教育是大学文化建设的理论基石，为推动大学文化发展提供思想

---

① 胡凯：《现代思想政治教育心理研究》，湖南人民出版社，2009，第 180 ~ 188 页。

基础、精神动力和方向引导。毛泽东指出："人们的社会存在，决定人们的思想。而代表先进阶级的正确思想，一旦被群众掌握，就会变成改造社会、改造世界的物质力量。"[①] 思想政治教育在大学先进文化建设中有着全局性、战略性的意义。有实际效力的思想政治教育能够增强大学师生的使命感和责任感，调动他们的文化创造和创新积极性、主动性，是大学文化建设的基本途径。

第一，统一思想，提供方向指针。大学文化建设不但内容丰富，其内涵和要素相互联系、相互作用，而且在建设进程中还需要通过有效的教育活动统一大学师生的认识，这些更加需要发挥思想政治教育的桥梁纽带作用，将大学文化这一先进理论转变为一种具体社会实践，成为大多数人的共识。

思想政治教育为大学文化建设提供科学理论指导。大学文化建设是指大学制度文化、大学精神文化、大学学术文化、大学行为文化、大学物质文化等各方面、全方位、多领域的协调发展。[②] 大学文化建设的目标体现了大学发展的价值取向，集中反映社会发展的基本原则和精神价值。思想政治教育引导大学师生树立正确的价值观念，塑造共同精神理念，为其组织行为提供价值观念上的共识，从而提高其思想觉悟，在多元价值取向中找到共同的价值目标，使个人的价值取向与国家发展的价值取向保持一致。

没有马克思主义理论，就不会有社会主义的原则和精神，也就不会有社会主义大学的存在与发展，当然也谈不上建设社会主义大学文化。大学文化建设必须以马克思主义基本理论为指导、为方向、为保证，这样才能获得源源不断的动力。思想政治教育以马克思主义基本理论为主要内容，是阐释和宣传马克思主义基本原理的重要工具，是坚持和发展社会主义基本原则和基本精神的重要途径。因此，它能够在大学文化建设中始终发挥价值导向作用，使大学文化建设始终沿着正确的方向前进。

---

① 《毛泽东文集》（第 8 卷），人民出版社，1999，第 150 页。

② 张秀清、梁周清、王聿发等：《大学和谐文化建设研究》，山东大学出版社，2008，第 1～18 页。

第二，唱响主旋律，增强价值认同感。不同的主体有不同的利益和需求，必然会产生不同的价值观。随着社会经济的快速发展，大学中除主流思想外，各种非主流思想也随之出现并不断发展，这些非主流思想通过各种途径表达自己的政治意愿和利益要求。这就需要通过思想政治教育把各种思想、行为整合起来，统一在党的领导之下，引导各种思想、行为符合党和国家利益，符合大学发展要求。大学师生有了共同的价值目标和理想追求，就有了超越具体利益关系的精神纽带，就能够宽容谅解、求同存异、团结协作地去化解矛盾、消除冲突，形成共建优秀大学文化的良好思想基础。

思想政治教育为大学文化建设提供主流价值观念。大学文化发展有个非常关键的因素，就是大学是否能够形成一个共同的价值观念体系。由于市场经济以利益最大化为根本取向，诸如个人主义、利己主义、享乐主义、拜金主义等价值取向有所抬头，在价值取向上出现了多种价值观的冲突与碰撞，因此会引发一系列矛盾和问题。这些都需加强思想政治教育，帮助大学师生树立正确的利益观和道德观，诸如诚信友爱、互帮互助、和谐稳定等，引导全体成员形成共同理想、价值观念和道德规范。①

思想政治教育推动大学师生形成平等友爱、融洽和谐的人际环境，产生共同的心理需求，树立以学校为中心的共同价值取向、道德标准和整体信念，增强大学师生的凝聚力和荣誉感，引导形成团结向上的大学文化氛围，激发大学师生的创造活力，对大学文化的升华具有重要意义。②

第三，提供精神动力，激发动能。思想政治教育为大学文化建设提供精神动力。先进意识对大学的存在和发展起着巨大的推动作用，大学文化发展是一个长期的、艰巨的、复杂的建设过程，在这个过程中大学师生参与热情高低、参与能力强弱都会对其发展产生不同程度的影响。

---

① 张应强：《大学的文化精神与使命》，安徽教育出版社，2008，第 81 ~ 84 页。

② 徐峰华、赵飞：《公共精神培育：高校德育的应有向度》，《江西社会科学》2013 年第 1 期，第 214 ~ 217 页。

思想政治教育能激发和调动广大师生的参与热情，帮助他们认识大学文化建设的意义和作用，帮助他们实现自我提高和自我完善，提高自身素质，丰富精神生活，培养具有时代创造精神的复合型人才。

文化是民族凝聚力和创造力的重要源泉，是综合国力竞争的重要因素，是经济社会发展的重要支撑。[①] 思想政治教育是以马克思列宁主义、毛泽东思想、邓小平理论、“三个代表”重要思想和科学发展观为指导的，它能立足于当今文化发展的实际，对既定的传统文化和多元的外来文化进行带有批判性的借鉴和富有创造性的吸纳，能够极大丰富和发展大学先进文化的价值内核。

胡锦涛同志指出：社会主义先进文化是马克思主义政党思想精神上的旗帜。我们必须以高度的文化自觉和文化自信，着眼于提高民族素质和塑造高尚人格，在中国特色社会主义伟大实践中进行文化创造。[②] 先进文化要对社会发展起促进作用就必须进行广泛的传播，而思想政治教育是传播大学先进文化的有效手段。通过开展有效的思想政治教育工作，大学先进文化与人的观念和行为建立联系，从而使先进文化迸发出参与社会生活的巨大力量。

大学文化建设不但要稳定、有秩序，而且不能封闭和僵化，要开放并充满活力。大学文化的活力包括个体活力和集体活力两个方面。个体活力指的是个人的能动性、积极性和创造性的充分发挥；集体活力指的是大学文化发展的向心力、凝聚力和整合力。前者是后者的前提和基础，又受到后者的影响和制约。马克思指出：“人们为之奋斗的一切，都同他们的利益有关。”[③] 恩格斯也指出：“每一个社会的经济关系首先是作为利益表现出来。”这不仅指经济活动，甚至还包括政治活动和思想活

---

① 《胡锦涛在中共中央政治局第 22 次集体学习时强调——顺应时代要求深化文化体制改革　推动社会主义文化大发展大繁荣》，《人民日报》2010 年 7 月 24 日，第 1 版。

② 胡锦涛：《在庆祝中国共产党成立 90 周年大会上的讲话》，《人民日报》2011 年 7 月 1 日，第 21 版。

③ 《马克思恩格斯全集》（第 1 卷），人民出版社，1995，第 187 页。

动。因为“思想”一旦离开利益，就一定会使自己出丑。[①] 人的一切行为皆根源于利益，大学文化的源泉也在于大学师生对利益的不断追求，这就要充分发挥思想政治教育的激励职能，以调节利益需求来调节大学师生的积极性和创造性。思想政治教育引导大学师生认识利益差别存在和利益分配形式多样化的必然性和合理性。大学文化发展能够把劳动投入与利益获得紧紧连在一起，使大学师生的积极性、创造性和聪明才智得以充分激发和施展。[②]

第四，提供精神纽带，凝聚合力。思想政治教育为大学文化建设凝聚向心力。大学文化能够使大学中各个方面形成基本的价值认同，具有很强的凝聚力。而大学文化凝聚力的核心和基础就在于大学师生共同的价值观和道德规范。思想政治教育将反映大学师生的思想规范提炼出来，以简练的形式，传达给其他成员，使之内化为大学师生的信念和习惯，协调大学师生的行动，形成强大的具有同一作用方向的力量，向着既定目标运动的机制，实现大学文化发展合力的最大化。

邓小平同志曾指出：我们这么大一个国家，怎样才能团结起来、组织起来呢？一靠理想，二靠纪律。[③] 共同理想信念是维系大学文化发展的精神纽带。社会主义核心价值观引领大学文化发展方向，并得到了最广泛的认同，大学先进文化是大学师生不懈追求的共同理想。大学文化建设就是要在推进教育事业发展进程中实现文化进步，在文化进步中推进教育事业。因此，应充分发挥思想政治教育的优良传统和政治优势，把解决思想问题与解决实际困难结合起来，有针对性地解决不同群体的思想疑虑，着力统一思想、稳定情绪、消除不良因素，引导大学师生为促进大学文化进步繁荣、实现共同理想而奋斗。

民族精神是大学文化建设的强大动力。以爱国主义为核心的团结统一、爱好和平、勤劳勇敢、自强不息的伟大民族精神，是动员和团结大

---

① 《马克思恩格斯全集》（第 2 卷），人民出版社，1957，第 103 页。

② 刘新庚、刘韧：《论大学文化视域下的思想政治教育》，《湖南科技大学学报》2014 年第 2 期，第 169 ~ 174 页。

③ 《邓小平文选》（第 3 卷），人民出版社，1993，第 111 页。

学师生奋发进取的精神旗帜。思想政治教育要始终高举爱国主义的伟大旗帜，把弘扬民族精神贯穿于大学文化建设的全过程，不断增强大学师生对国家的认同感、归属感，增强其爱国意识、团结意识和发展意识，增强其自尊心、自信心和自豪感，引导和激励他们同心同德地创造优秀的、先进的大学文化。

## 第三节　思想政治教育与大学文化建设统一于国家人才培养战略

大学文化建设不仅是一个社会问题，而且是一个政治问题。胡锦涛同志曾强调："办好高校的根本任务就是培养什么人、如何培养人。高校要始终不渝地全面贯彻落实党的方针政策，坚持学校教育、育人为本，德智体美、德育为先，充分发挥思想政治教育主阵地、主课堂、主渠道的作用，全方位推进大学生思想政治教育，多方面促进大学生全面发展。"① 李长春同志曾指出："大学生是党和国家的宝贵财富。提升思想政治教育水平，培育德智体美四有新人，培养中国特色社会主义事业合格建设者和可靠接班人，为实现中华民族的伟大复兴做出更大的贡献。"② 他们的讲话高度概括了大学的根本任务，并为思想政治教育和大学文化建设的协调发展指明了方向。坚持立德为先，坚定不移地把思想政治教育放在一切工作的首位。坚持以"育人为本、德育为先"为指导，将思想政治教育、道德修养教育、诚信品行教育和心理健康教育等融合于大学文化建设之中，才能形成人人重视德育、处处彰显良好大学育人环境的局面，推进思想政治教育和大学文化建设的协调发展。

思想政治教育是高校工作的重要组成部分。培养符合时代发展需要的高素质的新型人才，不仅是当前高校思想政治教育工作的一项紧迫任

---

① 胡锦涛：《进一步加强和改进大学生思想政治教育工作》，中华人民共和国教育部，2005。

② 李长春：《全国加强和改进大学生思想政治教育工作座谈会在京举行》，《人民日报》2010 年 5 月 31 日，第 1 版。

务，同时也关系到我国社会主义事业的健康发展。在大学文化建设中，始终坚持思想政治教育对大学师生的思想导向作用，以科学的理论武装人，以正确的舆论引导人，以高尚的精神塑造人，以优秀的作品鼓舞人。[①] 积极引导大学生追求格调高、思想理论性强、艺术上严肃高雅的文化内容和形式，以及科学健康的生活方式，从而优化大学文化建设环境。

## 一　共同建设大学先进文化

大学有着深厚的科学文化底蕴和强大的文化创造功能。大学是“优秀先进文化的发源地”，不断引领时代潮流。大学文化代表先进文化的发展方向，随着时代和形势变化彰显着先进文化的特征。美国学者格尔茨曾提出：“思想的、宗教的、道德的、实践的东西要发挥其强大的社会作用，就必须依靠强大的社会集团，让人去尊重、赞美、维护和贯彻它，并且这些都应被体制化和制度化。”[②] 通过思想政治教育一方面将国内健康的、科学的、高尚的文化传播给大学师生；另一方面向世界传播中华民族优秀文化成果，起到民族优秀文化与世界文化成果交流借鉴的桥梁作用。

第一，继承传统文化精髓，传承优秀文化。一个民族的思想政治教育，从产生起就印上了民族和社会的客观标记，成为社会精神文化系统中不可分割的一部分。思想政治教育在社会历史文化发展的背景下进行，思想政治教育全过程受到社会文化发展目的的要求、社会自身文化条件以及社会历史文化因素的制约和影响。思想政治教育与所属民族和社会文化的发展是一种密不可分的“亲子关系”。[③] 胡锦涛同志曾指出：“一部人类社会发展史，是人类生命繁衍、财富创造的物质文明发展史，更是人类文化积累、文明传承的精神文明发展史。”[④] 大学是社会思想和文

---

① 《江泽民在全国宣传思想工作会议上的讲话（1994 年 1 月 24 日）》，中央文献出版社，2001，第 125 页。

② Clifford Geertz, *The Interpretation of Cultures*, Basic Books, Inc, New York USA, 1973: 359.

③ 刘烨：《现代思想政治教育过程研究》，中国社会科学出版社，2009，第 95 页。

④ 《十六大以来重要文献选编》（下），中央文献出版社，2008，第 751 页。

化的中心，大学文化代表了社会的理性价值原则，凝聚了崇高的理想、精神。大学文化的传承是通过教育的本质规定性来实现的。一方面大学通过教育使大学生在文化继承的基础上通过不断创新来推动大学向前发展；另一方面通过教育来完成对已有文化的继承从而促使个体的社会化进程。大学文化根据自身的价值观对人类社会长期积累的文化进行严格的选择和整合，发挥其对人类文化的积淀作用，并通过有效的教育教学活动，以其培养的人才为载体把人类文明传承下去。

任何一个时代的思想政治教育活动都担负着先进文化延续、再现、传播和创新的历史使命和责任。在社会发展的关键时期，大学文化代表着先进文化发展的方向，为推动社会革命与发展做出了重大贡献，谱写了不朽的历史篇章。思想政治教育是文化精神的积淀、传导和创新的过程。[①] 思想政治教育通过有计划、有组织的活动对文化因子进行选择、整理、加工、酝酿和再生，形成新的先进文化因子、新的文化创造者，从而推动先进文化的持续发展。

大学教育是特定文化价值体系的传递与继承，也是思想政治教育在大学文化建设中的批判与创新。大学文化的精神内核深刻反映时代发展的必然趋势，在每一个时代都发挥着引领社会进步、影响社会心理的重要作用。思想政治教育是社会文化和教育发展共同作用的结果，是文化进步和大学教育的一种重要形式。[②] 如新民主主义革命时期，救亡图存和国家统一成为大学文化的主旋律。新中国成立后，大学文化发展呈现出健康进取和催人奋进的时代面貌，全心全意为人民服务和追求共产主义理想成为思想政治教育的主要内容。十一届三中全会以后，全社会开展了一场检验真理的标准大讨论的运动，思想解放使得文化发展重新焕发蓬勃生机，“求知热”和“学习热”成为这段时期大学文化的新热点和主旋律。20 世纪 90 年代，传承优秀文化和开展丰富多彩的校园文化活动成为大学文化的新热点，大学生科技文化节、大学生艺术节等活动

---

① 张澍军：《德育哲学引导》，人民出版社，2002，第 175 页。

② 杨晓慧：《社会主义核心价值体系融入大学生思想政治教育全过程的基本问题研究》，人民出版社，2011，第 37 页。

充分体现了新时期大学文化品位性、学术性和创造性相融合的新特色，为大学文化发展注入了新的活力。新形势下大学肩负着传播先进文化、守护精神家园的重要使命，形成“一元主导、和谐共生”的文化氛围。通过思想政治教育增强社会主义核心价值观的影响力、渗透力和统和力，不断教育人、激励人、凝聚人、鼓舞人，形成中华民族伟大复兴的共同精神力量，实现中国梦的伟大奋斗目标。[①]

第二，彰显先进文化，弘扬民族精神。大学文化以其独特的精神追求和文化使命影响着社会文化的发展，承担着解释、宣传、普及主导文化的基本责任。大学文化是面向世界、面向未来，具有开放性的先进文化。大学文化具有兼容并蓄的胸怀，博采各国文化之长，学习世界各国文化发展的先进经验，展示大学文化建设取得的卓越成绩，弘扬传统民族优秀文化。江泽民同志指出：坚持什么样的文化，推动建设什么样的文化，是一个政党在思想上和精神上的一面旗帜，我们始终要代表中国先进文化的前进方向，努力实现面向现代化、面向世界、面向未来的，民族的科学的大众的社会主义文化，不断提高全民族思想道德素质和科学文化素质，为经济发展和社会进步提供精神动力和智力支持。[②] 先进文化是站在时代前列、合乎历史潮流、符合客观真理、有利于生产力发展、反映广大人民利益的文化。[③] 大学文化是高层次的文化，是社会的先进文化，处在社会文化发展的前沿。同时，先进的大学文化与落后、腐朽、保守的文化相互交织在一起，并在与其斗争中发展前进。思想性是文化的显著特征，发挥思想政治教育在大学文化建设中的引导作用，使大学文化在思想内涵上鲜明体现社会主义先进文化的价值取向和精神境界，改造落后文化、抵制腐朽文化、发展先进文化，不断积淀先进文化的品质特征。

思想政治教育不仅是文化传导的一种重要方式，而且是文化创新的

---

① 杨晓慧：《社会主义核心价值体系融入大学生思想政治教育全过程试析》，《东北师大学报》（哲学社会科学版）2009 年第 5 期，第 1 ~ 2 页。

② 《江泽民文选》（第 3 卷），人民出版社，2006，第 400 页。

③ 沈壮海：《思想政治教育的文化视野》，人民出版社，2005，第 19 页。

重要形式。通过思想政治教育大学师生在接受现有文化的基础上，不断超越自我，通过自己思想和行为的改变促进大学文化的发展，构建面向现代化、面向世界、面向未来的，民族的科学的大众的社会主义先进文化，推进大学文化和谐发展。社会主义现代化建设是我们工作的中心，文化建设要围绕这个中心。大学文化建设应服从和服务于社会主义现代化建设的总体部署，回答和解决现代化建设中提出的重大问题，并不断提高大学师生的能动性和创造精神。同时，在大学文化建设中不断创新发展思想政治教育，在解决和回答新情况和新问题中创造新途径、采用新方法、补充新内容，探索高校思想政治教育工作的新规律，推进思想政治教育工作从目标、方法到内容、手段的全面创新，从而提高大学文化建设的针对性和实效性。

思想政治教育既是实现先进文化的重要手段，也是推动先进文化创新的动力。毛泽东同志曾指出："中国的长期封建社会中，创造了灿烂的古代文化。清理古代文化的发展过程，剔除封建糟粕，吸收民主精华，是发展民族新文化提高民族自信心的必要条件。"① 中华民族在长期的生活和生产中，积累并逐步发展起来的文化成果和形成的文化传统，是中国先进文化的立足点。做到兼容并包使得先进文化的视野更加开阔，使得先进文化的内容更加丰富。民族精神是大学文化与思想政治教育之间的精神纽带，也是思想政治教育的精神旗帜。② 继承和弘扬民族文化，不仅是大学文化建设的重要任务之一，也是坚持现代思想政治教育的内在要求。

大学文化既要反映优秀的文化成果和文化传统，又要展现全新的时代精神，它是中华民族凝聚力的纽带，是推动中华民族不断发展的内在动力。大学文化在继承中华民族优秀传统文化的过程中，以融合中西方文化为基础，以优势互补发展自身为主导，通过文化创新引导先进文化的发展方向，提升中国特色社会主义文化的先进性。

---

① 《毛泽东选集》（第 2 卷），人民出版社，1991，第 707～708 页。

② 张秉义：《民族精神：大学生思想政治教育的重要内容》，《求是》2005 年第 2 期，第 58 页。

第三，把握时代脉搏，引领发展方向。任何文化都既是历史传统的延续，又是时代的产物。马克思指出："一切划时代体系的真正内容都是由于产生这些体系的那个时期的需要而形成起来的。"[①] 新的时代呼唤新的文化，新的文化反映并推动新的时代向前发展。大学是传承文化、弘扬文化和创造文化的重要基地，在其发展过程中不断继承和传播先进文化，创造最新文化成果引领社会文明进步，大学的使命决定了大学文化建设必须坚持先进文化的前进方向，发展和创新文化为大学建设提供了科学指南，给大学文化建设提供了根本依据。大学文化通过培养人才来传承先进文化，大学向学生传播包括科学知识和人文理念在内的先进文化，并将其内化为综合素质，使培养的人才走向社会，又以各种不同的方式继续传播和创新先进文化。

思想政治教育是人类文化中的一种特有遗产和运行机制。思想政治教育与中华民族传统美德相承接，是从文化体系内部传统与现实、继承与创造的关系维度对社会主义思想道德建设提出的新要求。中国通过改革开放融入了世界，世界也离不开中国，中国文化成为世界文化不可或缺的部分。建设中国特色社会主义文化事业需与时俱进，始终保持其先进性质，始终代表中国先进文化的前进方向，敢于超越过去和现在，勇于开创与社会发展相适应的新文化。思想创新是现代大学的崇高使命，大学只有不断发展和创新文化，才能推动社会进步。教育学家怀特海认为："大学是专家学者的聚集地，又有良好的科研设施，这些使创新成为可能。大学恰当的作用是用充满想象力的方式去掌握知识。"[②] 历史发展是永无止境的、人类文明进步也是永不停息的，大学文化用发展的眼光看世界，把握事物发展的趋势，制定出符合实际的发展战略，努力改造落后文化，精心培育现代优秀文化，实现文化创新，以大学文化创新推动经济发展和社会进步。

加强大学文化建设是增强人才吸引力和扩大社会影响力的重要手段。

---

① 《马克思恩格斯全集》（第 3 卷），人民出版社，1960，第 544 页。

② 〔英〕怀特海：《教育的目的》，徐汝舟译，三联书店，2002，第 144 页。

大学文化是增强大学发展力和核心竞争力的重要源泉。[①] 深厚的文化底蕴、鲜明的办学特色和高雅的文化氛围是大学文化建设中的重要组成部分，直接关系到大学对师资的凝聚力和吸引力，并与其生存空间和发展前景成正相关。以大学精神为核心的大学文化是大学的灵魂与原动力，它鼓励拼搏进取和创新，创造自由的学术氛围和以人为本的育人环境，通过优秀的大学文化吸引并留住高水平师资，推动大学发展。思想政治教育通过传播精神文化，担负着维护、丰富、发展主流文化的重任，同时也担负着批判和抵制有害文化的职责。[②] 把握世界形势和时代发展规律是实现两者协调发展的必然要求。两者具有鲜明的时代性和突出的时代特征，深入贯彻“弘扬主旋律，提倡多样化”的方针，积极宣传爱国主义、集体主义，追求真理，歌颂美善，崇尚科学，开拓进取。吸纳古今中外优秀文化成果，运用科学方法宣传科学思想，反映文化发展规律。营造崇尚科学、严谨求实、善于创造的良好校风，加强人文素质和科学精神教育，开拓大学文化建设新载体，发挥网络等新媒体的重要作用，把德育、智育、体育、美育渗透到大学文化之中，引领社会文化的发展方向，使其成为先进文化的重要组成部分。

## 二　合力提升大学生思想品德素质

教育不仅是提高社会生产的一种方法，而且是造就人的全面发展的唯一方式。[③] 蔡元培在《一九零零年以来教育之进步》一文中指出：教育者，养成人格之事业也，教育的宗旨是“形成健全人格并贯之以理想，培养品德高尚、思想进步的人”。大学的建设者应是“思想高尚、积极向上”的人，这需要通过思想政治教育塑造与大学发展相适应的主体，促进大学生的全面发展和培养高尚优秀的道德品质。思想教育是上层建筑，是培养人的一门艺术和科学。只有受过合适的教育之后，人才

① 张卫良：《大学核心竞争力理论与实践研究》，中国海洋大学出版社，2006，第 190 页。

② 周中之、石书臣：《现代思想政治教育理论与实践探微》，人民出版社，2009，第 94 ~ 95 页。

③ 《马克思恩格斯全集》（第 3 卷），人民出版社，1979，第 530 页。

能真正成为一个人。[①] 培育人和塑造人离不开思想政治教育，思想政治教育在大学教育中的首要任务就是培养和提高人的综合思想素质，引导大学师生确立先进文化发展所需的观点，增强先进文化发展所需的意识，培育先进文化所需的心理，形成先进文化发展所需的思想行为方式。

大学文化把尊重学生和培育人才作为重要的价值理念。大学文化作为大学价值系统中的精华，是实现高校发展目标的一种潜在力量，是一种巨大的激发因素和动力来源。大学文化有自己独特的价值系统和规范标准，对大学乃至每个成员的价值取向具有导向作用，并对其行为具有制约作用。大学文化氛围、基本道德规范和思想行为准则影响着大学生价值取向的构成、思想品德的形成以及对生活方式的选择，是大学生自我激励和自我约束的标尺。积极向上、丰富多彩的大学文化能够满足大学生多层次、高品位的心理需求，不断激发大学生的创新意识和创造思维，培养大学生强烈的好奇心和想象力，塑造大学生的优良品格。以品德规范为基础，引导大学生自觉遵守基本道德规范，形成良好的道德品质和文明行为是加强和改进大学生思想政治教育的重要任务。具备良好的道德情操和道德修养，自觉遵守道德规范，进行道德自律是大学生适应社会的基本要求，也是大学生自我发展和完善的客观需要。

第一，激发精神动力，理想信念教育是关键。

理想信念对大学师生的认识过程和实践活动具有指导性。邓小平同志曾指出把理想信念教育作为思想政治教育的核心内容，“现在中国提出‘四有’……其中我们最强调的，是有理想”。[②] 江泽民同志强调：理想信念教育是党的思想政治工作的核心内容，也是高校思想政治教育的重要组成部分。[③] 大学师生根据自己所遵循的价值观念来分析问题、评价事物、选择行为。同时，理想信念需要长时间反复教育才能确立，形成理想信念后需要通过教育和实践来不断巩固。理想信念比一般思考更坚定而有力，所产生的精神动能强烈而持久。因此，思想政治教育帮助

---

① 〔捷克〕夸美纽斯：《大教学论》，傅任敢译，人民教育出版社，1999，第 40 页。

② 《邓小平文选》（第 3 卷），人民出版社，1993，第 190 页。

③ 《江泽民文选》（第 3 卷），人民出版社，2006，第 89 页。

大学师生确立正确的理想信念，通过理想信念来凝聚思想、激发动力、指导行为。这既是思想政治教育的目标，也是思想政治教育的过程。[①]

接受我们党的政治观点和政治信念是当今思想政治教育工作中的重要任务。邓小平同志曾指出：只有树立远大理想才能保持前进的动力和方向，我们要经常教育人民，尤其是我们的青年，要有理想。[②] 坚持以理想信念教育为核心，教育者更加明确思想政治教育的目标和方向，坚持思想政治教育的层次性与先进性的辩证统一，突出思想政治教育的主题。新时期坚持不懈地用马克思列宁主义、毛泽东思想、邓小平理论、"三个代表"重要思想和科学发展观重要理论武装大学生头脑，对大学生进行理想信念教育，帮助大学生形成崇高的理想信念，使其明确自己所担负的历史责任和使命，使其树立实现中华民族伟大复兴的共同理想和信念。开展思想政治教育活动是大学文化建设沿着中国特色社会主义方向发展的有力保证，也是塑造人格魅力的重要途径。毛泽东同志说过：学问再多，方向不对，等于无用。列宁同志也曾指出学校中最重要的课程是思想政治方向。一个人的学问为谁服务、为谁所用。政治方向对，学问才有意义；政治方向不对，学问便可能出错。大学生的思想观念是在交往与社会实践中形成的，是实践的反映。由于个体实践存在局限性，所产生的认识表现出非系统性和非全面性，甚至出现错误，因此，大学生在观念世界的发展中，就有了接受思想政治教育的要求和必要性。

思想政治教育促使大学生形成正确的世界观、人生观和价值观。一方面，大学生通过学习和接受科学而系统的理论形成正确的世界观、人生观、社会历史观和价值观，实现促进精神世界健康发展的目的。另一方面，从大学生个体思想道德素质发展的规律而言，将主流意识形态文化转化为大学生的思想政治素质，是个体思想道德素质发展的基础所在。[③] 社会主义核心价值观是社会主义意识形态的本质体现，把社会主

① 骆郁廷、项久雨、李斌雄：《思想政治教育原理与方法》，人民出版社，2010，第127页。

② 《邓小平文选》（第3卷），人民出版社，1993，第110页。

③ 沈壮海：《思想政治教育的文化视野》，人民出版社，2005，第263～264页。

义核心价值观这一观念形态的文化通过思想政治教育转化为大学生的思想政治素质，武装大学生群体，实现社会主义主导文化对精英文化的引领，这是社会主义意识形态建设和思想政治教育的战略责任。[①] 将社会主义核心价值观融入精神文明建设全过程，达到思想行为转化的目标，以社会主流意识形态文化来丰富和完善大学生的思想政治素质，使大学生成为知行合一、德才兼备、全面发展的合格人才。

第二，爱国主义教育是重点，培养爱国主义情怀。

爱国主义教育是思想政治教育的重中之重，大学生是爱国主义教育的重点对象。爱国主义是民族精神的核心，要在大学生中深入开展以爱国主义为重点的民族精神教育，培养大学生的爱国情怀。[②] 在思想政治教育与大学文化建设诸多内容中，爱国主义是其中一项重要内容，把爱国主义教育放在重要位置是历史发展的客观要求。新时期不断挖掘爱国主义的时代内涵，培养大学生爱国主义情怀，增强大学生爱国主义热情，确立大学生坚定的爱国主义信念，积极引导他们把爱国主义情感和信念转化为爱国主义行动。邓小平同志指出：中国人民有自己的爱国主义情感，以热爱祖国、建设社会主义中国为最大光荣，以损害祖国利益、尊严和荣誉为最大耻辱。[③] 江泽民同志指出：爱国主义的内容随着时代的变化而不断丰富。今天我们讲的爱国主义，就是热爱我们伟大的社会主义祖国，在党的领导下为了祖国的繁荣富强贡献自己的智慧和力量。[④] 建设中国特色社会主义是爱国主义的必由之路，是爱国主义传统内容不断深化的结果，也是时代赋予爱国主义教育内容的特色主题。

以爱国主义教育为重点，是由爱国主义教育在思想政治教育中的重要作用和地位决定的。[⑤] 爱国主义道德情操是一种基本的道德规范和行为准则。通过爱国主义教育使大学生更加热爱社会主义、热爱祖国，有

---

① 胡锦涛：《高举中国特色社会主义伟大旗帜　为夺取全面建设小康社会新胜利而奋斗》，《人民日报》2007 年 10 月 16 日，第 2 版。

② 胡锦涛：《在全国宣传思想工作会议上的讲话》，中共中央宣传部，2003。

③ 《邓小平文选》（第 3 卷），人民出版社，1993，第 3 页。

④ 中共中央文献研究室：《论科学技术》，中央文献出版社，2001，第 75 页。

⑤ 骆郁廷：《当代大学生思想政治教育》，中国人民大学出版社，2010，第 119 页。

助于大学生对祖国历史、文化、语言和优良传统产生浓浓的热爱之情，有助于将大学生个人的发展前途与祖国的前途命运紧密联系在一起，使个人愿意为祖国的独立富强奉献一切。爱国主义是一个历史范畴。进行爱国主义教育既要注重爱国主义的历史渊源和传统内容，又要把握当今时代特征，为爱国主义注入新的时代内涵。大力弘扬爱国主义这一光荣传统，坚持爱国主义与爱社会主义的高度统一，时刻心系民族命运和国家发展，使爱国主义精神在新的时代条件下发扬光大。

爱国主义教育是民族精神教育的核心，民族精神教育是爱国主义教育的进一步延伸和拓展。[①] 中华民族有着五千年悠久历史，创造出了光辉灿烂的历史文化，是对大学生进行爱国主义教育的重要内容。民族精神是一个国家和民族文明与智慧的象征，也是国家和民族不断前进的内在动力。引导大学生正确认识中华民族精神的科学内涵，以开放和创新的态度看待民族精神，为民族精神增添新的时代内涵。一方面，教育大学生重视并传承五千年历史中形成和发展起来的民族精神和我们党领导全国人民在长期实践中形成的时代精神。另一方面，教育大学生根据时代发展和新的实践以及人民群众精神文化的深刻变化，吸收和借鉴世界各民族的民族精神文化的精华，对传统民族精神加以创新发展，实现民族精神的继往开来，与时俱进。大力培育和弘扬中华民族精神，是应对国际挑战为祖国输送优秀人才的迫切需要，是激发大学生投身现代化建设的必然要求，是加强社会主义精神文明建设的现实选择，也是大学生健康成长的内在需求。

第三，提升道德素质，道德规范是基础。

道德建设是发展先进文化和加强精神文明建设的重要途径和重要内容。提高大学生道德素质可以增强大学生的道德理想、道德信念、道德修养和道德意志，从而强化道德的内在约束。道德规范可以为大学建设奠定坚实的思想基础，并提供强大的精神动力。[②] 大学生道德素质建设

① 董重转：《以爱国主义为核心深入进行民族精神教育》，《思想教育研究》2008 年第 3 期，第 1 ~ 2 页。

② 陈成文、谭骁彧：《建设更加和谐的社会一个政策分析的视角》，社会科学文献出版社，2006，第 228 页。

是社会主义精神文明的重要内容，道德的培育绝不是自发的“良心”发现，而是依赖于外部的灌输或自身的道德实践养成。毛泽东同志指出：“我们的教育方针，应该使受教育者在德育、智育、体育几方面都得到发展，成为有社会主义觉悟的有文化的劳动者。”[①] 培养社会主义建设的接班人是高等教育的责任，要成为合格的社会主义接班人，必须具有爱国主义思想，学习马克思主义理论，具有为人民服务的思想，具有良好的道德品质。大学深厚的文化传统、丰富的人文景观、博大的人文精神，对陶冶大学生的道德情操和健康成长起到巨大的作用。

道德规范教育是政治教育和思想教育的起点。道德规范教育是一种基本教育，它教育人怎样成为一个合格的“人”，怎样行为处事，只有建立在形成习惯、接受道德规范教育的基础上，才能再进行其他的教育。大学生道德规范教育是一种有效帮助大学生正确处理个人利益与他人利益、个人利益与集体利益关系的行为准则，并在这些行为准则的指导下，将这些规范转化为实际行动和道德习惯。道德规范教育内容与大学生日常生活贴近，具有其他思想政治教育内容所没有的基础优势。[②] 大学生的日常思想行为集中表现为道德品质和行为的调适，道德规范已成为正确处理与他人关系的行为指南，引导大学生自觉遵守爱国守法、诚信友爱、团结互助、勤俭节约、爱岗敬业等基本道德规范，让大学生掌握和内化占社会主导地位的道德规范，培养健康的道德情感和持续的道德践履能力，形成社会所需要的以为人民服务为核心、以集体主义为原则的社会主义道德品质。

提升思想道德素质是全面推进大学教育创新的重要目标。大学生道德品质形成过程是建立在大学建设实践的基础上，在客观外部条件的影响与主观内部因素的相互作用、相互协调和主体内在的思想矛盾运动转化的过程中产生、发展、变化的。社会学家迪尔凯姆（又译为涂尔干）曾指出：个体品德社会化必须通过道德内化来实现，而个人的良心只不

---

① 《毛泽东文集》（第 7 卷），人民出版社，1999，第 226 页。

② 平章起、梁禹祥：《思想政治教育基本理论问题研究》，南开大学出版社，2010，第 137 页。

过是这些集体命令内化的结果。[①] 对大学生进行思想道德教育，把大学生思想和行为引导到符合社会发展要求的正确方向上来是思想政治工作的一项重要职责。[②] 思想政治教育以文化活动为载体，有计划、有组织地对大学生施以道德影响，帮助大学生提高道德认识、陶冶道德情操、确立道德信念、养成道德习惯，把道德意识转化为道德品质，了解并掌握社会所需要的、合理的道德规范。另外，思想政治教育促进大学生内部道德规范转化，用合理的道德规范来指导和约束自身的行为，提高道德自律能力，形成良好稳定的道德品行，建立良好的道德关系，营造良好的人际交往氛围。

第四，提高人格素质，塑造健康人格。

提高人格素质，塑造完善人格是一个国家兴旺发达的必要条件。人格是社会文化环境的产物，是教育与环境综合作用的结果。通过思想政治教育工作引导大学生产生正确的思想意识，从而塑造完全的人格，产生积极正确的行为。[③] 在人格教育和人才塑造中，大学文化建设与思想政治教育一起贯穿始终是加速大学建设的客观需要。大学文化以深刻而持久的潜在力量影响着大学师生的思想情感和内心世界，使其形成牢固的道德观念、崇高的理想品质和积极向上的人格精神。同时，教育者通过一系列思想教育理论和实践活动方式，促使大学生形成社会所要求的品格特征、思想境界和道德情操，把外在的社会需要转化为大学生内在的知识结构，再由其内在意识和动机转化为外在的行为规范和行动准则。人格不仅控制着人的行为方式，而且决定了人的发展方向。塑造健康人格就是要有意识地创造个体共同追求的人格范型，引导个体追求崇高的目标。[④] 塑造健康人格是一项重要而艰巨的主体建设工程，任何大学都把它摆在重要地位。思想政治教育工作不仅要为大学的发展服务，也要

---

① 〔法〕迪尔凯姆：《社会学研究方法论》，胡伟译，华夏出版社，1988，第 26～28 页。

② 沈壮海：《思想政治教育的文化视野》，人民出版社，2005，第 259 页。

③ 陈秉公：《思想政治教育学基础理论研究》，吉林大学出版社，2007，第 136 页。

④ 王传旭：《培养健康人格　促进学生全面发展》，《教育研究》2003 年第 4 期，第 86～89 页。

为塑造完美的大学生人格服务。

塑造健康人格是思想政治教育的重要目标。任何阶级为取得社会政治斗争和生产斗争的胜利，都必须向人们灌输某种思想，使其转变观念、产生斗志，并培养完成社会任务所必备的精神品格。[①] 首先，思想政治教育为大学发展和个人服务的职能是通过塑造人格服务的职能来实现的，思想政治教育在满足大学生精神需要方面起着导向作用。通过思想政治教育培养大学生高度的政治自觉性和正确的道德观，提升和丰富大学生的精神世界，发展大学生的需求体系和选择满足大学生需求的正确方式，帮助大学生形成坚定的信念和崇高的理想。其次，人格塑造的内容也是不断丰富发展的，包括物质、精神和社会三个方面。满足物质需要是物质文明建设的目的；丰富精神生活是思想政治教育的重要任务，也是丰富其精神世界的重要方式。不同人的人格理想是不相同的，每个大学生都有自己的人格理想和追求的目标，追求理想人格的实现是人类的天性，也是大学生完善自身的理性活动。

思想政治教育是实现大学生人格塑造的必要条件。内因是人格塑造的依据，外因是人格塑造的条件。思想政治教育是大学生人格塑造的决定力量。从大学生个人成长和发展看，思想政治教育影响其一生；从社会发展整体看，思想政治教育影响整个大学的群体人格。其一，思想政治教育虽然不直接针对人的某种具体能力进行开发，但是由于思想政治教育在人的发展过程中所具有的独特职能，无疑使其同时具备了开发人的各种内在潜能以促进人的各种素质协调发展的功能。思想政治教育对于精神生产力的开发具有重要价值，思想政治教育不仅可以改变人的思想观念，而且在这种改变中促进了人的思维方式、内在品质、情感世界以及社会生活适应能力的共同发展。这些能力的提升与发展，是人的精神生产力的提升，也是人的全面发展的主要表征。其二，帮助大学师生成为大学文化发展的协调者与推进者。思想政治教育通过调适和抚慰个

① 张玉芬：《论高校思想政治教育中大学生健康人格的塑造》，华中师范大学博士学位论文，2005。

体发展的“不平衡”，培养大学师生开发创新的思维方式和行为习惯，树立正确的思想观念、道德观念和价值观念，达到稳定情绪、理顺关系、集中精力、搞好工作的目的，从而适应改革开放和大学文化发展的需要。其三，激发大学师生内在的精神动力，推动大学文化新的发展。大学师生是推动大学文化建设的重要力量，应不断使他们的思想与观念适应时代和社会发展趋势，成为新观念的接受者、传播者和推动者。思想政治教育工作发挥其传统而富有成效的调控与转变的功能和优势，使大学师生明确自身的社会责任和使命。

## 三　致力于培育合格建设者和可靠接班人

大学文化建设与思想政治教育的共同理念就是培养人才。教育部、共青团中央在《关于进一步加强高等学校校园文化建设的意见》中指出：大学肩负着培养人才的重要使命，坚持“育人为本、德育为先”。坚持大学先进文化发展方向，遵循文化发展规律。建设体现社会主义特点、时代特征和学校特色的大学文化，不断满足大学生日益增长的精神文化需求，为培养社会主义合格建设者和可靠接班人提供强大的精神动力。胡锦涛同志曾指出：全面实施人才强国战略，重点培养人的学习能力和实践能力，提高人的创新能力，造就一大批优秀人才。[①] 我国是社会主义国家，大学建设必须保持社会主义方向。高校是先进文化积淀、发展和传承的主要机构，是新思想、新观念的发源地，集中体现社会主义先进文化发展方向，对文化发展起着传承、示范和辐射作用。有什么样的文化观，就会有什么样的文化建设，大学文化建设作为社会主义文化建设的重要环节，需要服从社会主义文化建设大局，体现社会主义文化的先进性。思想政治教育设计社会主义大学的性质、办学方向，对大学生进行马克思主义理论教育和思想品德教育，是大学坚持社会主义性质办学方向的本质表现。

第一，培养可靠的社会主义接班人。

---

① 胡锦涛：《牢固树立社会主义荣辱观》，《求是》2006 年第 9 期，第 3 页。

培养什么人、如何培养人，是我国社会主义教育事业发展必须解决好的根本问题。思想政治教育是进一步推进大学建设，促进大学生全面成才的“基础工程”。只有把思想政治教育这项基础工作做好，大学文化建设才能获得长足发展，大学生全面成长的目标才能实现。培养现代化建设新型人才既要以人为本，又要以促进大学生知识、能力、身心健康发展为目的，不仅要大力提高大学生的科学文化素质，更要大力提高他们的思想政治素质，实现生产力的有机转化。通过塑造和培养人的方式，提高思想道德和心理素质，适应文化进步和社会发展的需要，实现大学生的社会化。然后通过精神力量变物质力量的方式，转化为生产力。通过培养大学生思想和精神品质，加深大学生对客观世界、学习态度、文化建设等的认识，提高大学生的思想认识和创造热情，挖掘大学生的潜能，把大学生培养成为忠于社会主义祖国、忠于无产阶级事业、忠于马克思主义思想的优秀人才。

把培养大学生坚定正确的政治方向放在首位。① 大学生应具备鲜明的政治立场，保持对共产主义信仰的纯洁性，坚持社会主义的政治方向，站在无产阶级立场上来观察事物和处理问题，在政治上与党中央保持高度一致，拥护党的基本方针、政策和路线，在实际工作学习中坚决维护党和国家的根本利益，懂得在什么时候宣传什么、揭示什么、倡导什么、支持什么、反对什么，做一名坚定的社会主义捍卫者和接班人。高尚的政治品质和过硬的政治水平是社会主义建设者和可靠接班人应具备的基本素质。② 大学以培养大学生忠于党、忠于人民、忠于社会主义祖国的信念，不断追求真理、实事求是、坚持原则、光明磊落、表里如一为重要目标，通过强化育人理念来推进大学生思想政治教育工作，建设先进大学文化，发挥思想政治教育的龙头作用和高雅文化的熏陶作用，引导大学生在思想上建立清晰明确的政治概念，使大学生在政治生活中，能

---

① 潘春良：《在黑龙江省高校大学生学习实践“三个代表”重要思想经验交流会上的讲话》，《思想政治教育研究》2005 年第 1 期，第 1 ~ 3 页。

② 胡锦涛：《加强和改进大学生思想政治教育工作，大力培养造就社会主义事业建设者和接班人——在全国加强和改进大学生思想政治教育工作会议上的讲话》，国务院，2005。

够严于律己，言行统一。弘扬社会主义主旋律，践行社会主义核心价值观。不断提高大学生对是非对错的判断能力，坚持用马克思主义的辩证观点分析情况和解决问题，坚持不懈地提高其马克思主义理论水平，抵制各种非马克思主义思潮的侵蚀，不断提升自身的政策水平，在任何情况下都毫不动摇地坚持党的领导、坚持社会主义发展方向。

大学文化对于大学贯彻执行党的教育方针、提高办学质量和人才培养质量具有重要作用。大学文化与思想政治教育相互联系、相互依存，共同培养高素质新型人才。[①] 大学生是大学文化建设中的财富，拥有较高科学素养又具备相应人文素养的大学生是大学建设中最宝贵的资源。科学素养影响人的技能掌握和创造能力，人文素养影响人的精神状态，精神状态则进一步影响人对工作和学习的态度。培养具有高技能同时具有明辨是非、团结合作的高素质人才，既是科学素养和人文素养发展所需，也是大学文化建设与思想政治教育的共同目标。思想政治教育并不是要求把大学生大量的上课时间用于思想政治教育，而是要在坚定正确的政治方向的前提下，充分调动大学生学习文化，参与大学文化发展的积极性和主动性，创建良好的教风和学风，营造良好的发展环境和氛围。

第二，培养新型的社会主义现代化建设人才。

大学文化建设和思想政治教育为现代化建设不断输送新型人才。首先，大学文化作用于大学生学习和生活中，通过大学教育和熏陶，将大学文化中包括大学精神以及德、智、体、美、劳等方面的内容内化为大学生的素质，然后由这些体现大学文化的人去影响和作用于社会，大学文化的最终成功也随着大学生毕业而输入社会，他们中的大多数都能成为现代化建设的主体和中坚力量。大学文化为整个社会的发展不断提供人才支持和知识贡献，对社会的可持续发展起到了重要的作用。大学文化不仅满足大学师生的文化需求，而且要走向社会，更多更广地融入现代化建设。同时，随着大学生就业制度改革的深化，培

① 赵君、张瑞：《推进高校文化传承与创新的思考》，《思想政治教育研究》2012 年第 2 期，第 17～20 页。

养直接服务于社会经济文化建设的创新型人才成为大学的重要任务。大学文化必须适应用人制度改革的现实需求，引导大学生尽快了解社会，熟悉和适应社会，为大学生在实现由大学到社会转型过程中发挥积极作用。

构建思想政治教育长效机制是培养新型人才的必然需求。大学生的成长和成才，既有赖于自身的智力因素，同时也有赖于其他因素。“四有新人”的素质不是自发形成的，而是通过思想政治教育和文化教育作用实现的。大学文化作为社会文化的亚文化，在培养社会需要的合格人才、推动社会进步中发挥着重要作用。[①] 大学文化的根本是化人，即教化人、塑造人、熏陶人，也就是育人。促进人的全面发展是思想政治教育的目标，是大学文化建设与思想政治教育和谐发展的统一，也是育人为本教育方针的体现。素质发展观念不是自发形成的，必须通过思想政治教育和文化教育才能实现。马克思和恩格斯在《德意志意识形态》中阐述了“个人全面发展学说”，认为个人的全面发展是未来社会发展的基本要求。毛泽东提出了培养德育、智育、体育几个方面发展的教育方针。邓小平提出了培养“有理想、有道德、有知识、有体力”社会主义新人的目标。[②] 江泽民强调要坚持思想与精神生活的全面发展，提高全民族的思想道德素质和科学文化素质。[③] 胡锦涛同志指出科学发展观第一要义是发展，坚持人与社会、自然的协调发展，党的工作就是要促进人的全面发展。[④] 大学生是社会知识和文化最主要的传承者和创造者，在大学生的培养过程中，坚持知识、能力、素质的辩证统一和共同发展，全方位提高大学生素质，这既是时代对大学生的迫切要求，又是其自身成长的内在需求，更是培养合格人才的现实需要。

---

① 卢景昆、罗洪铁：《论思想政治教育的文化责任》，《思想教育研究》2012 年第 3 期，第 58 页。

② 《邓小平军事文集》（第 2 卷），中央文献出版社，2004，第 369 页。

③ 江泽民：《在庆祝中国共产党成立八十周年大会上的讲话》，人民出版社，2001，第 44 页。

④ 胡锦涛：《高举中国特色社会主义伟大旗帜　为夺取全面建设小康社会新胜利而奋斗——在中国共产党第十七次全国代表大会上的报告》，新华社，2005。

大学文化建设是思想政治教育工作与管理工作密切结合的最佳形式。大学文化把教书育人、管理育人、服务育人、环境育人有效统一起来，形成功能互补的育人环境。大学生在优秀的大学文化氛围中，自觉不自觉地接受思想政治教育的熏陶、影响和激励，塑造健康人格，逐步升华和完善自己。杨叔子曾指出："一个国家、一个民族、如果没有先进的科学技术，一打就垮；一个国家、一个民族，如果没有优秀的文化，不打自垮。"首先，大学文化活动给大学生提供了最佳的实践舞台，大学生通过文体活动，可以提高艺术素养，产生想象力，促使身心健康。通过社会实践活动，架起课堂与社会的桥梁，培养大学生发散思维能力和社会适应能力。大学文化建设在培养大学生人文精神方面承担着重要责任。通过办讲座、建社团，引导大学生读书，创造良好的文化氛围。高品位的人文文化的熏陶，是培养新型人才所必需的。健康的大学文化造就个性鲜明、情趣高雅、知识丰富、结构合理、人格健康、发展全面的人才；健康的大学文化氛围有利于大学生安排闲暇时间、知识结构的调整、批判思维的训练、创造能力的开发、社会使命感的激励、成人感和社会化的完成。大学文化建设在新型人才培养过程中起到课堂教育无法替代的作用。

第三，促进人的全面发展。

马克思主义的根本价值目标是追求人的自由全面发展。马克思曾提出："代替那存在着阶级和阶级对立的资产阶级旧社会的，将是这样一个联合体，在那里，每个人的自由发展是一切人的自由发展的条件。"①马克思所说的人的全面发展是指全体社会成员都普遍地得到发展，人在相互交替的各种职能中，先天和后天的各种能力得到自由发展，人的能力才能得到多方面发展。马克思为人的自我解放指明了方向和基本道路。

人的自由而全面发展的价值追求是社会主义本质属性的真正体现，是社会主义制度的内在要求，是思想政治教育工作的根本落脚点和

① 《马克思恩格斯全集》（第 39 卷），人民出版社，1974，第 189 页。

归宿。[①]思想政治教育反映了社会主义意识形态的根本性质和方向，决定了思想政治工作必须把以人为本和促进人的全面发展作为基本价值目标，思想政治教育工作使大学师生在政治方向、思想意识和道德品质等方面达到既定的要求，使之在思想政治素质、科学文化素质和健康素质上实现统一发展，达到大学建设与思想政治工作的有机统一，这是党在新时期新阶段的一项重大历史责任。人的全面发展是人的社会化的深化和发展，是人的社会本质的进一步完善。[②] 江泽民同志强调坚持思想与精神生活的全面发展，坚持人与社会、自然的协调发展，努力提高全民族的思想道德素质和科学文化素质。[③] 现在和将来社会的发展越来越依赖人的素质的提高和人的全面的发展。思想政治教育和大学文化建设的共同目标是培养人才，而培养可靠接班人的根本任务是根据先进文化的发展需要和思想政治教育的基本要求，促进大学生的全面发展，培养德智体全面发展的社会主义建设事业的优秀人才。

加强思想政治教育是推进文化教育，引导大学生全面成才的“基础工程”。[④] 其一，思想政治教育的重要职能就是为国家培养接班人，培养能够忠于国家、民族利益的接班人，我们党在培养接班人的过程中，不论是过去还是现在以至将来，都始终把培养思想政治素质放在第一位，通过思想政治教育引导大学生坚持正确的政治方向和价值取向，用中国特色社会主义理论体系武装头脑，在服务社会和人民的伟大实践中实现最大的人生价值。其二，大学作为人才培养的主要基地，大学师生的思想认识、价值目标以及大学创造的文化成果等诸多方面都相对领先于社会文化，引领着社会文化的发展潮流。思想政治教育是“上层建筑意识形态核心部分之一”，在维护主流文化中居主导地位。[⑤] 大学文化存在主流文化和非主流文化之分，思想政治教育的主要任务就是维护当前的主

---

① 姜正国：《建设社会主义核心价值体系与思想政治工作创新研究》，湖南人民出版社，2012，第 72 ~ 74 页。

② 宋锡辉：《思想政治教育学元理论研究》，中央编译出版社，2012，第 269 页。

③ 《十五大以来重要文献选编》（下），人民出版社，2003，第 1926 页。

④ 单春晓：《高校思想政治教育工作新视界》，人民出版社，2011，第 243 页。

⑤ 陈秉公：《思想政治教育学基础理论研究》，吉林大学出版社，2007，第 1 页。

流文化，使进步思想观念战胜落后思想观念。通过开展思想政治教育工作，坚持马克思主义在意识形态领域的指导地位，保证大学文化发展的社会主义性质和方向，同时通过培养大学师生良好的思想政治道德素质，推动主流文化的发展。

思想政治教育是确保大学文化事业兴旺发达和大学生全面发展的“希望工程”。江泽民同志曾指出：“生产力和经济文化的发展是一个逐步提高、永无止境的历史过程，同样人的全面发展程度也是逐步提高、不断前进的发展过程。这两个过程应互相结合、互相促进地向前发展。”[①] 实现大学生的全面发展要求大学中各种“活的有机体”——经济、政治、文化、生态等内容综合协调发展。不同的时代和不同的历史条件下，大学生面临着不同的社会环境，面对着不同的问题，也会向大学生提出不同的历史任务。每一个大学生都在继承既有的大学发展基础上，在所处的特有的历史条件和社会背景下，面对和解决关系自身发展的特有的问题，完成实现人的自由全面发展的具体而特殊的历史任务。大学持续发展有赖于大学文化的持续稳定发展和大学师生综合素质的不断提高，而大学文化的持续发展和大学师生综合素质的不断提高，有赖于加强思想政治教育。人是大学发展最终的决定因素，没有人的全面发展，就没有大学的全面发展，大学文化建设应以提高大学师生的思想政治素质为核心，使其政治素质和精神资源得到持续发展。只有把思想政治教育这项“希望工程”抓好，素质教育才能真正落实，大学生全面成长的目标才能实现。

① 《十五大以来重要文献选编》（下），人民出版社，2003，第 1926 ~ 1927 页。

# 第四章　思想政治教育在大学文化建设中的现状调研

思想政治教育在大学文化建设中的现状是本研究的逻辑起点。通过调查，笔者发现思想政治教育在大学文化建设中起到了统一思想、凝聚力量、化解矛盾、传播辐射、教育育人、创新开发等作用，存在思想政治教育功能发挥不完善、不明晰，对开展思想政治教育方法途径的了解不够全面和深入等问题。

## 第一节　调查方案

2013 ~2014 年我们通过对中南大学、湖南科技大学、长沙理工大学和湖南理工职业技术学院四所不同层次的高等院校开展问卷调查，调查思想政治教育在大学文化建设中的作用、功能以及实施途径的状况，对调查结果进行了系统统计和分析，总结归纳出思想政治教育是大学文化建设的重要保障和重要组成部分，具有导向功能、创新功能、育人功能和传播辐射功能，在大学文化建设实施过程中发挥着引导作用、促进作用、规范作用和保证作用，从而为进一步发挥和拓展思想政治教育在大学文化建设中的功能和作用提供了良好的基础和参考。为系统把握思想政治教育在大学文化建设中的使命和作为，以及它在大学文化建设中发挥的重要功能和实施的重要途径，2012 年我们开始了相关调查工作，参考了大量相关文献和研究报告，从方案拟定、问卷设计，到样本抽取、调查实施，历时一年。我们采用问卷、座谈、访谈等多种形式，完成了大样本抽样调查和数据分析，采取调查问卷的方式。调查问卷共发放800份，共回收有效问卷793份，回收率为99.125%。总体上看，调查问卷在设计上具有合理性、样本抽取上具有科学性、调查实施上具有有效性，可信度较高，较客观地反映了思想政治教育在大学文化建设中运行的现状和问题。

## 一　调查对象

根据取样的结果，本书以湖南省四所高校（中南大学、湖南科技大学、长沙理工大学和湖南理工职业技术学院）的80名老师以及在校的博士生、硕士生、本科生和专科生共450名学生为调研对象（见表4－1）。

**表4－1　调查问卷对象分布**

单位：人

| 学校名称 | 教师 | 博士生 | 硕士生 | 本科生 | 专科生 |
|---|---|---|---|---|---|
| 中南大学 | 20 | 30 | 50 | 50 | 0 |
| 湖南科技大学 | 20 | 0 | 50 | 50 | 0 |
| 长沙理工大学 | 20 | 20 | 50 | 50 | 0 |
| 湖南理工职业技术学院 | 20 | 0 | 0 | 0 | 100 |

第一，教师样本描述性统计。回收的教师样本问卷来自湖南省四所高校，对本次调查对象的年龄、学历、专业、职称、工作年限、政治面貌等进行描述性统计（见表4－2）。

**表4－2　教师样本描述统计**

单位：%

| | 分类 | 比例 | | 分类 | 比例 |
|---|---|---|---|---|---|
| 年龄分布 | 30岁以下 | 16 | 学历分布 | 本科生 | 4 |
| | 30～40岁 | 42 | | 硕士生 | 44 |
| | 40～50岁 | 20 | | 博士生 | 52 |
| | 50岁及以上 | 11 | 职称评定分布 | 尚未参评 | 5 |
| 政治面貌分布 | 中共党员 | 84 | | 助教 | 19 |
| | 群众 | 13 | | 讲师 | 24 |
| | 党外民主人士 | 3 | | 副教授 | 33 |
| 专业背景分布 | 管理类 | 14 | | 教授 | 19 |
| | 理工科 | 37 | 工作年限分布 | 3年以下 | 5 |

续表

| | 分类 | 比例 | | 分类 | 比例 |
|---|---|---|---|---|---|
| 专业背景分布 | 人文社科类 | 9 | 工作年限分布 | 3～5 年 | 29 |
| | 教育心理类 | 18 | | 5～10 年 | 43 |
| | 思想政治教育 | 16 | | 10 年及以上 | 23 |
| | 其他 | 6 | | | |

第二，学生样本描述性统计。学生样本问卷来自湖南省四所高校的博士生、硕士生、本科生及专科生，对调查对象的年龄、学历、专业、政治面貌等进行描述性统计（见图 4－1 至图 4－4）。

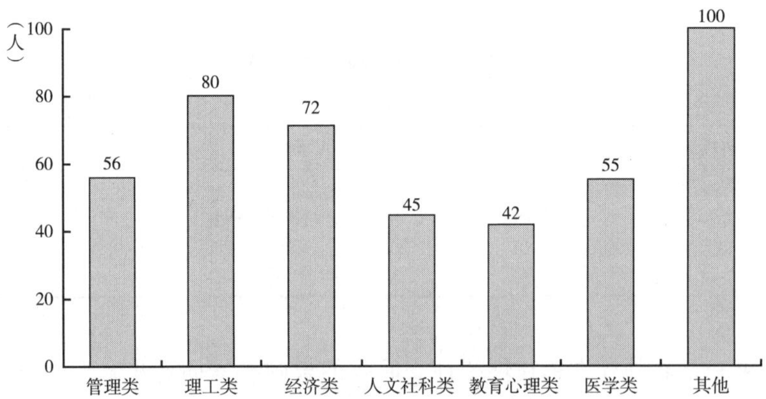


图 4－1　调查学生的专业学科分布

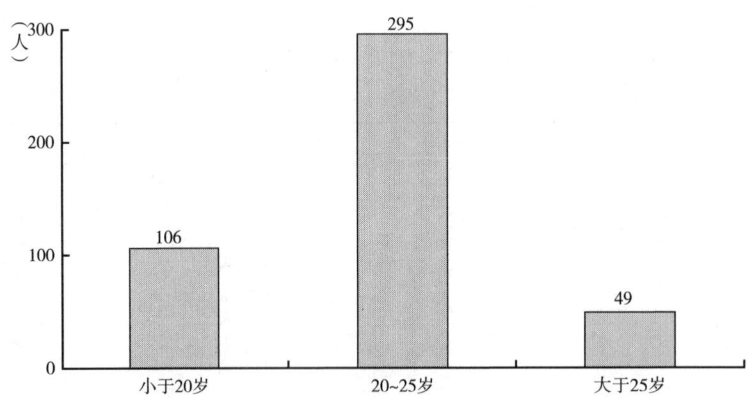


图 4－2　调查学生的年龄分布

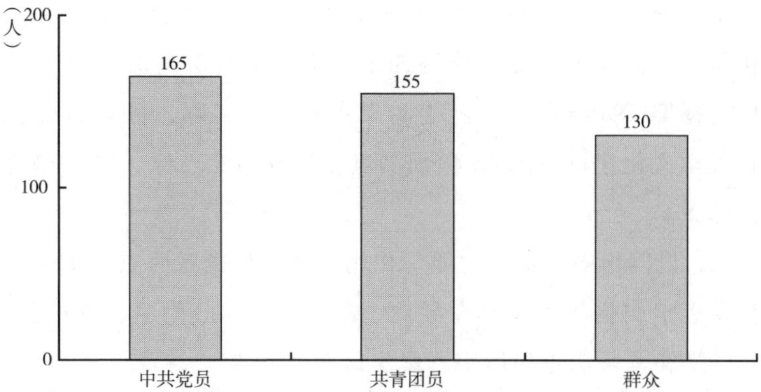


图 4－3　调查学生的政治面貌分布

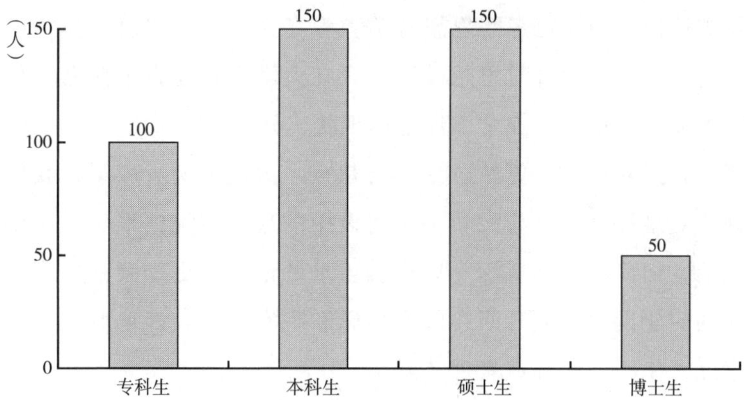


图 4－4　调查学生的学历层次分布

## 二　调查问卷设计

第一，内容结构上立足四大维度。大学文化建设包括四方面的内容：大学物质文化建设、大学精神文化建设、大学制度文化建设和大学行为文化建设。大学物质文化主要包括大学校园环境建设、大学标志建设、校园人文景观建设和校园网络文化建设等。大学精神文化主要包括大学学术精神、大学教育观、大学精神文化氛围、大学精神文化载体等。大学制度文化主要包括大学决策制度、管理制度、学术制度、干部制度、职称制度、分配制度等。大学行为文化主要包括领导、教师、学生和行政后勤管理人员的政治、法纪、道德、学习、生活行为文化等。我们以大学文化建设四个方面的内容为考察维度，构建问卷整体的框架，并结合大学师生的思想和行为实际，分解出思想政治教育在大学文化建设中的45项预测点，形成相互支撑、层层递进的内容结构体系。

第二，设问指向上聚焦功能与作用。我们根据观测点分析，思想政治教育在大学文化建设中具有导向、凝聚、教化、陶冶、调适、育人、激励、保障等重要功能和作用。聚焦这些“功能”与“作用”，体现实践性、客观性和可测量性三大要求。每一个维度下的观测点，考察大学师生对思想政治教育在大学文化建设中功能与作用的认同程度、观念思想等主观认识，同时也考察思想政治教育在大学文化建设中作为的行为方式和途径方法，通过对思想政治教育在大学文化建设中使命与作为主客观两方面的考察，更加全面地把握现状、分析问题。

第三，问卷设计上更贴合现实与热点。为避免宏大叙事，我们在问题设计上立足社会热点与大学文化建设中的现实情况，聚焦大学师生的现实生活，切口小、立意深，以更加生动的语言、更加鲜活的素材、更加灵活的问题设置，提升问卷的亲切感和现实感，较好地激发大学师生的注意度，使问卷调查更具现实意义。

问卷内容主要涉及三个部分，分别是受访者对思想政治教育在大学文化建设中的功能认同、对思想政治教育在大学文化建设中的发挥作用的认同以及思想政治教育在大学文化建设中开展的方法和途径调查，分成教师版问卷和学生版问卷，一共50道单选题，答案选项采用李克特量表，分别是完全不同意、不同意、无所谓、同意和完全同意。

## 三 样本抽取

我们采取调查问卷的方式，调查问卷共发放800份，共回收有效问卷793份，回收率为99.125%。根据研究需要，按照四所高校的实际情况，采取分层随机抽样方式处理回收的有效问卷，将调查结果录入Excel软件，为进一步分析做好准备。

## 第二节　结果统计

优化调查研究的方法。为了确保此次调查结果的真实性和科学性，我们突破传统调查问卷形式，即通过教育行政系统部门逐级发放问卷的调查方式，采取直接拦截的方式进行调查。我们派出调查人员到相关学校，随机向调查人（调查对象）发放调查问卷，调查对象完成问卷后立即由调查人收回。直接拦截调查法具有一定的优势：调查人员具有中立性，调查对象能够在真实的情况下做出准确表达，可以直接在调查人与调查对象之间进行信息交换，降低各中间环节对测试结果的干预和控制，进一步确保此次测试结果的原生性。[①]

规范调查研究的流程。在调查前对调查人员进行统一的培训，明确调查要点、注意事项、重点事项与难点问题，确保此次调查工作按照统一要求顺利完成。注意总结经验和交流工作，及时发现和解决调查过程中出现的新情况和新问题，做到随时发现、随时调整，促进调查工作的开展。合理安排调查工作的进程，争取调查对象的支持与帮助，使调查工作更加合理化和科学化，提高调查效率。

### 一　数据统计

大学师生对思想政治教育在大学文化建设中现状认同度的统计。

根据李克特量表分析法，我们将调查问卷中选择完全同意和同意的人数占总人数的比重称为“信任度”即“认同度”，其计算方法如下：

$$n = \frac{A + B}{A + B + C + D + E}$$

其中，$n$ 表示认同度；

① 戴钢书：《思想政治教育统计研究方法论》，人民出版社，2005，第 2 ~ 10 页。

$A$ 表示完全同意的人数；

$B$ 表示同意的人数；

$C$ 表示无所谓的人数；

$D$ 表示不同意的人数；

$E$ 表示完全不同意的人数。

我们对调查问卷中的五个选项分别赋值，其中“完全同意”赋值为5，“同意”赋值为4，“无所谓”赋值为3，“不同意”赋值为2，“完全不同意”赋值为1。通过计算不同组别对各个问题的加权平均值来分析不同组别对同一问题的看法有无显著差异。

我们从大学物质文化建设、大学精神文化建设、大学制度文化建设和大学行为文化建设四个层面反映思想政治教育所发挥的功能和作用，从不同角度体现大学师生对思想政治教育功能和作用的认同度，考察思想政治教育在大学文化建设中作为的行为方式和途径方法，从而得出大学师生对思想政治教育在大学文化建设中使命与作为的基本认识和根本态度。表4－3和表4－4分别反映大学教师和大学生对思想政治教育在大学文化建设中功能和作用的认同度。

**表4－3　教师对思想政治教育在大学文化建设中功能的认同度**

| 问题描述 | 认同度 |
| --- | --- |
| 1. 思想政治教育有助于大学师生树立正确的世界观、人生观、价值观 | 0.9500 |
| 2. 马克思主义理论学说对现代大学文化建设具有指导性作用 | 0.7125 |
| 3. 坚持中国共产党的领导是我国大学发展的关键 | 0.8125 |
| 4. 大学文化建设中弘扬爱国主义精神和民族精神非常必要 | 0.7250 |
| 5. 新形势下加强和改进高校思想政治教育是时代的需求 | 0.8875 |
| 6. 高校思想政治教育工作仅仅是一种形式主义的表现 | 0.7375 |
| 7. 当前大学文化建设责任部门不明确、学术与文化交流氛围薄弱 | 0.7500 |
| 8. 在大学文化建设中，继承和发挥传统载体的优长，挖掘和利用现代载体的优势是开展思想政治教育的重要途径 | 0.8000 |
| 9. 开展思想政治教育工作，第一课堂是关键，第二课堂是重点 | 0.7875 |

续表

| 问题描述 | 认同度 |
|---|---|
| 10. 老师应坚持思想政治教育理论学习，不断提升专业素质 | 0.8125 |
| 11. 在大学文化建设中积极进行思想政治教育有助于和谐人格的塑造 | 0.7375 |
| 12. 把大学精神文化建设纳入大学发展战略规划中是高校一项重要的工作 | 0.8500 |
| 13. 思想政治教育能够不断丰富核心价值观的内涵，构建先进文化建设格局 | 0.8250 |
| 14. 建设富有责任与担当的大学制度文化是大学文化建设的重要内容 | 0.7750 |
| 15. 课堂、图书馆、学生活动中心和网络是大学文化建设最重要的阵地和载体 | 0.8000 |
| 16. 目前大学物质文化建设的育人格局已基本形成，价值理念明晰透彻 | 0.7625 |
| 17. 发挥思想政治教育功能作用，不断改进方法途径，增强实效性，是大学文化建设的需求 | 0.7750 |
| 18. 大学应具有标志性建筑和标志性文化符号 | 0.8375 |
| 19. 践行社会主义核心价值观，巩固马克思主义的指导地位，坚决抵制自由主义、个人主义、享乐主义和拜金主义等不良观念是思想政治教育的重要任务 | 0.8625 |
| 20. 强化榜样示范，打造高品位文化工程是思想政治教育的重要途径 | 0.7625 |
| 21. 大学文化建设能有效推进学术道德规范、师德师风规范、管理人员行为规范和学生行为道德规范建设 | 0.8125 |
| 22. 引导学生认同与践行社会主义核心价值观，是思想政治教育的主要任务和历史使命 | 0.7875 |
| 23. 营造关爱、宽松的大学文化环境，有助于推进和改变主体的行为 | 0.8375 |
| 24. 建立健全合理可行、运转精便、高效实用的大学制度文化体制势在必行 | 0.9125 |
| 25. 学术文化体现大学文化的开放性，师生学习的主动性和创造性 | 0.7250 |

**表 4－4　学生对思想政治教育在大学文化建设中功能的认同度**

| 问题描述 | 认同度 |
|---|---|
| 1. 马克思主义理论学说对中国大学文化建设具有指导性作用 | 0.6867 |
| 2. 思想政治教育是我们党的政治优势，贯穿大学文化建设始终 | 0.8111 |
| 3. 思想政治教育能动地反映大学文化及大学师生意识观念嬗变的趋势 | 0.7533 |
| 4. 大学文化作为一种客观存在，影响大学发展的各个方面 | 0.9089 |
| 5. 引领时代先进文化增强感染力是思想政治教育发展的客观要求 | 0.5244 |
| 6. 人格教育是思想政治教育的根本任务，大学文化是影响大学生人格形成与发展的重要途径 | 0.5377 |
| 7. 思想政治教育传递大学与时俱进、奋发向上的宝贵财富，并把体现大学品格的精神文化，在教学、科研、社会和实践中不断发扬光大 | 0.5356 |
| 8. 思想政治教育有助于大学生思想、政治、道德、心理素质的提升 | 0.6578 |
| 9. 创新素质是思想政治教育主体建设的动力 | 0.5422 |
| 10. 思想政治教育的传播和辐射功能必须代表先进文化的发展方向 | 0.9022 |

续表

| 问题描述 | 认同度 |
|---|---|
| 11. 在大学文化建设中,思想政治教育既是一种隶属于意识形态范围的理论工作,又是一种特殊的教育实践活动 | 0. 8733 |
| 12. 创新思想政治教育内容是培育和践行社会主义核心价值观的必然要求,是大学文化建设发展的客观要求 | 0. 6133 |
| 13. 校风、校训、校歌等是学校保持凝聚力、生命力和创造力的动力源泉 | 0. 5622 |
| 14. 通过"严防死守"能有效抵制西方敌对势力对我国思想文化领域的渗透,防止各种消极落后的价值观念对校园的侵蚀 | 0. 3778 |
| 15. 优良校风对大学生发挥着教育、陶冶、激励、规范等重要作用 | 0. 9511 |
| 16. 社会主义核心价值观对大学生思想和行为起着导向和规范作用 | 0. 6978 |
| 17. 大学物质文化对思想政治教育活动具有影响作用,为其提供丰富的教育资源 | 0. 7444 |
| 18. 实现中华民族的伟大复兴和社会主义文化大繁荣是大学文化建设的内在要求和必然结果 | 0. 8422 |
| 19. 思想政治教育有助于促进大学文化建设中观念、知识、科技和机制创新 | 0. 7978 |
| 20. 不断健全大学文化建设中思想政治教育主体的考核和激励制度 | 0. 6311 |
| 21. 思想政治教育为大学生提供政治保证、能激励和调动人行为的积极性和创造性 | 0. 7301 |
| 22. 大学文化建设应该为实现文化强国和中华民族伟大复兴而努力 | 0. 8022 |
| 23. 开放的网络信息平台是先进大学文化的发源、示范和传播基地 | 0. 6133 |
| 24. 大学文化建设与思想政治教育要以育人为导向,通过教书育人、服务育人、管理育人和实践育人四个重要途径实现育人的价值和终极目标 | 0. 9489 |
| 25. 塑造高雅和谐的校园环境是育人工作的重要保证,建立适应社会主义大学建设的教育环境和管理机制 | 0. 8889 |

思想政治教育具有导向功能，在大学文化建设中发挥着动力保证作用。

其一，大学师生对中国特色社会主义大学建设的思想基础稳定，但在认同和践行中存在一些问题和差异。图 4 –5 表明：目前被调查的大学师生拥有坚定的社会主义立场，认同思想政治教育在大学文化建设中起到的重要作用。81. 11% 的大学师生认为思想政治教育是我们党的政治优势，贯穿大学文化建设的始终，但对马克思主义理论学说对中国大学文化建设具有指导性作用的信任程度偏低，其中有 4. 4% 的学生持反对意见，更有 14. 4% 的学生表示“无所谓”，没有认识到建设中国特色社会主义是大学文化建设的基础，思想政治教育是实现这一目标的重要途径。

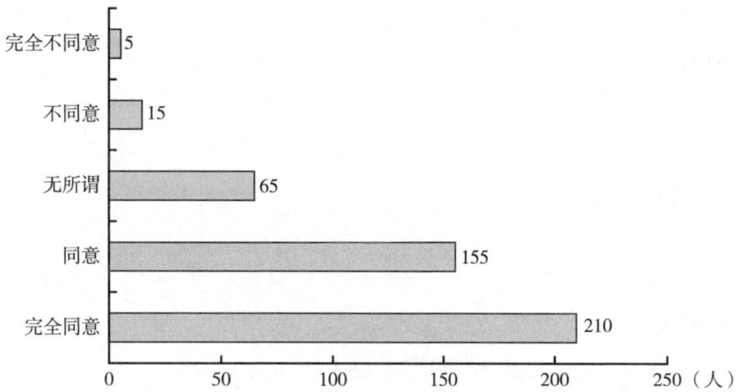


**图 4－5　对“思想政治教育是我们党的政治优势，贯穿大学文化建设的始终”的认同情况**

其二，少数人对大学发展的目标迷惘，对中国特色社会主义道路和理论缺乏深入理解，而且目标转换存在一定的困难。大学发展与个人发展的目标具有层次性和阶段性，如何将社会主义大学发展的大目标转化为实现个人价值的小目标，是思想政治教育的重要使命，也是思想政治教育在大学文化建设中的重要目标。调查显示，有 84.22% 的学生认为实现中华民族的伟大复兴和社会主义文化大繁荣是大学文化建设的内在要求和必然结果（见图4－6），但也有 2.7% 的学生持反对意见，更有 13.1% 的学生表示“无所谓”，这就要求我们进行思想政治教育时将社会

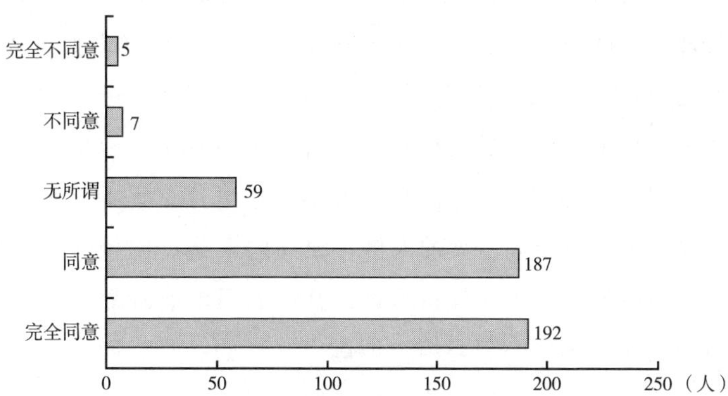


**图 4－6　对“实现中华民族的伟大复兴和社会主义文化大繁荣是大学文化建设的内在要求和必然结果”的认同情况**

目标与个人目标有机结合起来，要根据个人的思想情况，使目标的确立更具有针对性，符合大学文化发展的趋势，引导个体高层次目标的转化和追求。

## 二　数据描述

思想政治教育具有育人功能，在大学文化建设中发挥着规范激励作用。思想政治教育是大学发展的客观需要。恩格斯曾指出：社会主义和共产主义事业需要完全不同的人，并将创造出这种人来。[①] 思想政治教育对于帮助大学师生树立正确的人生观、世界观和价值观，摒弃错误的观点有着重要的作用。以社会主义思想为核心和基本价值标准的社会主义价值观，就是社会主义社会核心价值观中的主导价值观，思想政治教育应在大学文化建设中充分反映大学发展的本质要求，并与社会发展潮流保持一致，培育和践行社会主义核心价值观，依据一定的培育目标，有组织、有计划地培养大学师生良好的思想品德。在大学优良文化氛围中来积极发挥其育人功能，使主客体因素达到平衡协调，并与社会发展的思想道德要求方向保持一致，促进大学师生形成良好的思想品德。

其一，思想政治教育具有促进大学生全面发展和人格塑造的作用。

思想政治教育有助于促进大学生各个方面的全面发展，包括物质生活和精神生活的全面发展；世界观、人生观和价值观的全面发展；身体素质和心理素质的全面发展。此次调查发现：73.75%的教师和53.77%的大学生完全赞同“人格教育是思想政治教育的根本任务，大学文化是影响大学生人格形成与发展的重要途径”，然而有46.23%的学生不赞同或持无所谓观点（见图4－7）。当今大学人才培育工程不仅是知识的传授，更重要的是培育全面发展的人格、独立的人格、创新的人格和和谐的人格。思想政治教育工作任重道远，其应有目的有计划地优化大学的精神环境和大学群体的心理环境，创造出共享的、具有凝聚力的群体性文化氛围，形成大学特有的文化认同意识，并使社会主义大学以其特有

---

① 《马克思恩格斯选集》（第1卷），人民出版社，1995，第242页。

的文化环境，让大学师生在有形无形、有意无意中，思想观念、道德选择、行为方式、价值取向与社会主义文化发生认同，实现他们精神、心灵、性格的塑造，促进人格的完善。[①]

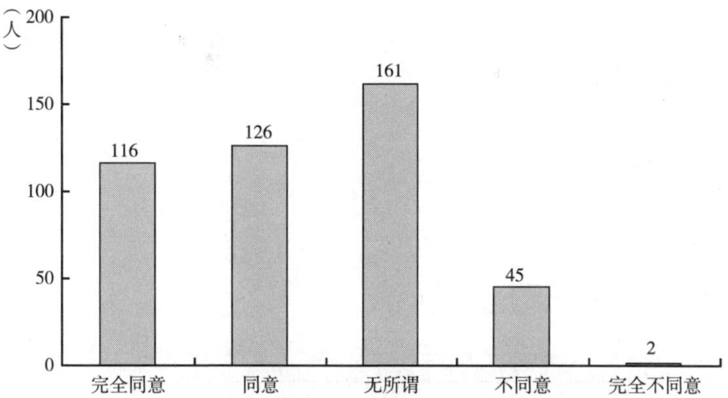


**图 4-7 对“人格教育是思想政治教育的根本任务，大学文化是影响大学生人格形成与发展的重要途径”的认同情况**

其二，以育人为导向，实现育人的价值和终极目标，彰显育人的本质属性。

《关于进一步加强和改进大学生思想政治教育的意见》中明确指出：大学要加强管理，形成教书、管理、服务和实践育人的良好格局。[②] 问卷结果显示近 94.89% 的大学师生认为“大学文化建设与思想政治教育要以育人为导向，通过教书、服务、管理和实践育人四个重要途径实现育人的价值和终极目标”，4.9% 的学生表示无所谓，仅仅 0.2% 的学生不同意此观点（见图 4-8），说明大学师生高度认同大学成功的关键在于育人的成功，人才培育目标的实现是大学文化建设的根本任务，是思想政治教育发挥其功能作用的关键。思想政治教育生命线作用和先导性

① 本书课题组：《当代大学生思想特点与发展趋势调研报告》，清华大学出版社，2013，第 45 ~ 48 页。

② 中共中央国务院：《关于进一步加强和改进大学生思想政治教育的意见》，《人民日报》2004 年 10 月 15 日，第 1 版。

作用，应被理解和作为超越功能进行发展和发挥。它既实现了教育的弹性、灵活性和多样性，又保证了教育的人性化，与大学文化建设所倡导的人的全面发展与个性发展相统一的观念完全吻合，体现了大学文化的育人价值。

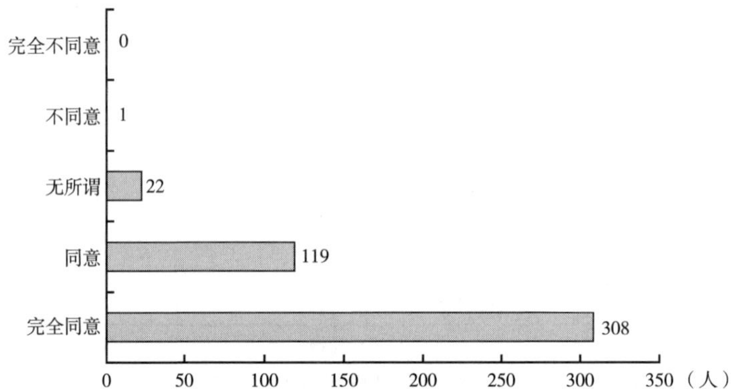


**图 4－8 对“大学文化建设与思想政治教育要以育人为导向，通过教书、服务、管理和实践育人四个重要途径实现育人的价值和终极目标”的认同情况**

其三，思想政治教育对大学师生的行为具有一定的规范功能和约束作用。

思想政治教育工作能够对大学师生、大学群体之间的矛盾进行调节，对大学师生的思想和行为进行有效的社会整合，增强先进文化的凝聚力，维护大学稳定发展，促进大学文化繁荣。此次调查中 73% 的大学师生对“思想政治教育为大学生提供政治保证，能激励和调动人行为的积极性和创造性”的观点持认可态度，并确信思想政治教育在规范个人行为，提高人的精神品位方面具有突出优势。但是我们也发现还有 24% 的学生对其有没有功能或发不发挥作用感到无所谓，3% 的学生对此观点甚至持否定态度，即不同意或者完全不同意（见图 4－9）。思想政治教育对大学师生行为方式的影响力和约束力，有时通过既定的校规校纪等行为规则对大学师生的行为产生一定的规范作用，保证大部分师生的行为不会偏离正轨。同时，通过作用于大学文化，让“隐性”的精神层面发挥导向作用，以大学物质文化为支撑，把大学文化理念、价值取向、文化形态作为主要内容，融大学的文化宗旨、价值准则、传统习惯为一体，规范大学师生的行为。①

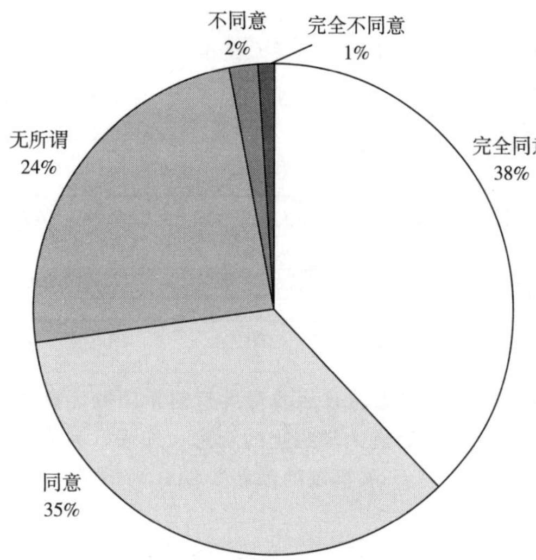


**图4-9　对"思想政治教育为大学生提供政治保证，能激励和调动人行为的积极性和创造性"的认可情况**

思想政治教育具有创新功能，在大学文化建设中发挥开发促进作用。文化创新是民族凝聚力和创造力的重要源泉，是综合国力竞争的重要因素。大学作为人才培养和文化创新的基地具有得天独厚的优越条件，大学文化建设是实施这一战略目标的主要阵地，思想政治教育不断促进大学文化建设创新、与时俱进。79.78%的大学师生认为"思想政治教育具有创新功能，有利于促进大学文化的观念、知识、科技和机制的创新"（见图4-10）。调查显示思想政治教育具有化解矛盾、唤起创新意识的功能。它引导大学师生摆脱保守、消极的思想意识，培养和激发大学师生的创新意识。同时，它能够提高个性化水平、增强创新能力。思想政治

① 申作青：《当代大学文化论——基于组织文化子系统视野的认知与探索》，浙江大学出版社，2006，第206~207页。

教育作为教育人、引导人和培养人的实践活动，注重为人的个性发展提供方法论指导，提供动力源泉和智力支持，实现对人的个性的开发和完善。

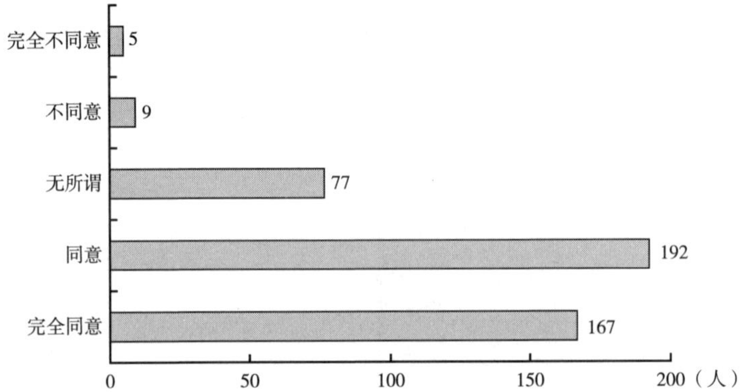


**图 4－10 对“思想政治教育具有创新功能，有利于促进大学文化的观念、知识、科技和机制的创新”的认同情况**

大学师生是文化观念创新的先行者，思想政治教育促进大学师生观念的创新，促进主体的思想观念不断变革和趋于解放，不断强化创新意识和创新能力；促进知识的创新，使大学师生成为知识创新中的生力军；不断增强科学创新，为增强国家的科技竞争力做出贡献；深化机制创新，通过制度、内容、方法乃至体制的创新，建立适应新形势的大学文化创新机制，营造创新的良好环境和氛围，实现大学文化建设的自我提升和吐故纳新。

在大学文化建设的过程中，思想政治教育起着对旧文化进行批判和对新文化进行创造的作用。一方面教育帮助大学师生克服旧的、错误的思想道德观念，另一方面树立适应社会主义大学与人的发展需要的新观念、新思想。

思想政治教育具有传播与辐射功能，发挥宣传和引导作用。其一，先进文化要发挥其社会作用，离不开传播普及。大学先进文化中的思想和理论，如马克思主义基本原理、中国特色社会主义重要理论、正确的思想观念和道德规范，只有被大学师生所掌握，才能变成强大的革命武器。理论“掌握”大学师生的过程，也就是进行理论传播、开展思想政治教育工作和传播先进思想文化的过程。53.6%的大学师生对“思想政治教育传递大学与时俱进、奋发向上的精神，并把体现大学品格的精神文化，在教学、科研、社会和实践中不断发扬光大”持认同态度，8.9%的大学生持否定怀疑态度（见图4－11）。

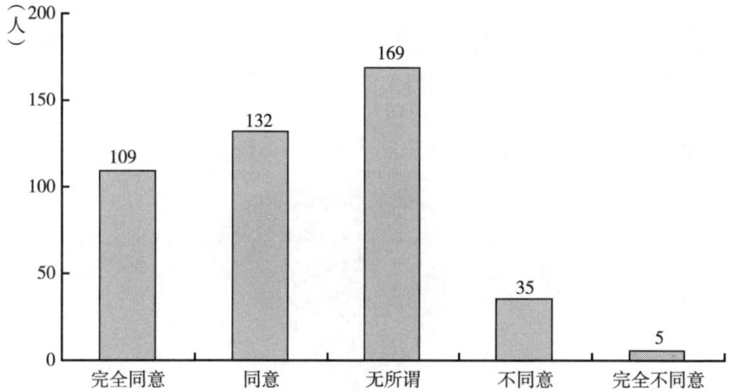


**图4－11　对“思想政治教育传递大学与时俱进、奋发向上的精神，并把体现大学品格的精神文化，在教学、科研、社会和实践中不断发扬光大”的认同情况**

思想政治教育传递大学文化中的自由精神、人文精神、科学精神和创新精神。贯彻“百花齐放，百家争鸣”的方针，促进学术的繁荣，使大学师生有机会表达自己的思想观点，拥有更多的选择权。以真善美为核心的人生理想作为大学师生的基本品格，树立正确的人生观、价值观和塑造完美的人格。教师以严谨治学的态度和献身科学的精神引导学生，形成以真理为唯一标准的价值观，敢于纠正错误，教育学生崇尚科学、追求真知，反对伪科学、反对学术腐败。大学创新不仅体现在科研的过程和成果上，也体现在教学、管理、思想工作和后勤服务上。通过思想政治教育的创新培养创新型人才，在教育过程中向学生灌输创新思想和理念，激发大学生的创新活力和潜能。

其二，辩证地认识思想政治教育的地位和作用，积极发挥宣传教育作用。

思想政治教育的作用是很大的，但也是有限的。它对推动大学文化发展具有导向、动力、保证等重要作用，但这些作用毕竟是辅助性的。思想政治教育是基本途径和主要手段，但不是唯一的，它只有同文化的、法律的、管理的、经济的等手段相结合，才能取得良好效果。问卷调查显示：对“通过‘严防死守’能有效抵制西方敌对势力对我国思想文化领域的渗透，防止各种消极落后的价值观念对校园的侵蚀”这一观点，只有37.7%的人表示赞同，说不清和不同意的人占总数的62.3%（见图4－12）。这说明部分大学师生认为思想政治教育在理论上的地位与现实生活中的实际地位并不是自然等同的，许多时候是有距离的。

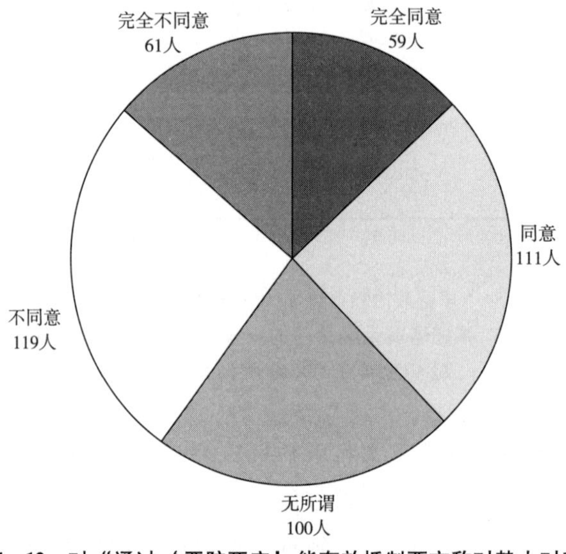


**图4－12 对“通过‘严防死守’能有效抵制西方敌对势力对我国思想文化领域的渗透，防止各种消极落后的价值观念对校园的侵蚀”的认同情况**

但在涉及思想政治教育的引导方式方法问题时，90.22%的大学师生认为“思想政治教育的传播和辐射功能必须代表先进文化的发展方向”（见图4－13），仅有4.22%的学生对此观点持不同意见。这说明大学师生对思想政治教育传播和辐射的方式方法有着正确的认识，认为必须将思想政治教育摆在战略地位，而且只能加强，不能削弱，使其服从和服务于党和国家的中心工作，为大学文化建设保驾护航。

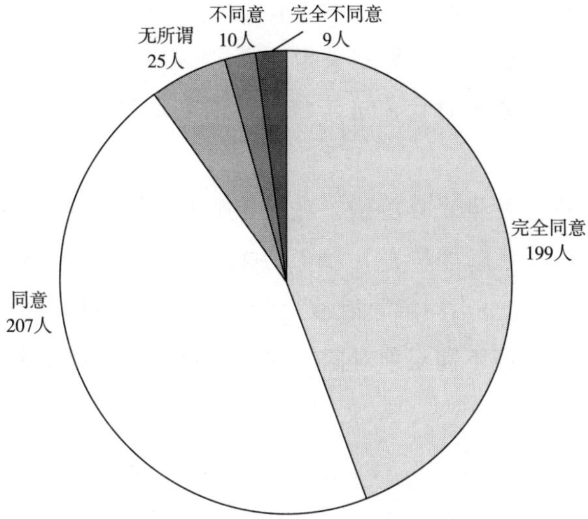


**图 4－13　对“思想政治教育的传播和辐射功能必须代表先进文化的发展方向”的认同情况**

思想政治教育的传播和辐射必须代表先进文化的发展方向。大学需要发展面向现代化、面向世界、面向未来的大学文化，符合民族的、科学的、大众的发展要求。教育人和培养人是思想政治教育和大学文化建设的根本目的和精神所在，只有代表先进文化的发展方向，才能提高人才的综合素质，促进人的全面发展。只有代表先进文化的发展方向，才能抵制西方敌对势力对我国思想文化领域的渗透，防止各种消极落后的价值观念对大学师生的侵蚀，加强和改进思想政治教育工作，突出时代性、针对性和实效性，增强说服力。保证活跃的学术气氛和正常的学术交流，教师要帮助学生理清思路、分辨是非，进行有说服力的鉴别批判，并以先进文化占领学术阵地。

## 第三节　数据分析

思想政治教育的内容既是相对稳定的，又是与时俱进、不断发展的。在一定时期大学对师生的思想、道德、政治、心理素质有着基本相同的一般要求，而在每一个阶段，具体要求又是变化的。当今大学迅速发展，我们既要坚持中国化的马克思主义指导理论、中国特色社会主义理想等不动摇，同时又要紧跟时代前进步伐，不断创新思想政治教育的内容、方法和机制等。

我们采用李克特量表分析法，对问卷中的五个选项分别赋值，其中"完全同意"赋值为5，"同意"赋值为4，"无所谓"赋值为3，"不同意"赋值为2，"完全不同意"赋值为1。通过计算不同组别对各个问题的加权平均值来分析不同组别对同一问题的看法有无显著差异，具体如下：

$$d = \frac{5A + 4B + 3C + 2D + E}{A + B + C + D + E}$$

其中，$d$ 表示加权平均值；

$A$ 表示完全同意的人数；

$B$ 表示同意的人数；

$C$ 表示无所谓的人数；

$D$ 表示不同意的人数；

$E$ 表示完全不同意的人数。

我们通过计算不同组别"创新大学文化建设中思想政治教育的内容是培育与践行社会主义核心价值观的必然要求""在大学文化建设中创新适应社会主义核心价值观建设的思想政治教育环境和管理机制""在大学文化建设中发挥思想政治教育的应有作为，政治鲜明，承载时代特征，改进方法途径，增强实效性""在大学文化建设中继承和发挥传统载体的优长，挖掘和利用现代载体的优势"这四个方面的加权平均值来分析不同组别对同一问题的看法有无显著差异。

## 一　积极效应分析

第一，创新大学文化建设中思想政治教育的内容是培育与践行社会主义核心价值观的必然要求。社会主义核心价值观是马克思主义中国化的重大理论成果，是大学文化建设的行为指南。只有不断创新思想政治教育的内容体系，把社会主义核心价值观的价值需求转化为实践，彰显社会主义核心价值体系的科学性、先进性和实践性，才能有效发挥社会主义核心价值观对大学文化建设的调整功能和引领功能。思想政治教育内容要与社会主义市场经济相适应，与社会主义法律规范相协调，与中华民族传统美德相承接。坚持科学发展，用社会主义核心价值观引领思想政治教育内容创新，把握思想政治教育的主导性；坚持以人为本，以实现人的全面发展为根本价值取向，探寻思想政治教育内容的人文性，塑造高尚而丰满的人格；坚持构建社会主义和谐校园要求创新思想政治教育内容。①

第二，大学文化建设中创新适应社会主义核心价值观建设的思想政治教育环境和管理机制（见图 4－14 至图 4－17）。马克思曾指出：人创造环境，同样环境也创造人。② 营造良好的育人环境和氛围，发挥思想政治教育各要素功能作用的体制和制度，有助于推进大学文化建设，深

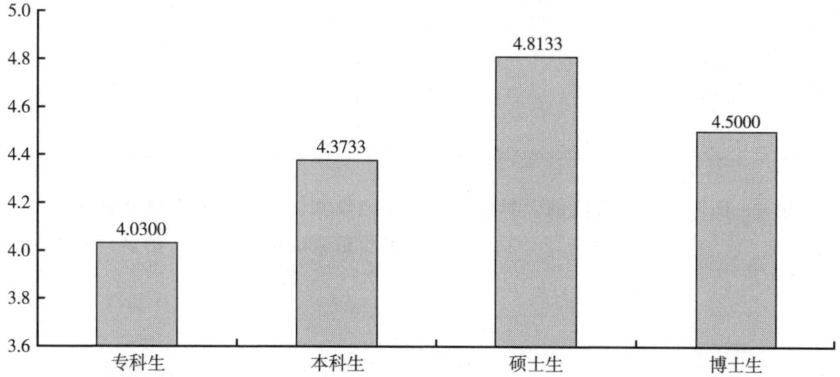


**图 4－14　不同受教育层次的大学生对“创新大学文化建设中思想政治教育的内容是培育与践行社会主义核心价值观的必然要求”的认同程度**

① 姜正国：《建设社会主义核心价值体系与思想政治工作创新研究》，湖南人民出版社，2012，第 95～134 页。

② 《马克思恩格斯选集》（第 1 卷），人民出版社，1995，第 92 页。

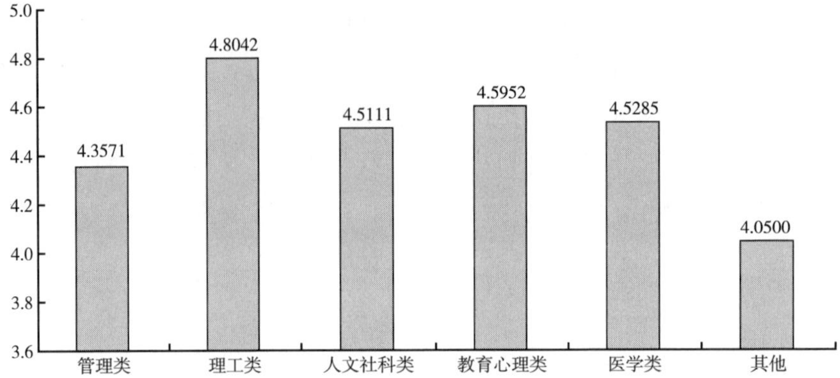


**图 4-15　不同学科背景的大学生对“创新大学文化建设中思想政治教育的内容是培育与践行社会主义核心价值观的必然要求”的认同程度**

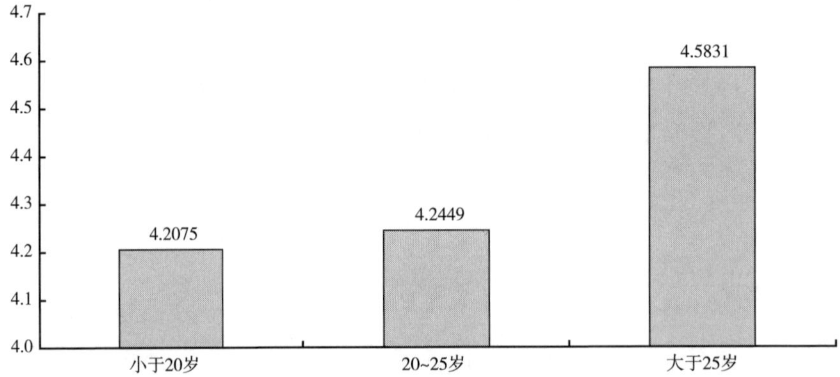


**图 4-16　不同年龄段的大学生对“创新大学文化建设中思想政治教育的内容是培育与践行社会主义核心价值观的必然要求”的认同程度**

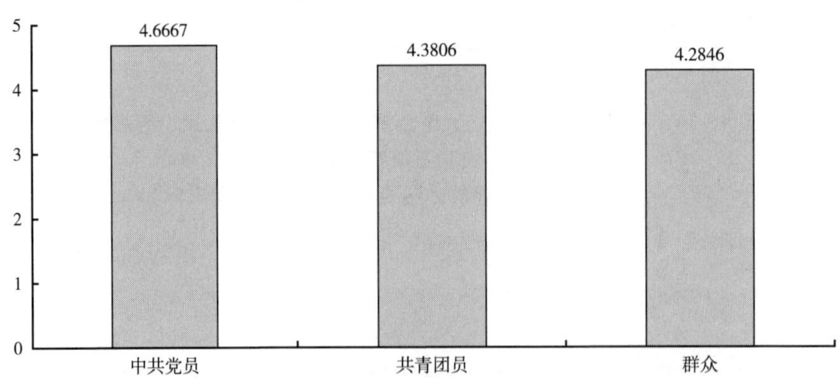


**图 4-17　不同政治背景的大学生对“创新大学文化建设中思想政治教育的内容是培育与践行社会主义核心价值观的必然要求”的认同程度**

化践行社会主义核心价值观。践行社会主义核心价值观是大学文化建设的重要目标，大学文化建设需要有一个良好的思想政治教育环境，通过思想政治教育管理机制的创新，努力把社会主义核心价值观转化为大学师生的思想认识、价值取向、愿望要求和实践行为（见图 4－18 至图 4－21）。

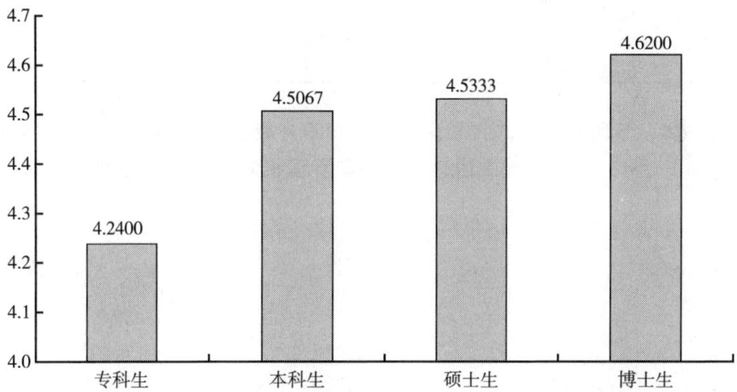


**图 4－18　不同受教育层次的大学生对“创新适应社会主义核心价值观建设的思想政治教育环境和管理机制”的认同程度**

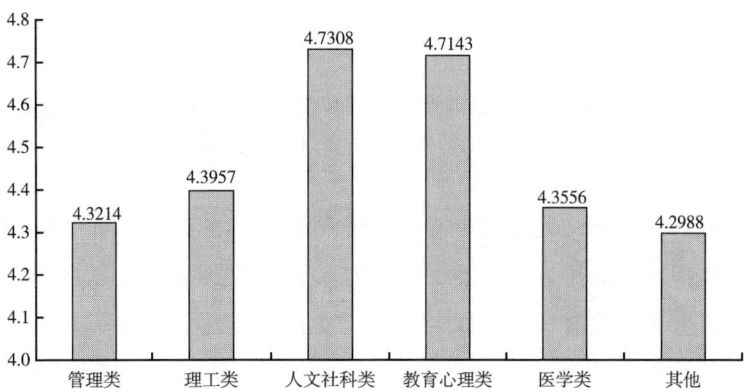


**图 4－19　不同学科背景的大学生对“创新适应社会主义核心价值观建设的思想政治教育环境和管理机制”的认同程度**

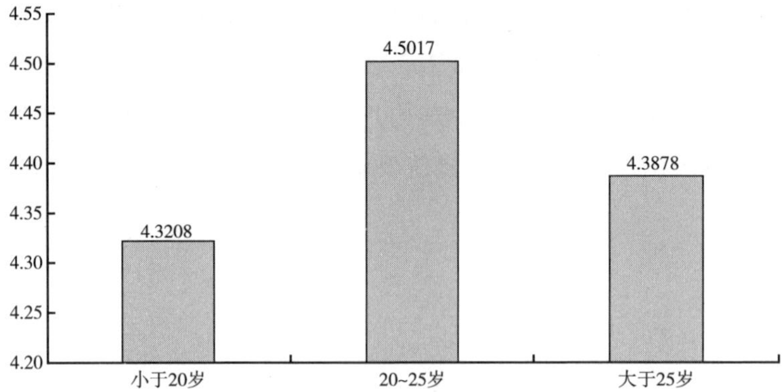


**图 4-20　不同年龄段的大学生对“创新适应社会主义核心价值观建设的思想政治教育环境和管理机制”的认同程度**

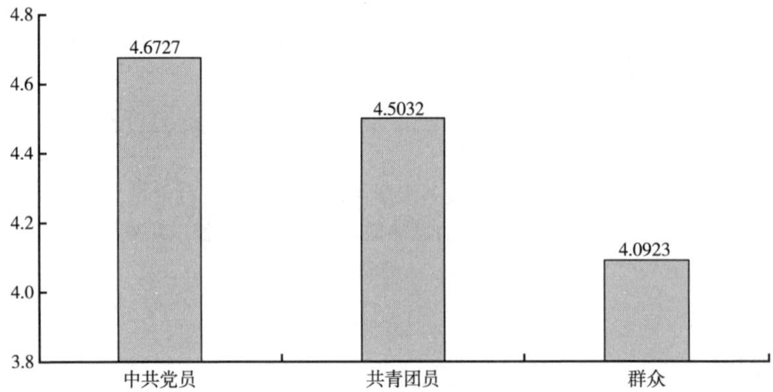


**图 4-21　不同政治背景的大学生对“创新适应社会主义核心价值观建设的思想政治教育环境和管理机制”的认同程度**

第三，在大学文化建设中发挥思想政治教育的应有作为，政治鲜明，承载时代特征，改进方法途径，增强实效性（见图 4-22 至图 4-25）。创新发展思想政治教育方法体系是大学文化建设在思想方法上的现实需要。大学文化建设的一个重要方面是加强对大学师生的思想教育和管理，客观要求呼唤当代科学的思想政治教育方法理论与之相适应，思想政治教育具有整合意志、倡导道德、培育心理等强大功能。[①] 它是丰富和创

① 胡凯：《现代思想政治教育心理研究》，湖南人民出版社，2009，第 22 页。

新党的执政方法理论的客观要求。提升传统思想政治教育方法的现代适用性，继承传统思想政治教育基本方法和特殊方法的精髓，注重现代思想政治教育网络方法、信息方法、调控方法、评估方法等实践经验，不断把实践经验上升为理论，深入把握规律。①

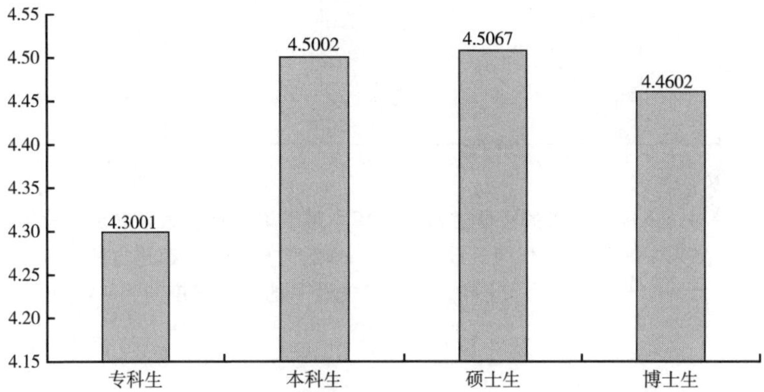


**图 4-22　不同受教育层次的大学生对“发挥思想政治教育在大学文化建设中的应有作为，政治鲜明，承载时代特征，改进方法途径，增强实效性”的认同程度**

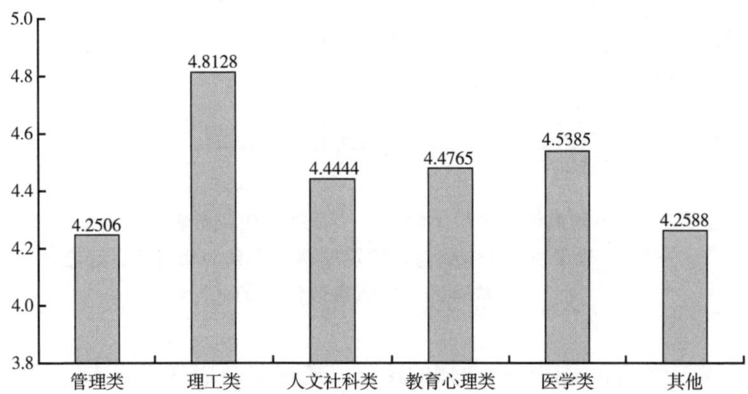


**图 4-23　不同学科背景的大学生对“发挥思想政治教育在大学文化建设中的应有作为，政治鲜明，承载时代特征，改进方法途径，增强实效性”的认同程度**

① 刘新庚：《现代思想政治教育方法论》，人民出版社，2008，第 315 页。

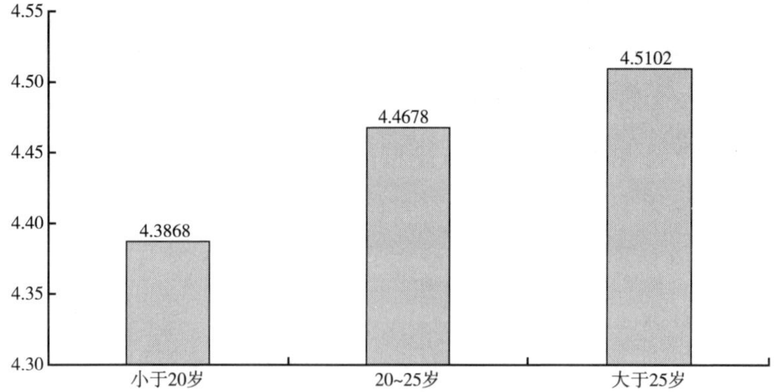


**图 4－24 不同年龄段的大学生对“发挥思想政治教育在大学文化建设中的应有作为，政治鲜明，承载时代特征，改进方法途径，增强实效性”的认同程度**

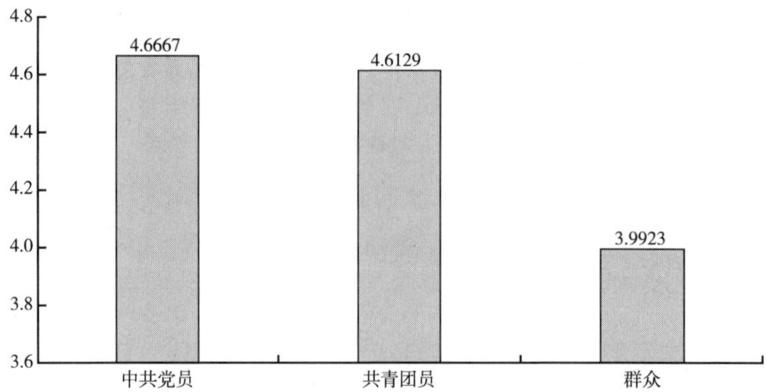


**图 4－25 不同政治背景的大学生对“发挥思想政治教育在大学文化建设中的应有作为，政治鲜明，承载时代特征，改进方法途径，增强实效性”的认同程度**

第四，继承和发挥传统载体的优长，挖掘和利用现代载体的优势（见图 4－26 至图 4－29）。利用载体是增强思想政治教育在大学文化建设中的主导力、渗透力、影响力和传播力的有效途径，从根本上提高利用载体的实际效果，抓住思想政治教育的时机，变时间效益为实际效益；同时克服利用载体过程中各种形式主义的做法，准确理解社会主义核心价值观意识形态的引领作用，明确社会主义大学发展方向和对人才的针对性需求。①

传统载体形式与现代载体手段相结合的特色形式。传统载体发挥着重要的、不可替代的作用。利用现代载体，即管理载体、文化载体、活动载体、大众传媒载体，直接促进大学文化建设，促进教育对象树立共同理想，满足教育对象社会化的需要，营造良好的思想政治教育氛围，强化思想政治教育效果，形成全方位的教育态势。

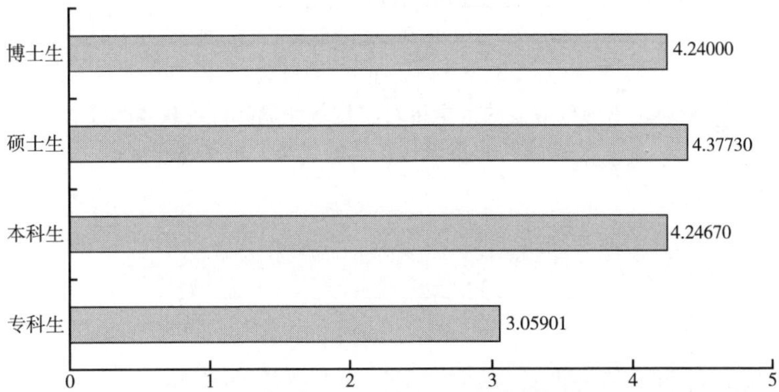


**图 4－26　不同受教育层次的大学生对“继承和发挥传统载体的优长，挖掘和利用现代载体的优势”的认同程度**

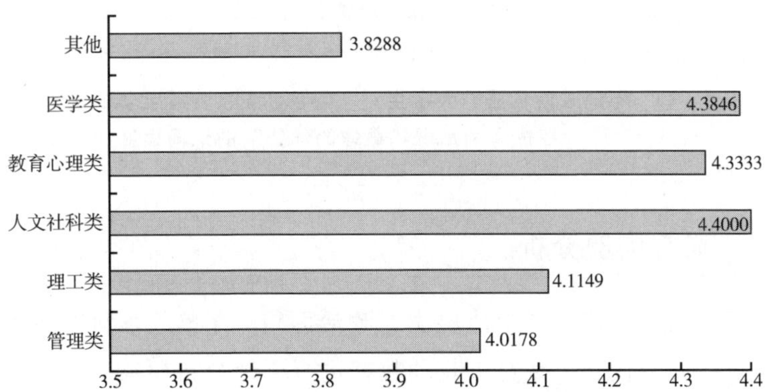


**图 4－27　不同学科背景的大学生对“继承和发挥传统载体的优长，挖掘和利用现代载体的优势”的认同程度**

① 徐建军、胡杨：《以社会主义核心价值体系引领高校思想文化建设》，《思想政治教育研究》2012 年第 2 期，第 5～8 页。

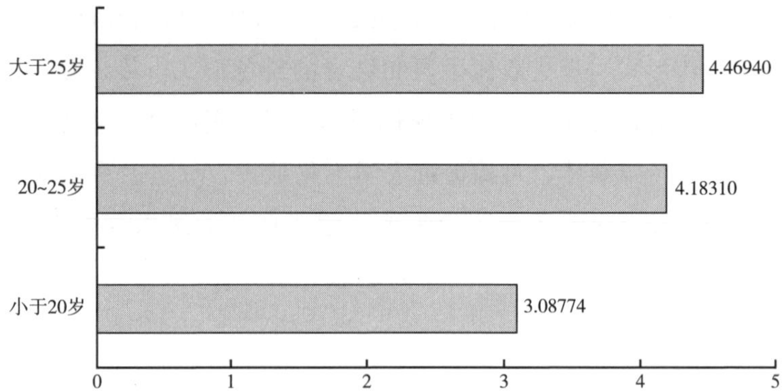


**图 4－28　不同年龄段的大学生对“继承和发挥传统载体的优长，挖掘和利用现代载体的优势”的认同程度**

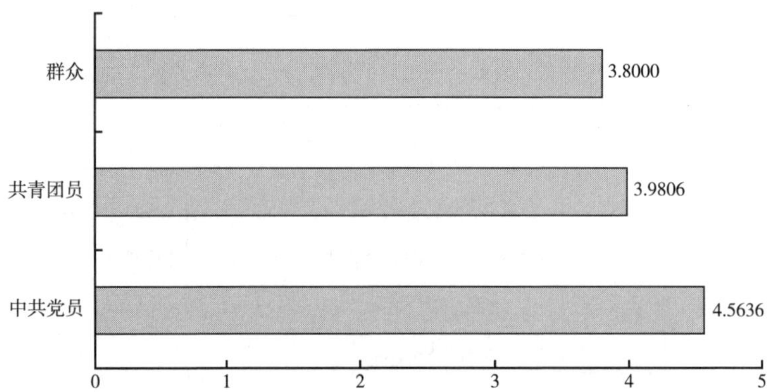


**图 4－29　不同政治背景的大学生对“继承和发挥传统载体的优长，挖掘和利用现代载体的优势”的认同程度**

## 二　尚存问题分析

我们对四个高校不同学历层次、政治面貌、年龄、学科背景的教师和学生进行问卷调查，并对所获的数据进行实证分析研究，得出了如下结论：从大学物质文化建设、大学精神文化建设、大学制度文化建设和大学行为文化建设四个层面揭示出的思想政治教育信息，大部分大学师生在观念形态上是认可的。即在大学文化建设中关于思想政治教育的导向、创新、育人、传播功能特征和相应的保证、促进、规范、引导作用取向，这样的功能特征和作用取向在每一个人以及每个群体的思想行为中发挥着重要作用，并不断促进思想政治教育内容、载体、环境和方法的创新，推动大学文化建设的顺利进行。

第一，大学师生认同思想政治教育使命和作为的思想基础稳定。思想政治教育是大学文化建设的重要保障和重要组成部分，在大学文化建设中思想政治教育具有导向、创新、育人、传播功能，发挥着引导、促进、规范、保证等积极作用，这要求我们不断创新思想政治教育内容、载体、环境和方法。总体上，大学师生认同思想政治教育在大学文化建设中的光荣使命和思想政治教育的应有作为与积极作为的思想基础和实践动力总体稳定。

首先，大学师生拥有坚定的社会主义立场，能比较理性地分析思想政治教育在大学文化建设中所起到的重要作用，普遍认为要始终坚持社会主义方向和指针，坚持思想政治教育的正确方向，着眼于大学文化建设的客观实际。94.89%的大学师生完全赞同，可见大学师生对思想政治教育的历史使命和责任有着深刻的认识，对通过思想政治工作建设中国特色社会主义大学文化充满信心。

其次，他们认为要把立德树人作为思想政治教育的根本任务，将课堂教学与大学文化建设紧密结合，扩大思想政治教育的覆盖面；同时坚持教育与自我教育相结合，发挥大学师生的积极性和主动性，将思想政治教育推向深入。84.22%的大学师生对此表示赞同，而且在加权平均值调研中，测量指数分别是4.2846、4.3806、4.6667，整体认同度比较高。

再次，他们对思想政治教育的作为方式和怎样作为的认识存在一定的分歧。53.6%的人完全赞同，8.9%的人不赞同，37.5%的人说不清楚。因此，还需要坚持以人为本的思想政治教育观念，从解决大学师生的实际问题出发，增强思想政治教育的实效性；同时把开拓创新作为根本动力，推动思想政治教育与时俱进，增强吸引力和感染力，帮助其形成正确的世界观、人生观和价值观，提高其对思想政治教育的整体认同度。

最后，大学师生对思想政治教育与大学文化建设的认识比较理性，

90.22%的人能够把自身与大学、民族和国家有机结合起来思考，强调坚持把全党重视、全社会共同参与作为根本举措，不断增强思想政治教育建设的合力。

第二，思想政治教育在大学文化建设中存在的问题与成因。

其一，大学师生具有较强的认同意识，能够在不同程度上认识到思想政治教育在大学文化建设中非常重要，有94.89%的人赞同；而且有90.22%的人认为思想政治教育代表社会主义先进文化的发展方向；24%的人对思想政治教育有没有功能或发不发挥作用感到无所谓；3%的人对此观点甚至持否定态度。这实际上从一个侧面反映出大学师生对思想政治教育的认同情况，多数师生虽然认同，但是由于思想政治教育功能发挥不完善、不明晰，对开展思想政治教育途径的了解尚不够全面和深入，这从一定意义上也会对进一步开展思想政治教育带来负面影响。

其二，不同学历、不同专业背景、不同政治面貌、不同年龄层次等群体间存在一定认知与态度的差异。学历、专业知识、政治面貌等因素对思想政治教育在大学文化建设中使命和作用的认同产生了直接影响。样本中对于“创新大学文化建设中思想政治教育的内容是培育与践行社会主义核心价值观的必然要求”观念的认同程度（加权平均值），专科群体是4.03、本科群体为4.3733、硕士生群体和博士生群体分别是4.8133和4.5。这说明学历对思想政治教育工作的认同存在一定影响。

对于“发挥思想政治教育在大学文化建设中的应有作为，政治鲜明，承载时代特征，改进方法途径，增强实效性”观念的认同程度，小于20岁群体、20～25岁群体、大于25岁群体分别是4.3868、4.4678、4.5102。数据显示随着大学生年龄的增长，他们对思想政治教育功能和作用发挥的观点认知的深度也在加深，年龄越大认同程度越高。从大学生自身的特征来看，政治面貌的认同程度相关性比较强。如中共党员、共青团员对“创新适应社会主义核心价值观建设的思想政治教育环境和管理机制”观念的认同程度，认同值分别是4.6727、4.5032，认同值显著高于群众的4.0623；同时他们对“创新大学文化建设中思想政治教育的内容是培育与践行社会主义核心价值观的必然要求”的认同值，学生党员 4.6667 的认同度也远远高于共青团员和群众 4.3806 和 4.2846 的认同度。

思想政治教育实施效果受到时间、精力、经济条件、信息渠道等各方面因素的限制，不同学历的样本学生对思想政治教育的认同不尽相同。思想政治教育内容、方法、载体和环境的优化和提升是促进大学文化建设的重要途径，其影响效果明显。如对“发挥思想政治教育在大学文化建设中的应有作为，政治鲜明，承载时代特征，改进方法途径，增强实效性”的认同度，专科群体是 4.3001、本科群体是 4.5002、硕士生群体是 4.5067、博士生群体是 4.4602。博士生和硕士生等相对高学历的人群的认同度并没有跟本科生和专科生拉开差距。同时，对人文社会类学生、理工科类学生、医学类学生、管理类学生、教育心理类学生、其他类学生的调查数据也有一定不同，如调查结果分别是 4.4444、4.8128、4.5385、4.2506、4.4765、4.2588。这在一定程度上说明了思想政治教育是一个循序渐进、循环往复的过程，绝不能认为修够学分就能够达到一定的教育水平，需要全方位和立体式地覆盖到每个教育对象上，形成互动与共振，形成教育合力。

对思想政治教育的地位与实施途径的认同度存在差距。在调查中，81.11% 的大学师生认为“思想政治教育是我们党的政治优势，贯穿大学文化建设的始终”。然而对“通过‘严防死守’就能有效抵制西方敌对势力对我国思想文化领域的渗透，防止各种消极落后的价值观念对校园的侵蚀”这一观点，只有 37.7% 的人表示赞同，说不清和不同意的占总数的 62.3%。这说明他们认为思想政治教育在理论上的地位与现实生活中的实际地位并不是自然等同的，许多时候是有距离的。94.89% 的人认为“大学文化建设与思想政治教育要以育人为导向，通过教书育人、服务育人、管理育人和实践育人四个重要途径实现育人的价值和终极目标”。为了更好适应新形势下大学生思想政治教育的新要求，更好地满足学生实际，增强思想政治教育的实效性势在必行。

# 第五章　大学文化建设赋予思想政治教育的历史使命

本章的中心论题是大学的文化建设赋予了思想政治教育什么使命和哪些使命。因此，本章着重讨论在大学文化建设中思想政治教育的“三个具体历史使命”，即要求思想政治教育彰显核心价值观，不断增加正能量；引领时代先进文化，不断增强感染力；弘扬民族先进文化，不断提升实效性。以理论与实践结合的方式分析思想政治教育使命的内涵和特征，目的是科学准确地把握大学文化建设中思想政治教育的神圣使命，并为后续研究奠定基础。

## 第一节　彰显核心价值观不断增加正能量

社会主义大学文化建设赋予思想政治教育神圣使命，要始终坚持马克思主义指导地位不动摇。坚持马克思主义指导地位不动摇，是创造性地进行社会主义精神文明建设，实现社会主义文化大繁荣大发展的政治保证。[①] “对于每个政党、每个国家、每个民族、每个组织，乃至每一个有机整体来说，其根本的立场和观点，其核心的价值观都需要保持一致”，这是其赖以生存的根本。失掉这个“一致”，它们就会思想分裂，形成多重人格，失掉自己的价值和优势，最终会分崩离析，完全丧失自

① 李毅、寇清杰、张允熠等：《综合创新论与“马魂、中体、西用”——关于当代中国文化建设的探讨》，《上海师范大学学报》2007 年第 6 期，第 1 ~ 11 页。

己的活力与生命。[①] 思想政治教育坚持以马克思主义为指导，把先进文化发展与人的全面发展结合起来，抵制和消除落后的思想文化，保证大学文化沿着正确方向发展，不断满足大学师生日益增长的精神文化需求，为教育事业提供有力的思想保证、精神动力和智力支持。在新的历史条件下，坚持先进文化的前进方向，推动中国特色社会主义大学文化发展和繁荣，最根本的就是要用马克思主义中国化最新成果统领社会主义大学文化建设。

搞好思想政治工作，培育与践行社会主义核心价值观，不断增加正能量。表 4－3 中第 5 个调查事项：新形势下加强和改进高校思想政治教育是时代的需求，调查结果显示大学教师对其的认同度高达 0.8875。表 4－4 中第 2 个调查事项：思想政治教育是我们党的政治优势，贯穿大学文化建设始终，调查结果显示大学生对其认同度高达 0.8111。以社会主义核心价值观为核心和灵魂引领社会思潮，繁荣和发展哲学社会科学，这要求建设和发展一元化，并把“一元化”贯彻到大学的方方面面。培育与践行社会主义核心价值观这个“一”，思想政治教育又是由“多”个目标组成的，基本内容包含马克思主义的指导思想、中国特色社会主义的共同理想、以爱国主义为核心的民族精神和以改革创新为核心的时代精神和社会主义荣辱观，它们构成一个统一的整体，一个有机而生动的“一”。社会主义核心价值观的“一”是我们对社会主义建设认识的结果，只是一个新的开端，而不是全部认识的终结，它需要丰富和发展。[②] 开展思想政治教育要解放思想，以开放的心态对待社会主义主旋律和社会主义核心价值观这个“一”，在这个基础上不断创新，发展新思想和新文化。[③]

① 曾长秋、曹挹芬：《社会主义核心价值观结构探析》，《伦理学研究》2014 年第 2 期，第1 ~ 5页。

② 沈壮海：《创造中华文化新的辉煌——学习习近平总书记关于文化建设的论述》，《光明日报》2014 年 1 月 27 日，第 11 期。

③ 郑永廷、江传月：《主导德育论　大学生思想政治教育一元主导与多样发展研究》，人民出版社，2008，第 18 ~ 26 页。

## 一 丰富核心价值观的时代内涵

思想政治教育具有实现“旗帜”影响力的作用。表 4 - 3 中第 13 个调查事项：思想政治教育能够不断丰富核心价值观的内涵，构建先进文化建设格局。大学教师对其认同度是 0. 8250，反映出思想政治教育为社会主义现代化建设和中国特色社会主义政治服务，思想政治教育的历史使命和时代责任使其具有旗帜影响力作用，这种旗帜性影响和体现社会主义社会的权威性、先导性和政治性的特征，也是思想政治教育的“生命线”地位和根本属性决定的。无论时代如何变化，社会主义大学形式如何改变，思想政治教育的旗帜性、先导性和政治性的功能及作用都不会改变。大学社会地位的变化和社会影响力的不断提高与大学的政治使命履行程度和政治功能的发挥水平有着密切的关系，一个脱离当代社会政治发展实际的大学是不能在社会中发展前进的。

思想政治教育不断创新发展为其提供实践机会和经验支持。理论发展离不开实践推动，对于思想政治教育来说更是如此。大学文化一旦形成就保持着相对的独立性和稳定性，在社会上发挥着独特的作用。随着高等教育大众化的到来，大学文化的作用和影响力越来越大，文化的社会认同感也越来越强。加强和改进思想政治教育既是大学文化建设的需要，也是社会主义文化大繁荣大发展的需要。大学文化实践仍在进行之中，这是思想政治教育进一步发展的动力。一方面，这个实践在新的条件下探索着、创造着新的经验，为思想政治教育提供源源不断的新营养。另一方面，这个实践活动又能使思想政治教育主体和客体参与其中，使他们能够理论联系实践，在实践中加深对思想政治教育内涵的理解。①因此，大学文化建设要更好发挥自己的特点和优势，应该充分展示思想政治教育旗帜影响力的作用。

第一，整体目标的一致性。

① 欧阳康：《新时期大学生文化素质教育及其实践导向》，《教育研究》2012 年第 2 期，第 8 ~ 13 页。

其一，内容的一致性。思想政治教育与大学文化建设在价值观、价值体系方面具有一致性，社会主义价值体系是思想政治教育与大学文化建设得以融通的中介。社会主义核心价值观是大学文化建设的灵魂，是其中最基础、最核心的部分。思想政治教育的重要工作就是围绕社会主义核心价值观的理论阐释与贯彻落实而展开的。社会主义核心价值观、大学文化建设体系丰富了当前我国思想政治教育的内容，亦是创新思想政治教育的重要理论依据之一。思想政治教育需要进一步强化马克思主义的指导思想，引导大学师生坚定政治方向，用中国特色社会主义共同理想引导大学师生树立正确的人生观念，用民族精神引导大学师生培育社会责任感，用时代精神引导大学师生培育创新能力，用社会主义荣辱观引导大学师生塑造良好的道德品质。思想政治教育已经深度融合了社会主义核心价值观与大学文化体系等元素。

其二，目标的一致性。首先，从国家和社会层面来说，大学文化建设的目标是促进中国特色社会主义文化的自觉和自信，推动中国特色社会主义文化大繁荣大发展，尤其要致力于确立社会主义核心价值观。其次，从大学师生个体的层面来说，大学文化建设的目标是促进每个成员形成健全、合理的思想价值观念，注重德行养成，进而拥有幸福的、有尊严的人生。思想政治教育目标与一定时期的大学文化及发展目标密切相关。思想政治教育紧密围绕如何贯彻落实社会主义核心价值观来展开。除了注重体现国家意志，强调政治与道德的教化之外，也关注大学成员个体的生存状态、生存意义与价值，把成员个体获得幸福、尊严和独立人格作为自己的目标，思想政治教育与大学文化建设在目标上具有一致性。

思想政治教育的内容具有多层次性，其目标也不是单一的。思想政治教育的根本目标是培养具有一定思想政治觉悟和道德素养、符合统治阶级要求的人。在这个根本目标的指引下，思想政治教育是一个动态的持续的过程，这一过程又涵盖了一系列更为具体的目标①，如思想教育

---

① 王莹、孙其昂：《思想政治教育文化及其系统解读》，《思想理论教育》2015 年第 2 期，第 60 ~ 64 页。

目标、政治教育目标、道德教育目标、心理健康目标等。具体来说，现代思想政治教育的目标是立足于对主观世界的改造，促进人的正确思想观念的形成和发展，解决现代人的思想观点和立场上的种种问题，从而使其树立正确的世界观、人生观、价值观，促进人的自我和谐、人际关系的和谐、社会的和谐，推动社会的发展。政治教育的目标是通过提高政治认识、培养政治情感、锻炼政治意志，使受教育者具备正确的政治立场和政治观点、确立坚定的政治信念，有较高的政治觉悟，从而养成良好的政治行为。道德教育的目标是通过提高社会成员的道德认识，培养其道德情感、道德信念，从而使其养成良好的道德行为。心理健康教育的目标是对人的心理进行教育与引导，使其认知、情感、态度等发生变化，解决其心理问题、消除心理困惑、提高心理素质，塑造健康人格。我们党一直把思想政治教育视为一切工作的生命线，视为社会主义国家的政治优势。社会主义核心价值观的构建、传播和普及离不开这条生命线，社会主义核心价值观是思想政治教育的核心内容，而思想政治教育乃是社会主义核心价值观得以现实化的重要方式，是促进主流价值文化从理论形态向实践形态转化不可缺少的一个环节。

第二，在理论教育中发挥权威性优势。

思想政治教育本身具有理论性、系统性和深刻性的特点，思想政治教育还具有政治性特征，这使得思想政治教育的理论教育具有权威性的保证。学习贯彻党的方针政策，培育和践行社会主义核心价值观会面临许多问题和矛盾，特别是思想认识方面的，思想政治教育应当发挥这方面的特点和优势，对大学师生关心的热点、重点和难点问题，在理论阐释和实践探索方面给予比较满意的让人信服的回答。[①] 如学习习近平总书记的重要讲话内容，胸怀大局，把握大势，着眼大事，努力把宣传思想工作做得更好，青年要自觉践行社会主义核心价值观，坚持以人民为中心的创作导向，创作更多无愧于时代的优秀作品，创造中华文

---

① 马俊杰：《大学生思想政治教育战略规划——基于首都高校的个案研究》，中国传媒大学出版社，2010，第 89～91 页。

化新的辉煌，建设社会主义文化强国，坚定不移创新创新再创新，加快创新型国家建设步伐，中华民族伟大复兴要以中华文化发展繁荣为条件，朝着建设文化强国的目标不断前进，思想政治教育的理论教育优势可以得到一个充分发挥的舞台，我们的大学应当利用好和抓好这个机遇。

发挥思想政治教育引导服务的先导性优势。思想政治教育不仅要解释社会现象、回答当今社会出现的一些问题，更为重要的是在思想观念方面向大学师生提供发展方向、发展趋势和发展理念及发展目标，积极做好思想观念及舆论的选择引导工作，变被动地适应、服务大学为主动、积极地引导大学。创新大学发展新思想、新理念，为社会主义大学文化发展决策提供先导性依据。培育与践行社会主义核心价值观是社会主义文化建设的本质内容，也是大学文化建设的根本内容。社会主义核心价值观是兴国之魂，是社会主义意识形态的本质体现，也是大学生思想政治教育的主要内容。在当代中国大学，用社会主义核心价值观进行宣传教育，就是要创造有利于社会主义大学建设的思想舆论环境，形成团结一致、奋发向上的精神力量，巩固大学建设取得的成果，激发大学师生的热情。发挥思想政治教育的主渠道和主阵地作用，通过大学文化的氛围和有效途径，搞好培育与践行社会主义核心价值观的宣传教育。通过教书育人和科研创新来推动大学文化事业的大繁荣和大发展，推进马克思主义理论成果中国化、大众化工作，使马克思主义理论成果进课堂、进教材、进头脑，不断提高大学师生的思想政治素质和道德素质，为建设中国特色社会主义大学贡献力量。①

发挥思想政治教育人才培养的政治性优势。大学集中了数量众多的专家学者和优秀人才，他们是社会主义建设的重要力量，能对社会未来发展产生重要的影响。因此，培养合格的大学生和接班人既是建设中国特色社会主义的光荣而艰巨的政治任务，也是我们社会主义大学的一个

---

① 《关于进一步加强和改进新形势下高校宣传思想工作的意见》，《人民日报》（海外版）2015 年 1 月 20 日，第 1 版。

优势。大学应当发挥好自己的这个优势，把大学的人才培养特别是人才的政治性培养放在重要的位置。在当前培育与践行社会主义核心价值观的教育中，大学师生的政治素质、政治觉悟、政治判断力，直接影响到大学师生的基本素质和基本能力，进而影响到大学的政治声誉和社会影响力。①

第三，在思想观念中坚持方向性引领。

思想政治教育要求确立与新时期形势任务相适应的、与党和国家新时期发展的总体目标相一致的思想政治教育目标体系，思想政治教育在大学文化建设中受到前所未有的严峻挑战，承担着极其光荣而艰巨的历史使命——培育与践行社会主义核心价值观。社会主义核心价值观体现社会意识的本质、决定社会意识的性质，是引领大学文化建设的精神旗帜。社会主义核心价值观明确提出应当坚持和提倡什么、反对和抑制什么，为大学师生判断是非、善恶、荣辱确立了正确的价值取向，提供了基本的价值标准和行为准则。深刻认识和正确把握社会主义核心价值观就抓住了社会主义价值需求、价值创造和价值实现的关键，就抓住了大学文化建设的根本，也才能在社会主义意识形态和先进文化建设中明确方向、突出主题、把握关键。这些成为新时期思想政治教育的根本目标。

思想政治教育在思想领域的主要目标是对思想观念引领、思想教育的宣传和理论联系实际。思想政治教育是一定的世界观、价值观的反映，代表了社会、国家和民族的思想精神和价值诉求的主流，把这种思想精神和价值诉求的主流同大学的历史传统和现代观念紧密结合起来，形成特色的大学文化及文化精神。社会主义大学需要大学优秀文化的创新发展，大学文化品牌的建设，大学人文精神的确立以及大学优秀文化氛围、创新环境和精神家园的营造，需要思想政治教育观念的创新和准确定位。这些都需要认真思考、实践和总结整理，以使大学文化、大学品牌、大

---

① 黄蓉生：《大学生思想政治教育的时代要求》，《高校理论战线》2008 年第 3 期，第 43～46 页。

学风格、大学气派等大学内涵真正展示出来，体现出大学文化独特的魅力和巨大的社会影响力。①

发挥思想政治教育在思想观念中的引领能力。思想政治教育是衡量大学发展水平和学术水平的重要方面，也是衡量大学社会影响力的重要内容。处在社会高速发展时代的大学应当不断提高思想观念的创新能力，以此来激发大学师生的积极性和创造性，振奋大学师生的精神。大学如果不能适应时代发展的要求，就不可能形成新思想、新观念，就不能引领时代发展的潮流，就没有了生机和活力，就会被社会和时代所抛弃，就会失去竞争力和影响力。

发挥思想政治教育在思想舆论中的宣传能力。它是指对党在新时期路线方针政策的宣传教育和解读能力，这种教育能力体现为对教育内容的理解能力，教育方法的运用能力和教育环节、教育效果的控制能力。②当前，思想政治教育的这种能力主要体现在马克思主义中国化与中国马克思主义大众化的教育宣传和普及方面。特别是在新形势下，要用新的语言、新的表达方式、新的沟通渠道，对大学生进行马克思主义中国化理论的宣传教育，让大学生实实在在地受到马克思主义最新理论成果的教育和熏陶，不断提高大学生自身的政治觉悟和政治素质。③ 因此，大学生思想政治教育要发展新理念、探索新途径、体现新水平、实现新突破，把对中国特色社会主义的理论学习和认识水平推进到新阶段。

发挥思想政治教育在理论联系实际中的实践能力。它一方面指理论的运用能力、指导实际的能力，另一方面也指对社会生活的实际经验和做法所进行的理论概括和理论提升能力。理论联系实际，不仅需要对理论的深刻理解和深刻认识、对实际生活和社会实践的准确把握，而且更为重要的是如何把握好理论与实际的结合问题。只有理论与实

---

① 柳恩铭：《思想政治教育的文化传承与创新研究》，广东人民出版社，2009，第46～48页。

② 胡巍、臧宏：《学生思想政治教育路径基本解读》，《东北师大学报》（哲学社会科学版）2015年第3期，第214～218页。

③ 祖嘉合：《论当代大学生社会共同理想的教育和引导》，《思想理论教育导刊》2012年第7期，第50～54页。

际紧密而恰当地结合，才能形成理论的力量与威信，才能产生思想政治教育的吸引力、感染力和影响力。目前思想政治教育并不缺乏理论，缺乏的是理论与实际相结合的功夫和能力。思想政治教育要实现对社会主义大学文化的影响力作用，就要在理论与实际的结合上下功夫，做出成效。

## 二　形成先进文化建设格局

第一，发挥思想政治教育的示范作用，构建先进文化格局。

开展中国特色社会主义理论体系宣传普及活动，推动当代中国马克思主义大众化，牢固占领社会主义思想文化阵地。积极探索中国特色大学文化的发展规律，探索用社会主义核心价值观引领社会思潮的有效途径，切实把社会主义核心价值体系融入大学教育和精神文明建设全过程，转化为大学师生的自觉追求。必须大力推进和改进思想政治教育，推进马克思主义理论研究和建设工程，回答现代化建设与大学文化中的重大理论和实际问题，不断赋予思想政治教育实践特色、民族特色、时代特色。① 随着我国高等教育大众化时代的到来，大学教育越来越被更多人所接受和认识，思想政治教育的普及面不断扩大，其影响力不断扩大并以前所未有的力量和发展趋势影响着社会媒体、社会舆论、社会精神、文化生活。如大师讲座、百家讲坛、文化探秘等节目形式，易中天、于丹、王立群、曹文轩等知名学者的出现，拓展了思想政治教育发展的空间，使大学优秀文化与中华传统文化相结合，助燃了优秀文化的火热程度，优秀文化以其思想性、创新性、引领性和通俗性特征吸引了观众、征服了观众。思想政治教育的示范作用在全社会不断得到强化和体现。

发挥人才的示范作用。一是名师大师的示范作用。大学之大，就在于有大师，专家学者名师的治学精神、道德品格和学术成果，对大学文

---

① 毕红梅：《全球化视野中的思想政治教育》，中国社会科学出版社，2006，第22～28页。

化建设和精神文明建设起到教育、促进、启示作用，社会也通过大学的名师大师的精神和成果来认识大学、体验大学和尊敬大学。大力推进大学文化大师的培养工作，不能仅靠物质方面的努力，更要注重文化环境和创新环境的营造。要形成文化创新的学术氛围，不断涌现新的学术思想和学术观点，形成不同风格和不同流派的学术团队，形成竞争和创新的体制机制等。如清华大学施一公院士所率领的科学团队捕获到真核细胞剪接体复合物的高分辨率空间三维结构，初步解答了生命科学领域学界长期备受关注的疑难核心问题，获得国内外的一致认可和赞同。二是所培养的人才产生的示范作用。这是指我们培养的学生有特色、有素质、有前途、受欢迎，能够满足社会发展对人才培养目标的要求。[①] 目前，随着社会的发展，大学与社会的联系更加紧密，大学依靠自身的人才资源和实力，不断提高社会服务水平，扩大社会影响力。同时社会也更加重视并依靠大学的发展带动、推进其发展，提升社会发展的文明水平和文明程度。如人才的流动和引进政策、博士后工作流动站、院士工作站、社会服务与产学研工作基地等的设立，就是社会为大学人才资源的展示和示范提供的一个平台，它将有力地推动社会的文明进步和发展。

发挥思想政治教育环境的示范作用。经过多年的建设和改造，大学校园的物质文化环境和精神文化环境得到极大改善，大学发展已经成为提高社会文明水平、提升城市竞争力的一个亮点和一张名片。有没有大学，有没有名牌大学、一流大学，已经成为衡量一个地方和城市知名度和影响力的重要因素。大学校园改造和大学城建设，既反映大学发展的内在要求，也反映了社会对大学文化建设的重要性、示范性有了进一步的认识。因此，大学不仅要重视外部的物质环境建设，还要更加重视内在的精神文化建设。营造大学师生想干事、能干事、敢干事、干成事的良好文化环境，通过大学的小文化环境建设的示范作用，影响、改造和

---

① 王易：《高校社会主义核心价值体系教育应注意的几个问题》，《学校党建与思想教育》2014 年第 3 期，第 4 ~6 页。

带动社会的大文化环境建设，促进社会的文明发展，把其建设成为让人向往和充满人文氛围、人文精神和人文理想的社会主义精神家园。[①] 如北京大学每学期会进行大学校园“十佳”活动，活动内容十分丰富。有十佳校园歌手、主持人、最佳教师、十佳社团、十佳菜肴等，这一系列活动引起了校内外的广泛关注，并向央视、凤凰卫视等媒体输送了大量人才。

发挥思想政治教育品牌的示范作用。大学办学形式多样、层次不同，要办出特色、办出品牌。这个品牌主要是指大学的学科专业品牌、办学的特色品牌、学生的培养和就业品牌及学术成果品牌等。大学品牌是一个综合性的因素，大学有没有自己的品牌，品牌是否优秀、知名，已经关系到大学生存和发展空间，甚至影响到大学的地位和影响力。如在学科专业建设中，有没有国家重点学科专业和国家重点实验室；在办学的特色方面，有没有独特的先进办学思想、办学理念、办学制度和办学措施，不是盲目追求时尚，搞大而全、小而全；在学生的培养和就业方面，有没有完善培养措施和稳定的就业方向和就业优势，学校毕业生的社会评价优良率怎样；在学术成果方面，学术专利、学术创新、科研产品的应用率怎样；专业化、产业化的市场表现如何。如北京大学的方正和清华大学的紫光等科技产业品牌影响海内外，给大学发展带来广阔的空间，增强了大学的影响力。总之，品牌示范作用是一个不断发展和壮大的过程，思想政治教育的社会影响力也是一个不断被认识、被重视和被接纳的过程。随着精神文明建设和大学文化建设的不断进步，思想政治教育的社会影响力会更大和更有力量。

第二，发挥思想政治教育的服务性职能。

思想政治教育活动是促使大学师生社会化和社会文化整体提升的主要手段。大学精神文化、大学制度文化、大学物质文化和大学行为文化的发展是大学历史活动不断前进发展的客观反映。[②] 大学文化的创造性和继承性是大学文化的两个基本属性。大学文化的创造性通过大学师生

---

① 王滨：《思想政治教育环境论——大社会视野下的思想政治教育》，同济大学出版社，2011，第 16 ~ 28 页。

② 吴勇：《大学文化——理想与现实的冲突》，中山大学出版社，2010，第 2 页。

的创造性活动来实现，大学的继承性则通过大学师生的重复性活动来实现，大学文化的继承构成了大学文化发展的历史。作为大学历史文化活动的产物，大学文化须通过大学师生的活动来延续。思想政治教育是推动大学文化活动的重要力量。大学精神文化是大学文化的内核和最高表现形式，是大学在长期发展过程中形成的独特气质和规范体系。大学制度文化综合了大学在办学和发展过程中的权利、义务及责任，体现为大学发展的规范和规则。大学物质文化是大学师生及其社会历史活动财富的直接体现，是大学活动的物质积累。大学行为文化是大学师生在教育教学、科学研究、学术交流、学习生活和文化活动中所表现出的精神状态、行为操守和文化品位。思想政治教育活动包含推进人才培养、学术研究和社会服务三大方面，它们是大学文化传承和发展的重要渠道和载体。学术研究活动不仅反映求真求善、探索真理的大学文化内核，同时其学术成果的普及和推广对提升人类生存质量和大学整体水平也具有重要意义。大学社会服务活动不仅体现大学直接为社会生产服务，还体现为引导社会变革、建立社会规范和参与社会决策等。[①] 总之，人才培养是大学的第一要务，学术研究和社会服务是大学人才培养活动的载体和外延。

大学文化的功能与作用是实现思想政治教育历史使命的前提。

其一，发挥导向作用。大学文化以直接或间接的方式，促使大学师生适应现实社会，服务于社会。思想政治教育是从劳动和社会生活中分化出来形成的一种独立的社会形态，是人类文化发展到一定阶段的产物，是教育者按照一定的社会要求，对受教育者的身心所施加的有目的、有计划、有组织的，以使受教育者发生预期变化的活动。思想政治教育能够进一步促使大学师生正确认识社会发展规律，明确时代发展方向和趋势，引导人生行为和发展方向，完善人格实现全面发展，从而改造现实社会、实现社会理想和构建新的美好社会。[②] 马克思主义指导思想这个活的灵魂，

---

① 叶昊：《准确把握大学文化建设的四个问题》，《广西日报》2013 年 5 月 7 日，第 11 版。

② 张澍军：《略论思想政治教育的深层价值》，《思想教育研究》2010 年第 7 期，第 7～9 页。

保证思想政治教育历史使命的性质和方向，为思想政治教育使命的发展提供正确的世界观、方法论，成为引导大学师生奋发向上的强大精神武器。

其二，发挥规范作用。大学文化是学校积淀而成的办学理念和价值追求，体现出来的是一种生命力、创造力和凝聚力。大学精神文化倡导优良气质，并使之内化为大学师生的自身素养；大学的规章制度体系，通过制度规范实现直接的硬性的约束，规范和引导师生的思想与行为。个体的解放、发展和完善是思想政治教育活动的根本出发点，使个体社会化是思想政治教育活动的根本要求，思想政治教育使个体社会化是以文化的传承和创新为基础的，传承文化是思想政治教育活动的重要功能。[①] 通过文化的传承和创新培养创造性人才是思想政治教育活动的灵魂。通过思想政治教育，大学师生知道应该做什么、不应该做什么、应该怎么做，具有相对的稳定性、较强的融合性和渗透性，成为影响大学师生思想言行和未来发展的基本因素。

其三，发挥凝聚作用。优秀的大学文化具有强大的凝聚作用，对大学师生会产生巨大的向心力。思想政治教育是通过文化的传承和创新来促进人类社会的延续和发展的。通过思想政治教育，培育与践行社会主义核心价值观，使他们产生强烈的认同感和归属感，使个人的信念、感情、行为与大学发展目标有机统一起来，形成一种整体的趋向，凝聚成一种稳定的合力。可见，大学文化的这些作用对人才培养具有十分重要的意义。思想政治教育有利于促进大学师生不断提高文化素养，完善知识结构，提高思想觉悟，适应社会环境。[②]

## 第二节　引领时代先进文化不断增强感染力

引领时代先进文化不断增强感染力是思想政治教育发展的内在要求。

---

① 李辽宁：《当代中国思想政治教育意识形态功能研究》，武汉大学出版社，2006，第 12 页。

② 余仰涛：《思想政治工作学研究方法论》，武汉大学出版社，2006，第 158～161 页。

表4－4中第5个调查事项：引领时代先进文化增强感染力是思想政治教育发展的客观要求。调查结果为大学生对其认同度是0.5244。调查显示思想政治教育要引领时代文化发展，就需要不断增强时代性。根据新的历史条件和时代特征，坚持马克思主义的基本原理、基本观点和基本方法，就是坚持马克思主义与时俱进的理论品质，紧密结合我国大学建设和国际形势的具体发展变化，研究解决我国大学文化建设中出现的新问题、新情况，赋予思想政治教育新的生机与活力，更好地巩固马克思主义在意识形态领域的指导地位。思想政治教育创新发展要把握发展规律。我们不仅要把握意识形态自身的发展规律，还要及时总结党领导意识形态工作的经验，及时总结大学师生在实践中创造的新鲜事物，大力发展社会主义先进文化，坚持健康有益的优秀文化，抵制腐朽愚昧的落后文化，为构建中国特色社会主义大学文化提供重要的精神支撑。① 不断创新发展思想政治教育的内容、形式、途径和方法，营造大学文化的良好氛围，使大学文化在竞争中前进。只有不断地创新，大学文化才有发展，才有竞争力和生命力，才能为中华传统文化传播提供精神支持和智力支持。

培育与践行社会主义核心价值观须适应时代要求、适应国情的变化，不断进行理论创新。只有坚持理论创新，才能体现出马克思主义理论的时代性和创造性。人类文明的发展史告诉我们，一个民族要兴旺发达，要屹立于世界民族之林，不能没有引领时代的先进文化、不能没有创新的理论思维。引领时代先进文化，大力推进理论创新，是坚持思想政治教育重要地位的必然要求，是巩固和加强党的执政能力建设的重要方面。只有不断推进理论创新，才能使党的理论体现时代性、把握规律性、富于创造性，保证马克思主义在意识形态领域的指导地位，才能有效地引领和整合其他意识形态，团结和凝聚大学师生朝着共同的目标前进。思想政治教育通过文化的品牌、管理制度、历史传统、榜样

① 江潭瑜、徐海波：《高校大德育育人模式的探索与创新研究》，人民出版社，2011，第56页。

示范以及校园环境等，激发大学师生内心的精神动能，使大学师生从内心热爱、尊敬和向往大学和大学优秀的文化环境，成为大学文化的建设者。

## 一 指引价值判断引领时代

思想政治教育对大学师生的精神生活具有指引价值。思想政治教育一方面启发大学师生自觉地把个人发展与社会发展、物质生活的满足与精神生活的满足统一起来，保持积极向上的生活态度和精神风貌，使个人的生命活动融入中国特色社会主义大学建设之中；另一方面帮助大学师生不断坚定社会主义理想信念，确立正确生活信念和人生态度，为大学师生顺利前行提供不竭动力。[①] 文化要实现整合社会资源、激励社会大众的价值功能，根本前提是其必须具有先进性。先进文化顺应历史潮流、反映时代精神、代表未来方向，是人类文明进步的结晶、是推动社会前进的精神动力，它包括先进的思想道德和先进的科学文化两个方面。马克思曾说过：任何真正的哲学都是自己时代精神的精华。[②] 先进文化在本质上是人类社会文明进步的结晶，代表历史前进的方向，体现人民群众的根本利益，是人类文明进步的先导，是推动人类社会前进的强大动力。思想政治教育是培养人的思想、观念、品德的活动，是建设社会意识形态的活动，是解放和发展社会精神生产力的基本方式。它为大学师生提供正确的价值导向和目标导向，在大学文化建设中起统帅作用。[③]

第一，思想政治教育的重要任务是指引价值判断。

思想政治教育引领先进文化发展。先进文化以实现个人的自由全面发展为价值目标，致力于实现物质文化与精神文化、个人与社会、人与

① 刘书林：《中国梦呼唤青年精神的新振奋》，《思想政治工作研究》2013 年第 11 期，第 6～7 页。

② 《马克思恩格斯全集》（第 1 卷），人民出版社，2002，第 120 页。

③ 平章起、梁禹祥：《思想政治教育基本理论问题研究》，南开大学出版社，2010，第 81 页。

自然的协调一致，代表人类社会发展的总趋势。发展先进文化是思想政治教育的重要内容。[①]

其一，大学先进文化具有继承性和开放性。大学先进文化有着深厚的历史文化底蕴，继承和改造传统文化是先进文化的根本之源，也是构筑文化创新的深厚基石。大学先进文化离不开对传统文化选择性地继承和批判性地改造，不可能也不允许摒弃民族文化的优秀传统。同时大学先进文化是在开放环境中形成发展的，只有拥有开放的眼光和胸怀，吸收人类文化发展的优秀成果，才能确保文化的先进性、主导性和安全性。

其二，大学先进文化具有时代性和创造性。任何文化都既是历史传统的延续，又是一定时代的产物。马克思曾指出：一切划时代的体系的真正的内容都是由于产生这些体系的那个时期的需要而形成起来的。[②]大学先进文化蕴含着时代内容、时代精神、时代活力、时代情趣。新时代呼唤新文化的出现，新文化反映并推动新时代向前发展。创新是先进文化的生命之源，只有不断创新，才能及时有效地赋予新的时代内容和新的时代精神，使其焕发出新的光彩与活力。

其三，大学先进文化具有科学性和大众性。大学先进文化是人类对大学的本质和大学发展规律的真理性认识。马克思主义是先进文化，它科学地反映了人类社会存在和发展的规律，是被实践证明了的并在实践中被继续证明的客观真理。[③] 大学先进文化反映大学师生的理想愿望和审美情趣，代表着大学师生的根本利益，满足大学师生不断增长的精神生活需求。

第二，思想政治教育引领时代文化创新发展。

其一，大力推进思想观念的变革和创新。毛泽东同志对什么是创新马克思的问题进行了深刻阐释：一是不如马克思不是马克思，二是等于

---

① 蔡劲松：《大学文化理论构建与系统设计》，文化艺术出版社，2009，第 10 页。

② 《马克思恩格斯全集》（第 3 卷），人民出版社，1960，第 544 页。

③ 江畅、戴茂堂：《我国主流价值文化及其构建研究》，人民出版社，2013，第212～224 页。

马克思不是马克思，三是超越马克思才是马克思。在大学文化建设中思想政治教育的历史使命是什么，不如和等于原来的思想政治教育都不是现代的思想政治教育，思想政治教育的魅力在于创新超越。对于思想政治教育来说我们要创新内容、创新形式、创新途径和创新方法，更为重要的是创新思想观念。创新是思想政治教育的灵魂，是创新活动的发动机和指挥棒。创新思想观念的关键就是形成社会主义意识形态、民主意识、竞争精神和创先争优精神，克服盲从思想、僵化思想、保守思想和唯我独尊的思想观念；充分认识到思想政治教育创新发展需要交流意识、沟通意识、宽容意识和竞争意识。大力吸收古今中外的优秀文化成果，做大做强做优中华文化和当代马克思主义中国化文化思想，通过建设和交流平台，为社会主义大学的思想观念创新和大学文化健康发展提供源源不断的智力支持和精神动力。

其二，大力推进思想政治教育品牌文化的建设。大学文化品牌是大学的旗帜和形象，它影响着大学的声誉和社会地位，关系着大学的社会影响力。如北京大学的“爱国奉献、奋发图强”、清华大学的“自强不息、厚德载物”大学文化精神已经影响很大，它不仅是一所大学的文化精神，而且是我们国家和民族振兴发展的精神。每个大学都有自己的特长和优势，要做强做大自身的特长和优势，需要思想政治教育活动的强化不断扩大影响力。如北京航空航天大学针对自身特点，打造北航特色和北航精神的文化理念，把“尚德务实、求真拓新”作为大学奋斗的灵魂和精神，通过航空科学与技术国家实验室、航空发动机气动热力国家科技重点实验室、飞行器控制一体化技术实验室等建设，把大学精神宣扬出去，扩大影响，带动大学文化发展的步伐。[①] 思想政治教育文化品牌建设的影响力已走向社会，并对社会文化建设的发展产生了积极的影响。如北京航空航天大学的北航艺术馆的探索与实践——“以艺术展览传播人文科学精神，切实推进文化育人与和谐校园建设”获得教育部校

---

① 蔡劲松：《加强大学精神塑造　推进文化传承创新——北京航空航天大学文化建设与文化育人的探索实践》，《北京教育》（高教版）2014 年第 12 期，第 55 ~ 57 页。

园文化建设优秀成果奖，影响深远。

社会主义文化建设迅速发展，培育与践行社会主义核心价值观，为大学文化建设提供了极好的机遇和条件，也对思想政治教育的使命感和责任感提出了新的更高要求。思想政治教育不是脱离大学、远离大学，而是要成为接触大学、研究大学和服务大学，与大学发展紧密联系的前沿阵地，并能够不断地为大学师生提供高质量的精神文化和方向指导。只有这样，思想政治教育才是找准了位置，明确了方向，思想政治教育的功能和作用才能真正有效发挥，才能真正承担大学文化发展的责任和实现大学的目标，为社会主义文化大发展大繁荣做出贡献。①

## 二　不断增强文化自强自信

思想政治教育是不断增强中国特色大学文化感染力的必然选择。思想政治教育肩负着培养国家社会发展所需要的复合型人才和社会主义可靠接班人的重要使命，是实现中国梦的人才保障与智力支撑。人是文化的创造者，也是文化的创造物。文化一经产生，就不断创新、传承和积淀，形成独立体系，大学文化作为外在力量的一个“文化实体”，它时刻影响和塑造着大学师生的思想、改造着他们的行为。大学文化则以先进文化培养人和塑造人，促进人的自由全面发展。中国特色大学文化建设的根本任务是培育和弘扬民族精神，提高大学师生的思想道德素质和科学文化素质。思想政治教育通过传播先进精神文化、分配政治资源、生产思想产品，担负着维护、丰富和发展社会主义主流文化的任务，担负着批判和抵制有害文化、借鉴和吸收有益文化的职责。② 通过思想政治教育这种方式培育和激发大学师生的内在力量，提升人文素质精神，提高大学师生创造物质财富和精神财富的能力，实现大学师生的自我超越。

文化自觉和自信，不断增强认同感和责任感。费孝通先生指出：

---

① 陈志军、浦解明、左益：《社会主义核心价值体系融入大学生思想政治教育全过程研究》，光明日报出版社，2009，第 121～126 页。

② 《十五大以来重要文献选编》（中），人民出版社，2001，第 26～28 页。

从自身文化传统中，寻找有价值的资源必须受到重视。生活在一定文化中的人们对其文化有“自知之明”，明白它的来历、形成过程、所具有的特色和它发展的趋向；同时不断加强对文化转型的自主能力，取得适应新时代、新环境文化选择的自主地位。[①] 在大学文化建设中，培养大学生科学与人文均衡发展的基本理念，培育大学师生的文化自信和文化自觉，要充分利用我国优秀的传统历史文化，挖掘其中宝贵的思想资源。思想政治教育以构建中国特色社会主义大学文化的本质和要求为出发点，引导大学师生完善精神境界、提升人生内涵、适应社会基本精神和价值要求。其一，突出民族文化精神的认同，教育大学生了解民族历史文化，遵循民族道德风俗，确立民族价值观念，增强民族自尊心、自信心和自豪感，弘扬民族优秀文化传统，牢固确立国家利益、民族利益至上的观念。其二，加强大学生责任感的培养。教育大学生做人的根本，掌握创造的本领，造福社会、服务国家。其三，加强大学生理想信念教育。让其体验民族、国家和人类共同理想，提升自身的价值，形成高尚人格，通过对科学和人文知识的学习，树立正确的理想信念。[②]

培育文明风尚，促进社会主义道德文明建设。[③] 适应新形势，建立社会主义思想道德教育体系，确立大学师生共同遵循的价值取向和行为准则，已成为思想政治教育的一项紧迫任务。建立社会主义思想道德体系的关键在于以为人民服务为核心、以集体主义为原则、以诚实守信为重点，为人民服务是社会主义思想道德区别于其他社会思想道德的显著特点和重要标志。把为人民服务的思想贯穿于各种具体的道德规范之中，尊重人、理解人、关心人，把集体主义精神深入社会生活的各个层面，提倡个人利益服从集体利益、局部利益服从整体利益、当前利益服

① 费孝通：《全球化与文化自觉》，外语教学与研究出版社，2013，第125~126页。

② 郑永廷：《论高校文化发展与文化自觉》，《思想理论教育》2012年第2期，第4~7页。

③ 巴晓津：《中华优秀传统文化教育与大学生思想道德素质的培养》，《思想理论教育导刊》2014年第7期，第72~75页。

从长远利益。加强社会信用体系建设，培育大学师生的信用意识。广泛开展诚实守信的道德教育。建立优良的社会主义思想道德体系，做到与社会主义市场经济相适应，与社会主义法律规范相协调，与中华民族传统美德相承接。把法治建设与道德建设结合起来，把依法治国与以德治国结合起来，使法律和道德在内容上相互衔接，在作用上相互促进。[①]把建立社会主义思想道德体系和开展思想道德教育与道德实践活动结合起来，认真贯彻思想道德建设的实施纲要，弘扬爱国主义精神。加强社会主义公德、职业道德、家庭美德和个人品德建设，引导大学师生自觉履行法定义务、社会责任、家庭责任。发挥道德模范的榜样作用，加强大学师生的思想道德建设，引导大学师生在遵守基本行为准则的基础上，追求更高的思想道德目标，通过社会主义道德建设与思想政治教育方式的结合形成和弘扬尊老爱幼、互爱互助、诚实守信、见义勇为的文明风尚。[②]

大学生思想道德建设既是大学文化建设的重要内容，也是思想政治教育的重要任务。社会主义大学文化倡导社会主义核心价值观理念，第一个方面高度重视心理和谐，要求我们改进思想政治教育工作，注重人文关怀和心理疏导，培育大学师生良好的心态和健全的人格，引导大学师生正确地对待自己、他人和社会，塑造自尊自信、理性平和、积极向上的社会心态。[③] 第二个方面大力倡导行为规范。在尊重差异中强化社会认同，在包容多样中增进社会主义核心价值观念的共识，引导大学师生自觉地履行法定义务和社会责任，形成知荣辱、讲正气、促和谐的社会风尚。第三个方面积极营造舆论和谐氛围，加强大学生网络文化建设和管理，营造良好的网络环境。坚持正确的导向，积极宣传党的主张，反映大学师生的心声，促进先进文化的发展，支持健康文化的传播，改

① 习近平：《关于〈中共中央关于全面推进依法治国若干重大问题的决定〉的说明》，《人民日报》2014 年 10 月 29 日，第 2 版。

② 郗波：《论文化自觉与思想政治教育的互馈关系》，《思想理论教育导刊》2013 年第 7 期，第 125～127 页。

③ 佘双好：《文化发展与国民心态的塑造》，《思想理论教育》2012 年第 3 期，第 20～24 页。

造落后文化的内容，抵制腐朽文化的传播。[①]

增加大学文化功能区的辐射力。目前，许多城市的大学城建设已经初具规模，发挥好思想政治教育的文化功能，还有许多工作要做。[②] 大学城的建设和发展，不仅要解决大学发展的规划问题，更重要的是发挥思想政治教育的功能和作用，让大学文化成为大学城中的品牌和文化建设的景观和亮点，成为社会主义文化生活的重要部分。如湖南长沙岳麓区大学城根据不同大学的特点和优势，把岳麓区大学城中的大学划分为不同的文化功能区，有文化展览区、文化讲演区、文化娱乐区、文化教育区和文化活动区等，使思想政治教育的文化资源被充分调动起来，加以科学合理的整合，让思想政治教育资源真正走向社会、走向社区，联系社会、服务社区，为社会主义精神文明和城市文化建设做出贡献。这既是大学文化建设发展的客观要求，也是先进文化不断发展壮大并具有感染力的必然选择。

## 第三节 弘扬民族先进文化不断提升实效性

民族精神是一个民族在长期的共同生活和社会实践基础上形成的共同社会理想、价值观念和心理诉求的综合体，是民族心理特征、文化观念和思想情感的综合反映，具有鲜明的引导性、相对的稳定性和强大的传承性。民族文化是民族精神的重要体现，是民族赖以生存和发展的精神动力与精神支柱，是体现思想政治教育亲和力、凝聚力和向心力的重要源泉。[③] 毛泽东同志曾指出：不断推进民族的科学的大众的文化，就是人民大众反帝反封建的文化，就是新民主主义的文化，

① 张雷声：《文化自觉、文化自信与社会主义核心价值体系》，《思想理论教育导刊》2012 年第 1 期，第 8 ~ 9 页。

② 轩欣：《高校思想政治工作加强文化内涵建设的实践探讨》，《中国教育报》2014 年 9 月 19 日，第 8 版。

③ 习近平：《从小积极培育和践行社会主义核心价值观——在北京市海淀区民族小学主持召开座谈会时的讲话》，《人民日报》2014 年 5 月 31 日，第 2 版。

就是中华民族的新文化。[①] 坚持民族的科学的大众的文化建设方向，既是社会主义文化建设的内核，也是建设中国特色大学文化的必然要求，是大学生思想政治教育的基本指向。钱穆先生曾指出：中国人常抱着一个天人合一的大理想，觉得外面一切异样的新鲜的所见所闻，都可融会协调，和凝为一。这是中国文化精神最主要的一个特征。[②] 传统文化中"和而不同""天人合一"的观念是当前和谐精神的出处，也是构建和谐的可贵借鉴。习近平同志指出：中国传统文化博大精深，学习和掌握其中的各种思想精华，对树立正确的世界观、人生观和价值观很有益处。[③] 我们认同本民族文化，以此为基点进一步学习和吸收人类的优秀文化。

思想政治教育在塑造民族性格、培育民族精神方面发挥着重要作用。表4－3中第4个调查事项：大学文化建设中弘扬爱国主义精神和民族精神非常必要，调查结果为大学生对其认同度是0.7250。思想政治教育培育民族精神，就是培育中华民族特定的价值体系、思维方式、社会心理、审美情趣等。毛泽东同志曾指出：以民族精神教育后代。民族精神是一个民族赖以生存和发展的精神支撑，是民族文化最本质、最深刻的体现。中华民族精神实际就是中国文化的基本精神。[④] 作为培养高级人才的大学，拥有齐全的专业、知识渊博的学者、奋发向上的莘莘学子等优势，理应成为时代潮流的引航者。[⑤] 延伸开来，思想政治教育对民族精神的培养和塑造也是非常明显的。加强对大学生的中华传统优秀文化教育，有助于更加准确而深刻地认识我们民族自身。[⑥] 这是深化社会主义特色教育和中国梦宣传教育的重要组成部分。大学文化同民族精神存在互动

---

① 《毛泽东选集》（第2卷），人民出版社，1991，第708～709页。

② 钱穆：《中国文化史导论》，商务印书馆，2003，第2～8页。

③ 《习近平在中央党校建校80周年庆祝大会的讲话》，《人民日报》2013年3月3日，第1版。

④ 中共中央文献研究室编《建党以来重要文献选编》（第15册），中央文献出版社，2011，第619页。

⑤ 张秉义：《民族精神：大学生思想政治教育的重要内容》，《求是》2005年第2期，第57页。

⑥ 张岱年：《文化与价值》，新华出版社，2004，第22～23页。

关系，相互影响、相辅相成，共融在中华民族的精神世界中。我们要把握中华民族精神的宝贵财富，把培育民族精神贯穿于教学和育人的全过程，培育和弘扬民族精神和民族文化，不断增强大学文化的凝聚力和吸引力，将大学建成弘扬和培育民族精神的重要基地，为大学师生所接受和传播。

## 一　创造民族先进文化意蕴

中华民族先进文化积淀着中华民族深层次的精神追求，包含着中华民族根本的精神基因，代表着中华民族独特的精神标识，影响着我国文化的未来发展。一个民族只有保持和发扬自己的民族文化特色，才能真正自立于世界民族之林。亨廷顿曾提出：文明固有的特点决定了文明的冲突不可避免，现在世界经济政治的发展决定了文明的冲突将主导未来的发展方向，西方在国际社会关系中的地位变化促进了文明的发展，也增加了文明冲突的可能性，它现在还是站在世界文明的顶峰，因此它对其他文明构成了一种冲击，其他文明则处于一种抵抗的状态。[①] 中国要继承和发扬中华民族的优秀传统文化，吸收世界各国的优秀文化成果，建设中国特色社会主义的文化，这是事关中华民族振兴和屹立于世界民族之林的重大问题。思想政治教育的重要使命就是把发扬社会主义先进文化与传承民族优秀传统文化相结合，植根于民族历史文化土壤而又面向现代化、面向世界、面向未来的发展道路，把中华文化精华与时代精神统一起来，发扬光大。

思想政治教育工作是民族文明素质培育和提高的重要阵地。中国特色大学文化是马克思主义中国化发展进程中的理论成果，是指导国内大学向世界一流大学迈进的巨大精神力量，也是宣传和弘扬社会主义核心价值观的重要组成部分。费孝通先生曾指出：生活在一定文化中的人对其文化有“自知之明”，明白它的来历和形成过程，具有自己的特色和

---

① 〔美〕塞缪尔·亨廷顿：《文明的冲突与世界秩序的重建》，刘绯等译，新华出版社，1999，第22～28页。

发展的趋向，自知之明是为了加强文化转型的自主能力，取得决定适应新环境、新时代文化选择的自主地位。[①] 文化是民族的精神支柱，有文化的国家和民族是有希望的国家和民族，也是具有凝聚力、生命力、创造力的国家和民族。我们发挥自身特点和优势，把握正确的发展方向，为不断提高大学师生精神文化生活的质量，为建设和谐社会主义大学做出贡献。

弘扬中华民族优秀文化，建设中华民族共有精神家园，是思想政治教育的重要任务。全面认识中国传统文化，取其精华、去其糟粕，使之与当代社会相适应、与现代文明相协调。保持民族性、体现时代性，在更高的起点上焕发新的生机与活力；按照古为今用的原则，对传统文化进行深入挖掘、科学梳理，使民族优秀传统文化得以传承和发扬光大；多方面、多层次、多手段地深入开展中国传统文化教育；让大学师生了解和喜爱中国传统文化，成为优秀传统文化的继承者、传播者和实践者；按照“洋为中用”的原则，吸收和借鉴世界各民族优秀文化成果，不断增强中华文化的生命力和创造力，使中华文化因博采众长而永葆生机。大学文化建设担负着传承、培育和弘扬民族精神的神圣任务，思想政治教育是大学文化建设的生命线，它为我们的民族和人民提供强大的精神力量，凝聚和激励大学师生为实现中华民族伟大复兴而奋斗。[②]

其一，弘扬民族精神，从民族优秀传统文化中不断汲取营养。新时期进行社会主义大学文化建设要继承和发扬中国传统文化。培育民族精神离不开对民族历史和民族优秀文化的深刻理解与把握，离不开民族自尊心和自豪感的树立与增强。中华民族独特的民族精神是由中华民族深厚的历史文化传统孕育出来的，是中华民族悠久历史文化的积淀和升华。让大学师生更深刻地了解中华民族光辉历史与优秀传统文化，激发大学师生的民族自尊心和自豪感，使民族精神得以大力弘扬。同时，对于传统文化须加以扬弃和改造，不断革新创造和重构融合，形成中国特色的

---

① 费孝通：《全球化与文化自觉》，外语教学与研究出版社，2013，第 125 ~ 128 页。

② 齐卫平：《基于文化自觉和文化自信的思想政治教育反省》，《思想理论教育》2012 年第 1 期，第 20 ~ 23 页。

大学文化体系。

民族精神是一个历史范畴，吸纳时代精神充实民族内涵。《诗经》云："周虽旧邦，其命维新。"培育和弘扬民族精神，把中华民族的历史传统和思想政治教育结合起来，继承五千多年来形成的中华民族精神，发扬我们党在革命斗争和现代化建设中形成的优良传统，吸纳时代先进文化，推动民族精神与时俱进，增强大学师生的爱国意识、团结意识和自强意识。高举爱国主义旗帜，强化大学师生对国家的认同、归属。自觉将自身荣辱得失与国家盛衰强弱紧密联系在一起，不断增强民族凝聚力，树立民族自尊心和民族自豪感，把大学师生的爱国热情引导和凝聚到建设中国特色社会主义事业上来。根据时代发展的要求，将出现的新思想、新观点加以提炼，丰富民族精神的内涵。加强中华传统优秀文化教育，运用现代科技手段开发、利用民族文化的丰厚资源，加强对民族文化的继承和发扬，做好先进文化的宣传工作。

其二，大力推进大学精神家园建设。我们的大学应当成为文化家园的特区和精神家园的特区，成为人民大众羡慕、向往和追求的精神乐园。胡锦涛同志曾指出：弘扬中华文化，建设中华民族共有的精神家园。[①]大学文化的历史性表现为它的传承性，大学文化的历史是一个历史发展和历史传承的过程，是一个国家、地区、民族文化历史的继承和发展，体现了这个国家、地区、民族文化发展的主流和特点。中国大学文化发展集中了中华文化发展的历史精华和优秀传统成分，在马克思主义先进文化的指导下，进行整合、加工和再创造，形成有中国特色的社会主义大学先进文化。大学文化内涵丰富，其核心精髓是做人的文化、做道德人和文明人的文化。中华传统文化精神的宣传，人类精神家园的建设是非常必要的。通过人类精神家园的建设，培养出越来越多的关注"星空"、精神高尚的大学师生。[②]

---

① 胡锦涛：《高举中国特色社会主义伟大旗帜　为夺取全面建设小康社会新胜利而奋斗——在中国共产党第十七次全国代表大会上的报告》，新华社，2007。

② 罗洪铁、周琪：《文化环境：思想政治教育运行的新视界》，《马克思主义研究》2007年第3期，第94～98页。

## 二　提升先进文化发展境界

优秀文化和先进思想对社会文化具有带动和促进作用，以及向社会其他领域的扩散和传播效应。各种文化之间的相互交流和学习，不同文明精神之间的相互影响和共同提升，是文化发展和精神文明发展的基本规律。大学是人类社会先进文化成果和优秀精神因子的汇聚地，当大学文化和大学精神扩散传播和大学培育的人才走向社会的时候，带动和促进整个社会文化发展以及社会精神文明的升华。中央多次强调思想政治教育工作的重要性，指出强化思想教育引导、增进社会共识、充分发挥辐射功能，有助于发展社会主义先进文化，推动社会主义和谐文化建设，促进整个社会文化和精神文明的健康发展。①

其一，大学文明风尚是大学进步程度的反映，也是大学文明管理水平的体现。培育积极向上的文明风尚，是大学生思想政治教育的重要内容，也是大学师生精神风貌的展示。大学是思想政治教育的前沿阵地，也是文明风尚展示的重要窗口。大学师生既是社会主义文化的建设者，又是社会主义优秀文化的享有者，思想政治教育是社会主义大学文化建设和文化实践的重要环节，搞好大学文明风尚的建设意义重大。如继续搞好教书育人和道德模范的评比宣传、搞好大学生的志愿者服务工作、营造积极向上的大学文化氛围、大力弘扬社会主义的道德风尚。同时，通过多种形式、多种途径开展大学文明风尚建设。如通过新闻出版、广播电视、文学艺术、网络、公益活动、志愿者服务、政府支持等形式，大学文明风尚蓬勃发展起来，营造出文明向上的社会文化氛围。我们还要积极探索和实践大学建设与文化发展互动的形式和途径，打造大学与文明风尚建设的大舞台。

其二，发展大学文化产业，是进行思想政治教育的重要渠道。文化产业是按照工业标准生产、再生产、存储及分配文化产品和服务的一系列活动。在建设中国特色社会主义大学实践中，大学文化发挥陶冶情操、

---

① 《中共中央关于深化文化体制改革　推动社会主义文化大发展大繁荣若干重大问题的决定》，《人民日报》2011 年 10 月 26 日，第 1 版。

消遣娱乐的功能和作用，同时大学文化还发挥着潜在的商业功能和产业功能，发挥着先进文化事业的生产力作用。① 搞好大学文化产业是培育先进文化的重要渠道，有助于推进思想政治教育的改革发展，创新大学先进文化发展模式，夯实大学文化建设基础，形成大学师生喜闻乐见的文化形式。习近平同志曾提出：要对传统文化进行创造性转化、创新性发展。弘扬中华优秀传统文化，按照时代特点和要求，对那些至今仍有借鉴价值的内涵和陈旧的表现形式加以改造，赋予其新的时代内涵和现代化的表达形式，并对中华优秀传统文化的内涵加以补充、拓展、完善，增强其影响力和感召力。② 我们在广播、电视、出版、网络、文艺、体育等诸多方面加强建设，改变原来规模小、产值低、力量弱的局面，做大做强大学文化产业，提高大学文化产业的竞争力。③ 利用给我们提供的一切机会和条件，抓住有利于大学文化产业发展的时机，展示中国大学优秀文化的内涵和力量。

其三，弘扬传统优秀文化是实现思想政治教育力量综合化的重要途径。不忘本来才能开辟未来，善于继承才能更好创新。中华传统文化是我们民族的“根”和“魂”，中华传统文化和社会主义核心价值观具有内在的、历史的联系，社会主义核心价值观的产生、形成和发展，是中华优秀传统文化的延续和发展，离开中华传统文化的支撑，社会主义核心价值观就会成为无源之水、无本之木。④ 通过学校教育、理论研究、历史研究、影视作品、文学作品等多种方式，加强爱国主义、集体主义、社会主义教育，引导人们树立和坚持正确的历史观、民族国家观、文化观，增强做中国人的骨气和底气。⑤ 传统文化也叫民族文化，它是历史

---

① 傅安洲、阮一帆：《加强资源体系建设　实现思想政治工作体制创新》，《中国行政管理》2005 年第 10 期，第 67 ~68 页。

② 中共中央宣传部：《习近平系列重要讲话读本》，学习出版社、人民出版社，2014，第 101 页。

③ 《关于进一步加强和改进新形势下高校宣传思想工作的意见》，《人民日报》（海外版）2015 年 1 月 20 日，第 1 版。

④ 张东刚：《完善青少年优秀传统文化教育》，《人民日报》2014 年 4 月 11 日，第 7 版。

⑤ 沈壮海：《创造中华文化新的辉煌——学习习近平总书记关于文化建设的论述》，《光明日报》2014 年 1 月 27 日，第 11 版。

上形成的价值观、思维方式、伦理规范、理想人格、审美情趣等精神文明成果的总和，是国家和民族的发展动力和精神支撑。中华传统优秀文化是我们的精神寄托和精神力量，具有民族性、地域性和历史性。民族性是根本，是中华传统文化的载体。中国传统文化随着中华民族的发展而发展，随着中华民族的进步而进步。地域性是条件，是中华传统文化的基础。中华传统文化离不开特定的地理环境，一定的地理环境保持了中华文化的风格和系统。如思维方式、道德模式、心理状态、性格特征等。[①] 历史性是中华文化的轨迹，是中华文化变迁的推动力量。中华传统文化在五千年的历史长河中生长、繁衍、扎根、升华。当今中华传统文化迎来了大发展、大繁荣，中华传统文化不仅在中国得到了弘扬，而且在世界上也产生着越来越大的影响，中华文化开始迈向世界舞台。

在大学精神家园建设中，中华文化有独特的魅力，思想政治教育也有自身的优势，把两个方面结合起来，就会起到良好的效果。首先，利用思想政治教育资源丰厚的优势，搞好中华文化的宣传教育，展示中华文化的魅力和悠久历史，让大学师生感受中华文化超凡脱俗、净化心灵、提升品位、鼓舞士气的精神力量。其次，搞好中华文化的交流和互动，让中华优秀文化走向世界。目前，我们有许多大学与国外大学建立了友好关系，并在国外建立了孔子学院、老子学院、儒家学会等，中华文化逐步走向世界和影响世界。再次，搞好中华传统文化园和人文社科基地建设，展示中华文化的传统、礼仪、风貌，展示中国特色社会主义建设的伟大成就。如中国人民大学的世纪馆、清华大学的艺术博物馆、东北大学的汉卿博物馆等一大批人文社科项目基地，让大学师生感受中华文化的博大、精深、宽容、和谐的魅力，让马克思主义中国化的最新成果走近生活、走近大众，为建设社会主义美好精神家园做出巨大努力和贡献。

---

① 中共中央宣传部：《习近平系列重要讲话读本》，学习出版社、人民出版社，2014，第100～101页。

# 第六章　思想政治教育在大学文化建设中的应有作为

本章的中心论题是思想政治教育能够为大学的文化建设做什么，即思想政治教育在大学文化建设中的应有作为。它是思想政治教育的内在本质，即思想政治教育必须确保大学文化建设的正确导向，必须促进大学先进文化的传播辐射，必须优化大学精神文化的育人环境，必须推动大学文化内涵的时代创新。

## 第一节　确保大学文化建设的正确导向

发挥思想政治教育在大学文化建设中的导向作用，加强理想信念教育，明确政治方向。表 4 - 3 中第 1 个调查事项：思想政治教育有助于大学师生树立正确的世界观、人生观、价值观。调查结果显示大学教师对其的认同度高达 0.9500；图 4 - 5 显示 81.11% 的被调查人员认为思想政治教育在大学文化建设中起到了重要作用，思想政治教育是我们党的政治优势，要用社会主义核心价值观规制大学文化建设。这充分表明大学师生认同思想政治教育是做人的工作，要充分发挥思想政治教育的导向作用，让大学师生接受思想政治教育所传播的观点和思想，经过消化转化为自身的思想观点和行为。思想政治教育要运用启发、动员、教育、监督、批评等方式，把大学师生的思想和行为引导到符合社会发展要求的正确方向上来，坚持开展爱国主义教育、集体主义教育、社会主义教育，树立正确的世界观、人生观和价值观，增强民族自尊、自强、自信精神，自觉抵制腐朽、丑恶东西的侵蚀，防止敌对势力“西化”“分化”的和平演变战略图谋，充分发挥思想政治教育对道德教育、思想教育、人文教育、心理健康教育、艺术教育等多样化教育的价值导向作用。[①]

导向功能是思想政治教育意识形态性的具体体现，是思想政治教育的基本功能。图 4 – 14 显示，专科生、本科生、硕士生和博士生对不断创新思想政治教育内容是培育与践行社会主义核心价值观的必然要求这一观点认同的加权平均值分别是 4.0300、4.3733、4.8133 和 4.500，他们对此观点的认同程度比较高。认为坚持思想政治教育工作是践行社会主义核心价值观的客观需求，加强和改进思想政治教育有利于坚定不移地贯彻党的宗旨。思想政治教育的导向功能在任何时候、任何情况下都是需要的。但在不同的时期和不同的地点，导向作用的方式是发展变化的。思想政治教育在大学文化建设中的导向作用体现在三个方面。其一，理想信念导向。结合大学发展和人的发展的目标取向和根本利益，通过教育和讨论，达成共识，消除政治上的分歧意见，形成正确的理想信念，并通过理想信念来凝聚思想、激发动力、指导行为。其二，奋斗目标导向。联系思想实际和工作实际，在思想动机和思想方法上达成一致，克服思想认识上的片面性，运用社会发展目标和人的发展目标进行导向，把社会目标转化为人的奋斗目标是思想政治教育的重要任务。其三，引导行为规范。在人与人之间进行情感、思想的疏通，进行工作和行为的配合，使之相互沟通和理解，加强联系和合作，明确行为规范，防止行为越轨和行为异常，按照道德、法纪的准则要求进行导向，坚持正确方向，为大学师生的发展提供良好的政治思想条件。

导向功能是思想政治教育目的性的集中体现。恩格斯指出：“一个民族要想站在科学的最高峰，就一刻也不能没有理论思维。”[②] 只有全面

① 教育部思想政治工作司：《大学生思想政治教育理论与实践》，高等教育出版社，2009，第 70 ~ 71 页。

② 《马克思恩格斯选集》（第 3 卷），人民出版社，2012，第 875 页。

系统地掌握马克思主义基本理论，才能在纷繁复杂的事物中分清主流，站稳立场，认准方向。运用思想政治教育把马克思主义经典著作和中国特色社会主义理论有机融合起来，把握马克思主义中国化的精神实质，把经典论断放到特定的历史环境中认识，结合实践情况加深领会，并根据新的实际加以发展和创新。通过思想政治教育，做好大学生的思想疏导工作。思想疏导是大学生思想政治教育中最有效最广泛的途径。[①] 人的思想不是头脑里所固有的，而是从实践中得来的，而实践经验又不是每个人都能获得的，因而必须学习间接经验。思想的疏导依托思想政治教育工作，它包括“疏”和“导”两个方面，通过“疏”，疏通大学生思想上和行为上存在的问题，帮助他们解开思想疙瘩，化消极因素为积极因素；同时通过“导”，实现正面导向，通过摆事实、讲道理，引导大学生正确思考问题和产生正确的思想和行为需要，从而使大学生逐步把自己的思想升华到新的高度。

## 一 社会主义核心价值观规制大学文化建设

用社会主义核心价值观规制大学文化建设是大学发展的客观需求。毛泽东同志曾指出：文化是一定政治与经济的具体反映，又给予影响和反作用于一定社会政治与经济。[②] 大学文化建设既是社会主义文化建设发展的需求，也是构建和谐校园和落实科学发展观的必然要求。大学文化既是学术文化，也是政治文化，更是精神文化，它具有引导、融合、激励和制约功能。通过社会主义核心价值观的引导，指导教师教书育人、实现大学的发展目标；通过融合与借鉴、吸收和改造人类共同的优秀成果来助推大学文化建设；通过激励大学师生，激发他们内心的精神力量，使其从内心热爱、尊敬和向往大学的优良文化环境，使其成为大学文化的建设者；通过制约和引领，使大学师生养成公民基本的行为准则，遵守法纪、提升道德素质。大学文化是文化建设的重要组成部分，也是社

① 邱伟光：《思想政治教育学概论》，天津大学出版社，1988，第26～28页。

② 《毛泽东选集》（第2卷），人民出版社，1991，第663页。

会文化中的先进生产力。大学文化不是一个孤立的物质形态，它包含在大学之中，又牵动和导引着大学主体思维和行动的变化。[①] 思想政治教育对大学师生的价值观念、行为规范、生活方式和人格建构等起着引导作用。大学发展以社会主义核心价值观为导向，加强思想政治教育工作，形成良好的校风、教风和学风，建设具有社会主义特点、时代特征和学校特色的大学文化，使大学成为发展社会主义先进文化的重要基地、示范区和辐射源。不断丰富大学文化的内涵，开展丰富多彩、健康向上的文化活动，弘扬社会主义主旋律，满足大学师生日益增长的精神文化需求，利用灵活多样的活动形式，使大学师生在日常学习、生活中接受先进文化的熏陶和文明风尚的感染。重视大学人文环境和自然环境建设，通过营造自然和谐、健康积极的大学文化环境，引导大学师生崇尚真善美，憎恨假恶丑，促进自我的健康成长。[②]

提升建设社会主义核心价值观的实效性符合大学教育的目的。它集中体现建设社会主义核心价值观的时代感，有利于强化社会主义意识形态、有利于加强社会主义理想信念、有利于对政治体制的认同、有利于引导宣传舆论导向、有利于大学师生精神文化安全。胡锦涛同志曾指出："文化越来越成为民族凝聚力和创造力的重要源泉，是国家综合国力竞争的重要因素，大力发展社会主义文化建设，有利于促进社会主义和谐发展目标的实现，将促进高等教育大学和谐校园的建设。"[③] 增强建设社会主义核心价值观的针对性，运用创新的载体，切实关注大学师生的切身利益、化解对深化改革的忧虑，满足大家对大学持续发展的期待。大学文化的核心是要创造出共同的价值观念，一所好的高校总是以创造社会优秀的共同价值观念作为大学文化的使命。用科学的理论武装大学生头脑，使之成为改造客观世界的物质力量是

① Peter A. Maassen, "The Concept of Culture and Higher Education," *Tertiary Education and Management* 1996, 2 (2): 153 - 159.

② 韩延明：《大学文化育人之道》，高等教育出版社，2013，第 29 页。

③ 《胡锦涛在中共中央政治局第 22 次集体学习时强调：顺应时代要求深化文化体制改革推动社会主义文化大发展大繁荣》，《人民日报》2010 年 7 月 24 日，第 1 版。

大学生思想政治教育的根本特征。① 通过思想政治教育把马克思主义理论中国化的最新成果融入大学生的头脑，不断创新思想政治教育的方法和途径。针对多样、多元、多变的实际情况，既做到统一思想又注重个体差异，既引领思想潮流又服务人民群众，把理论和实践紧密结合起来。使用贴近大学生的语言来解开大学生思想上的困惑，使马克思主义最新理论成果为大学生所掌握，扩大社会主义核心价值观和社会主流意识形态的影响，构筑思想政治教育的新平台，营造良好的校园舆论氛围。如湖南科技大学通过生动活泼、丰富多彩的校园文化活动唱响“三支歌”即“青春之歌”——优秀男生报告会、“理想之歌”——优秀毕业生报告会和“芳菲之歌”——优秀女生报告会，使大学生在文化活动中自觉自愿地接受教育，自觉践行“社会主义核心价值观”，实现了“寓教于乐”的效果。②

培养与践行社会主义核心价值观不仅有利于丰富思想政治教育的内容，而且有利于促进思想政治教育的创新发展。思想政治教育接受则特指发生在思想政治教育领域内的接受活动，它是受教育者对教育者所传递的思想文化信息进行反映与择取、整合与内化，外化与践行的连续的、完整的、能动的活动过程。借鉴、运用思想政治教育的接受理论，有助于引导大学成员认同、践行主流价值文化，进而促进主流价值文化从理论形态向实践形态转化。一方面，应积极推动主流价值文化进教材、进课堂，以便使其成为教育机构思想政治教学课程的重要内容，并着力提高教育者自身的素质。另一方面，充分尊重受教育者的接受意向、接受态度及接受能力，调动大学成员自身的主体性与主体能力，以便尽可能地将主流价值文化内化为大学成员坚不可摧的信念。内化是指把客观的、外部的东西通过主体的建构，转化为个体精神财富的过程。只有到了内化阶段，个体才会从内心深处相信并接受他人或群体的观点，将这些观点纳入自己的价值观念或信念之中，进而将自身内化形成的信念逐步外

---

① 顾明远：《重塑大学文化》，《中国大学教育》2015 年第 2 期，第 4 ~6 页。

② 刘韧、刘新庚：《大学文化视野下思想政治教育育人模式的探索与创新——以“芳菲之歌”女生成才路为例》，《思想政治教育研究》2015 年第 3 期，第 67 ~70 页。

化于行为之中，指导自己的实践。[①] 大学师生经过多次反复学习、反思与实践，才能形成与主流价值文化要求相应的行为习惯，并通过联动扩展到其他社会群体中，推动主流价值文化成为大多数成员一致的价值追求，成为大学师生共同的精神力量。思想政治教育避免出现低效、无效的现象，才能最大限度地发挥其在主流价值文化构建、传播和普及中的作用。如东北大学立足思想教育建设，积极推动社会主义核心价值观入脑入心入行。其一，注重思想引领，推动核心价值观“入脑”，积极开展争做社会主义核心价值观的践行者、续写雷锋日记等活动；其二，注重榜样表率，推动核心价值观“入心”，挖掘身边好人好事，营造崇德向上的氛围；其三，注重知行合一，推动核心价值观“入行”，网上网下联动，弘扬核心价值观。[②]

巩固社会主义核心价值体系的核心地位，夯实大学文化建设的基础。“积极培育社会主义核心价值观，切实把社会主义核心价值体系融入国民教育和精神教育的全过程，转化为人民的自觉追求。”[③] 国民教育和精神教育是大学文化建设中的重要组成部分，把社会主义核心价值体系的内涵与大学文化建设紧密联系起来，增强大学文化的凝聚力与生命力，面向大学生开展思想教育，奠定大学生的共同思想基础，引导大学生以社会主义核心价值体系构建自身价值观，在多元中强主导，在多样中谋共识，增进社会认同，把当代大学生的多元化价值取向有效地整合和统一起来，克服错误的思想倾向，促进大学生全面发展。[④] 如北京师范大学立足价值引领，结合师范院校特色，抓住思想政治教育理论课教学的重点，实施“思想道德必修课”工程。以国家和社会上发生的重大事情作为思想政治教育的重要内容，用社会主义核心价值观引导大学生，增

---

① 袁贵仁：《建设社会主义核心价值体系》，《中国社会科学》2008 年第 1 期，第4～9 页。

② 《东北大学多措并举　推动社会主义核心价值观入脑入心入行》。

③ 杨晓慧：《社会主义核心价值体系融入大学生思想政治教育全过程的基本问题研究》，人民出版社，2011，第 190 页。

④ 李忠军：《发挥思想政治教育在社会主义核心价值体系建设中的重要作用》，《高校理论战线》2012 年第 9 期，第 58～61 页。

强大学生对党和国家的向心力，在引领中形成思想共识。通过社会主义核心价值体系融入，深化大学文化内涵，营造崇尚科学的学习氛围，将人文精神与科学精神有机结合，通过开展多样的学术交流、科技比赛、专家讲座等活动提升大学生的创新意识，把思想政治教育变成人人喜欢、终身受益的必修课程，实现先进性与广泛性的有机统一。①

以人为本和德育至上为根本出发点，培养素质全面与个性突出的创新人才。首先，正确发挥大学生的主体性，尊重大学生的主体需要，使思想政治教育工作忠实于大学教育的内涵，因材施教使大学生的潜能得到充分发挥，在大学文化活动中帮助大学生形成积极的自我概念，形成关于自我价值的意识，形成源自内心的力量。其次，处理好学生成长成才的需求与思想政治教育工作方式的关系，引导思想政治教育机制实现“自下而上”的转变，激发大学生由外向内自觉接受社会主义核心价值体系，促使大学生自觉运用科学的价值标准，形成积极向上的精神动力，通过开展丰富多彩的校园文化活动，多角度强化人文关怀，唤醒大学生对社会和祖国的情感共鸣。再次，处理好现实与未来、个人与群体的关系，既要注重借助鲜活的事例和可操作的方法，在大学生成长阶段体现社会主义核心价值引导并加以渗透，又要尊重大学生的独立人格，倡导大学生将个人需求与国家、民族的命运紧密联系，实现个人成长与社会发展的良性互动。② 如浙江大学积极探索大学文化育人的思想政治教育模式。其一，传承文脉，提升“文化认同”，挖掘求是书院文化群、竺可桢纪念馆和西迁纪念碑亭等校园景观的育人功能；其二，践行人本，促进“价值认同”，开展“浙江大学学生节”、设立“师生畅聊吧”，创新大学生认同社会主义核心价值观新途径；其三，借力网络，引领“政治认同”，建立600多个主题网站、120多个新媒体平台，提升网络影响力。③

---

① 韩震：《青年要做践行核心价值观的时代先锋》，http：//www. moe. edu. cn/publicfiles/business/htmlfiles/moe/s8053/201405/168903. html。

② 张应强：《文化视野中的高等教育》，南京师范大学出版社，1999，第36～39页。

③ 《浙江大学积极探索文化育人思想政治工作新模式》，http：//www. moe. edu. cn/s78/A12/moe_ 2154/201506/t20150619_ 190722. html。

## 二　培育文化规范，突出时代特征

把握大学文化的整体性、层次性和结构性，培育大学文化规范。对大学师生进行高效的管理和约束，主要通过两个方面来实现大学文化建设健康有序进行。其一，对大学校园文化活动场所的制度规范，加强大学文化制度建设使之成为先进文化的传播基地、积极向上的大学文化的示范基地和大学师生健康发展的教育基地。其二，对社团、班级、其他师生组织的约束，加强对组织内部分工的约束和管理，促进大学文化建设向更高层次和更富教育意义的方向发展。大学文化建设是一项重大的战略任务，是思想政治教育的重要平台。增强思想政治教育的实效性，更好地发挥其导向作用，把培养什么人、如何培养人这一重大课题摆在重要位置，坚持社会主义的意识形态，牢牢把握意识形态领域的主导权、主动权和话语权，坚持党的基本路线、基本方针和社会主义核心价值体系，用民族精神与时代精神凝聚力量和激发动能，倡导爱国主义和集体主义，加强对大学生的理想教育、信念教育、国情教育和形势政策教育，把思想政治教育与解决大学生的实际问题有机结合起来，解决大学生在现实中遇到的困惑和问题，增强大学生的思想共识，为大学生思想政治教育创造良好的环境。①

推进大学文化活动规范有序开展。首先，健全大学文化建设中的各项管理制度，明确建设运作过程的程序、途径和规则。健全大学各项管理机构，创新管理方法，搞好协调配合，使大学师生在日常生活中有章可循。其次，对大学文化进行全局的设计规划，从物质文化到精神文化、从教师文化到学生文化、从课内文化到课外文化、从通俗文化到高雅文化、从现实文化到虚拟文化等进行统筹规划，有序高效地进行大学文化建设，使大学文化适应全球化时代文化整合的历史潮流，吸纳优秀文化精华，立足传统文化的深厚根基，承担传承道德、弘扬文化的使命。如

① 徐飞、黄伟力、鲍金等：《文化的力量：中国大学文化建设的创新之路》，格致出版社，2012，第294页。

复旦大学开展系列社会主义核心价值观主题教育引导学生实践活动。其一，开展“核心价值与中国精神”系列讲座，解读其丰富内涵，深化宣传教育，增强认知认同；其二，组织“大学生心目中的好老师”“奋斗的青春最美丽”的活动，引导大学生树立崇高理想，坚定信念追求；其三，开展“复旦学子西部行、基层锻炼”系列活动，引导学生在奉献社会的过程中自觉践行社会主义核心价值观。[①]

通过社会主义核心价值观的教育实施，培育大学文化建设规范。不断提升大学文化的软实力，为高校发展提供精神动力与智力支持，为大学文化健康发展探索新领域和新途径。[②] 社会主义教育须与无产阶级政治相结合。邓小平同志曾指出：教育要面向现代化、面向世界、面向未来。这是对教育的时代要求，也是现代大学文化面临的客观问题。培育有理想、有道德、有文化、有纪律的社会主义接班人是大学文化建设与社会主义教育工作的有机统一。[③] 社会主义文化建设要紧密联系实际，大学文化建设与无产阶级政治相结合是教育阶级性与政治性的集中体现。大学文化建设与思想政治教育相结合是理论联系实际的集中体现，是服务社会、服务生产建设的客观需要。为大学师生指明所应遵循的价值取向，让大学师生在实践中有切实的参照标准，以此为参照让大学师生的思想行为朝这个方向发展，最后落实到践行社会主义核心价值观上来，并在实现价值目标的过程中采取有效的途径和方法，使大学师生的行为在践行社会主义核心价值观的过程中有章可循、有法可取。如东南大学以社会主义核心价值观引领大学生系列文化活动。其一，学校设立“校长专项文化活动基金”专项基金，加大对文化活动的支持力度。其二，以社会化、国际化、学术化、集约化为理念，形成特色文化活动，确保文化活动的多样化、多层次和高水平、全覆盖。其三，明确活动定位，

---

① 《复旦大学开展系列主题教育引导学生践行社会主义核心价值观》，http：//www.moe.edu.cn/s78/A12/moe_ 2154/201407/t20140702_ 171015.html。

② 陆岩、曲彦宇：《试论社会主义核心价值体系与大学文化的契合点》，《思想政治教育研究》2013 年第 6 期，第 83 ~ 86 页。

③ 《邓小平文选》（第 3 卷），人民出版社，1993，第 23 页。

形成“学习互助周”“携手盲校”“居家养老医疗”等品牌活动，助推大学生成长成才。[①]

中国特色社会主义理论体系为大学文化建设提供科学方法论。它们对大学师生行为的要求是具体的、明确的，解决了“能不能”的问题。大学根据国家教育法律法规要求，结合本校的实际情况制定具有区域特点、高校特征和专业特殊要求的各种规章制度，制定明确的规范和严谨的条文，并且各种规章、制度、守则、条例要做到可遵循、可操作和可检查，对大学师生价值观、行为方式、舆论导向做出引导。大学文化位于高等教育的顶端，具有导向乃至指挥棒的作用，要发挥其示范作用，就应重视文化建设和加强文化建设的可持续发展。其一，教育是关系民族前途的事业，大学文化建设应得到全面支持。政府及学校重视教育，社会及用人单位尊重人才，大学建设才能良性循环发展，大学文化发展才有希望。其二，教师是大学教育发展的主要力量，是精神文明的建设者和人类灵魂的工程师，提升教师的育人水平是大学文化建设健康发展的重要措施。如：中南大学强调充分挖掘专业教育中的思想政治教育内涵，在各学科中倡导“大思想政治教育观念”，要求教师从各学科特点出发，挖掘学科教学中的民族精神和人文精神内涵，使其渗透到专业教学中去，让思想政治教育中蕴含的顽强科学精神和高尚奉献品格，影响大学生的理想追求和道德情操。[②]

强化时代主题，提升文化活动的水平层次。针对大学生的特点、培养模式、文化氛围提升大学文化活动的层次和水平，增强思想政治教育的影响力，把思想文化、人文文化、传媒文化、特色文化、群体文化、高雅文化、素质拓展等有机结合起来，使大学生在活动中思想感情得到熏陶、精神生活得到充实、道德境界得到升华。[③] 如清华大学针对艺术

---

① 《东南大学以丰富多彩的校园文化活动引领大学生成长》，http：//www. moe. edu. cn/s78/A12/moe_ 2154/201011/t20101104_ 110679. html。

② 《师德之光　点亮心灵——中南大学以师德制度建设推进教风学风建设》，http：//www. moe. edu. cn/publicfiles/business/htmlfiles/moe/s6320/201203/132486. html。

③ 杨亚庚、凌四立：《试论“五位一体”的大学文化建设》，《湖南社会科学》2014 年第 3 期，第 223 ~225 页。

类大学生感性认知能力强的特点，确立“显性的美育、隐性的德育”的工作理念；针对理工科大学生动手能力强、思维严谨等特点，确立人文教育与创新教育相结合的工作思维，根据不同专业大学生采取不同的思想政治教育模式。创新思路，促进以人为本教育理念的落实。尊重大学生的人格、关心大学生的兴趣、满足大学生的需求、优化大学生的发展环境，依据大学生发展特点，激发大学生的主动性和积极性，鼓励大学生将新的好的想法变成实际的事物，提供不断进取的动力，使大学生的知识结构得到完善、情感得到满足，取得全面发展，有力助推大学文化蓬勃发展。[①] 如 20 世纪初南京大学形成的“诚朴雄伟　励学敦行”的精神，在南京大学发展中发挥着至关重要的作用，百年来引领着南大人奋勇前进，使南京大学成为中国近现代史上人才辈出、思想活跃的著名学府，“诚朴雄伟　励学敦行”的优秀文化成为南京大学独具魅力的文化名片。

## 第二节　促进大学先进文化的传播辐射

先进文化和价值观念的传播与辐射是思想政治教育的重要目标。根据图 4－13，90.22% 的被调查人员认为思想政治教育的传播和辐射功能必须代表先进文化的发展方向，能够促进大学文化发展，仅有 4.38% 的学生对此观点持不同意见。这说明绝大部分人对思想政治教育传播和辐射功能有着正确的认识，认为其主导大学文化建设的先进性和与时俱进，为大学文化建设保驾护航。文化之间的相互交流和学习是文化发展的普遍现象，精神之间的相互影响和感染是精神发展的共同规律。斯普兰格曾指出：客观文化安置在个人心灵中，使其成为主观文化。[②] 这一过程体现在思想政治教育的意识形态灌输中，社会主

① 《清华大学扎实推进实践育人工作》，http：//www.moe.edu.cn/publicfiles/business/htmlfiles/moe/s136/201501/183272.html。

② 鲁洁：《教育社会学》，人民教育出版社，1990，第 152 页。

导的意识形态得以传承并保持主导地位，它作为文化要素的主导意识形态施加给受教育者，促使个体内化为自身的思想观念和行为。当优秀成果和先进文化传播出去的时候，就会带动和促进整个社会文化、社会精神的发展，充分发挥大学文化传播功能和精神辐射功能是思想政治教育的重要使命。

搭建现代传播平台，探索师生身边典型，引领社会文明的方向，为社会发展提供动力。表 4－3 中第 15 个调查事项：课堂、图书馆、学生活动中心和网络是大学文化建设最重要的阵地和载体，调查结果显示大学教师对其的认同度高达 0.8000。表 4－4 中第 23 个调查事项：开放的网络信息平台是先进大学文化的发源、示范和传播基地，调查结果显示大学生对其的认同度高达 0.6133。表 4－3 中第 20 个调查事项：强化榜样示范，打造高品位文化工程是思想政治教育的重要途径，调查结果显示大学教师对其的认同度高达 0.7625。调查表明网络是弘扬大学主流文化的阵地以及推动素质教育的平台，有助于架起师生信息沟通的桥梁和高效获取知识信息资源，成为大学文化新的重要载体。构建多功能、交互式的思想政治教育虚拟社区，借助新媒体技术，把握互联网中各种信息传播与互动媒介由分散走向融合的发展趋势，建设集教育性、服务性、趣味性于一体的全覆盖式网络虚拟平台，有效及时捕捉大学生思想心理变化，加强思想政治教育的影响力，占领思想政治教育的新阵地。[①] 同时，探索师生身边感动人物，形成典型引路，使大学师生符合思想政治教育的培养要求，坚定政治信念、端正思想观点、建立道德理念、优化心理品质、确立行为规范。思想政治教育的职责决定其是传承和发展先进文化的重要阵地，思想政治教育要不断用新的思想、新的文化和新的观点教育学生，使其在优秀典型先进文化的熏陶下不断健康成长。同时，大学文化作为一种强力文化，决定并制约着大学的发展方向，规定并影响着大学师生的行为取向；作为一种共同的群体意识，体现

① 杨晓慧：《社会主义核心价值体系融入大学生思想政治教育全过程的基本问题研究》，人民出版社，2011，第 210 页。

大学整体的精神气质、文化品格和道德水准；作为激发大学师生拼搏向上的动力，大学文化必须与时俱进并具有一定的前瞻性。[①] 大学肩负着重要的文化使命，即培育有“人之精神”之人，滋养大学生的人性、人格和气质。

## 一 搭建高端传播平台，形成文化滋养

搭建高端传播平台，用先进文化占领网络阵地。互联网是一个强大的信息传播平台，我们要在了解互联网和多媒体知识、掌握现代传播手段的基础上，通过制作、传播和控制网络信息，引导网络受众在全面客观接触的基础上，选择吸收正确的信息，从而达到思想政治教育的目的。以丰富的教育内容、新颖的教育形式、多样的教育手段，推进思想政治教育的现代化、系统化、信息化和示范化，实现网络思想政治教育与大众传媒的结合和互补，拓宽教育者和受教育者双方的信息来源，通过对网络与大众传媒的理性分析，提高大学师生对各种纷繁复杂的信息的分析能力，增强思想政治教育的辐射力、吸引力和感染力。[②] 按照大学生的思想行为规律和网络思想政治教育规律，透过现象看真相、透过现状看走势、透过个体看群体，把解决大学生思想问题和解决实际问题有机结合起来。通过理论武装、实践教育活动、大众传媒、网站、互联网新媒体、文化活动等方式，在多维度、多层次、多媒体和超文本形式的信息互动中进行疏通引导，形成思想和情感的共鸣。通过加强网络思想政治教育内容建设来优化信息资源，通过正面引导、启发诱导、因势利导、造势引导等方式使受教育者形成正确的思想认识，通过有效互动和大学信息存储强化受教育者的自我教育，用体现社会主义核心价值观的先进文化占领网络阵地，促使大学生积极响应、认同接受、自我调节、内化提高、认真践行，实现教育目的。

利用网上丰富的信息资源和图文、声像等信息载体与传播手段，把

---

① 韩明涛：《大学文化建设》，山东人民出版社，2006，第 84 页。

② 唐亚阳、杨果：《网络思想政治教育的基本规律探析》，《湖南大学学报》（社会科学版）2013 年第 3 期，第 128 ~ 131 页。

思想政治教育的内容与趣味性、知识性融为一体。传承先进文化是思想政治教育的重要功能，有助于促进先进文化和优秀价值观念的扩散和传播。文化传播是人类特有的各种文化要素的传递扩散和迁移继传现象，是各种文化资源和文化信息在时间和空间中的流变、共享、互动和重组，是人类生存符号化和社会化的过程，是主体间进行文化交往的创造性的精神活动。[①] 新形势下基于育人为本的目的，培育"中国特色社会主义理论体系的坚定践行者"是大学生思想政治教育的最高目标。通过网络实现以文化人，培养出学习的模范、联系群众的模范、实践创新的模范、弘扬社会主义道德风尚的模范和维护社会稳定的模范是时代的需求。江泽民同志曾指出："青年兴则国家兴，青年强则国家强。"[②] 通过网络思想政治教育践行以文化人为目标的教育机制，使大学生了解中国的历史和国情，正确理解和坚持党的基本路线，树立社会主义民主法治观念和社会主义集体主义意识，养成正确的学习目的、培育高尚的社会主义道德品质和文明行为习惯，让其成为综合素质过硬的社会人才。如中南大学把网络教育作为手段，以平台和机制建设为着力点，用社会主义核心价值观引导学生。其一，中南大学与企业合作投入大量资金打造数字化的中南，为大学师生提供快捷安全免费的网络服务。其二，构建校园网络平台，建立系列的微博、微信平台，主动出击解决学生的问题，编发《思想驿站》、开发电子杂志，影印俱全、图文并茂，真正凝聚学生情感。其三，学校制作适合新媒体传播的网络文化产品，推动优质文化教育资源共享，让思想政治教育真正担负起先进文化的传播和创造功能，实现对大学文化建设的辐射，并在大学文化建设中发挥良好的示范效应。[③]

以传播机制体制为抓手，整合协调形成文化传播建设新格局。思想

---

① 庄晓东：《文化传播研究在当代中国的意义》，《天津社会科学》2004 年第 2 期，第 59 ~ 63 页。

② 《江泽民文选》（第 3 卷），人民出版社，2006，第 488 页。

③ 中南大学：《掌握"微时代"的主动权　探索实践网络思想政治教育》，http：//news. xinmin. cn/rollnews/2014/09/18/25416472. html。

政治教育具有超越性的特征，通过网络传播文化是思想政治教育工作中带有根本性和方向性的问题。[①] 大学是大厦，大学生是其中的基石，大学生作文化活动的主体，在大学文化建设中发挥着基础性作用。“人是文化的创造者，也是文化创造的宗旨。”[②] 一方面，我们要积极践行以文化人为目标的教育机制，通过思想政治教育的各种方法和途径以文化人，有目的、有计划、有组织地对大学生系统地施加作用，实现教育者与受教育者的双向互动，把一定的思想意识、政治观念、道德标准、法律观念和心理素质要求等转化为社会所期望的受教育者的内在素质，使他们逐渐成长为高尚的公民。通过不断完善大众传媒、网络思想教育，使他们成长为先进生产力的开拓者、先进文化的建设者和最广大人民利益的维护者，为中国特色社会主义先进文化建设提供智力源泉。如福建师范大学建设“五微五阵地”育人新机制，探索网络思想政治教育建设新路径。学校组织各级团学组织建立微博微信互动平台，开展微活动、提供微服务、创建微协会、举办微论坛、打造微文化，使新媒体成为大学生思想引领、成长成才、组织活动、答疑解惑、创新工作的新阵地，实现了学校与大学生之间快捷、畅通的沟通，形成了大学生思想政治教育网上网下“两线作战、齐头并进”的新局面，增强了思想政治教育工作的时代性和实效性。[③]

提炼文化特色，打造知名的文化传播产品。大学优秀文化既反映国家、民族和本校的优良传统，也应符合当代社会的发展趋势，符合当代的现实需求，兼具厚重的历史感和鲜明的时代感，体现继承与创新、共性与个性、形式与内容、理论与实践的统一。一方面，着力培育优秀文化是大学面临的当务之急，大学的核心价值观是大学发展的必由之路。具有鲜明文化特色的大学，其办学核心价值观是比较稳定

① 张澍军、苏醒：《论“立德树人”根本任务与思想政治教育学科建设使命》，《思想教育研究》2013 年第 7 期，第 40 ~ 44 页。

② 邓卓明：《高校思想政治教育创新研究——以构建和谐校园为视角》，人民出版社，2009，第 26 页。

③ 《福建师范大学建设“五微五阵地”育人新机制　探索思想政治教育新路径》，http：//www. moe. edu. cn/s78/A12/moe_ 2154/201301/t20130123_ 147094. html。

的。另一方面，注重吸收社会文化的积极因素，又对社会文化进行总结和升华，不断超越社会文化的表面化和浅薄性，保持自身独特的文化品格和个性精神，从而构建符合时代实践要求的科学的、民族的和大众的先进文化形态。网络思想政治教育有助于先进文化与时代精神的融合，使大学优秀文化内化为大学师生的精神品质，形成凝聚力和向心力，使大学精神永葆生机和活力。抓住一切可以利用的机会，对大学生进行思想和行为的不间断引导。利用掌握的传播媒介及创造的条件，有组织地将社会的主导思想文化进行宣传，通过创办红色网站、制作德育网页，向大学生提供正确、积极、健康的思想信息，弘扬主旋律，为大学生思想政治教育营造良好的社会舆论氛围，提升网络思想政治教育的针对性和实效性，为大学生提供丰富的精神食粮。① 如北京大学的红旗在线网站、上海交通大学的焦点网站、电子科技大学的新闻在线网站、厦门大学的鼓浪听涛 BBS、东北师范大学的“恰同学少年”学生网络社区。

注重传播媒体间的优势互补，形成全方位的教育态势。重点建设专业性强、服务功能多的功能性专题网站，通过微博、微信、BBS、博客等形式，使高校思想政治教育网站成为大学师生学习、交流和研究的平台，将网上教育与学生服务紧密结合起来，运用网络服务功能为他们的成长发展提供切实便利和服务，扩大高校服务育人的功能和作用。同时，主动适应互联网的特点和时代发展的趋势，改进思想政治教育工作方式方法，注重互动交流，建立集资源共享平台、在线学习平台、视频展播平台、在线交流平台为一体的互动平台，提高载体设计的实际效果，抓住思想政治教育的时机，不断增强网络思想政治教育的应变能力，把科学理论宣传、科学思想培育、科学知识普及纳入网络思想政治教育，加快主旋律教育科学化、现代化进程，准确理解社会主义核心价值观的意识形态引领作用，明确社会主义发展方向和对人才

---

① 宋元林：《构建高校核心价值体系网络宣传平台》，《思想政治工作研究》2012 年第 12 期，第 40 ~ 41 页。

的针对性需求，为政治教育中更好地选择和运用载体奠定基础。加大主旋律教育的科技含量，建立大学校园网络宣传平台，开放网络教育功能，与社会信息系统接轨，筑起思想政治教育防线，形成优秀文化滋养。如华北电力大学积极搭建“大学生成长发展数字化平台”，拓展思想政治教育信息化新路径。这个平台对大学生思想政治教育效果采取阶段性考核与测评的方式，对学生活动和教育管理工作进行“定性”和“定量”的评价。同时，运行结合人人网、微信、微博、博客、BBS等新媒体进行全方位宣传，定期发布师生关注的信息、教育内容和服务项目，实现大学与学生的多维互动，提升思想政治教育工作的针对性和实效性。①

## 二　探索师生身边感动人物，形成典型引路

开辟文化新视野，抓好优秀群体的示范建设。用先进文化辐射来影响大学生的思想，深化大学生对模范事迹和模范人物的认识与认同，丰富他们的精神世界，培养大学生的责任担当意识，营造积极、健康、向上的环境氛围，提升他们的文化品位。通过对优秀文化的继承，大学会孕育一种生生不息的精神和不断创新的观念，优秀成果的引导作用、杰出人才的示范作用、良好氛围的熏陶作用、优雅环境的激励作用、创新条件的促进作用、健全机制的支撑作用，使大学优秀文化成为文化创新的动力之源，成为文化辐射的深厚基础。它将娱乐趣味和思想教育有机结合起来，使抽象的空洞的德育说教变得更加充实、更加具体、更加生动。大学优秀文化的辐射主要通过学校风貌、大学文化精神、学校文化产品对外传播，形成良好的社会效应，并且对大学自身建设和发展产生积极影响。② 进一步加强思想政治教育，通过大学师生、文化载体、文化产品和文化精神等拓展辐射功能。

---

① 《华北电力大学搭建“大学生成长发展数字化平台”探索大学生思想政治教育信息化新路径》，http：//www. moe. gov. cn/s78/A12/moe_ 2154/201408/t20140804_ 172701. html。

② 马俊杰：《大学生思想政治教育战略规划——基于首都高校的个案研究》，中国传媒大学出版社，2010，第 268 ~270 页。

强化优秀示范力量有助于提升思想政治教育的效能。这样有利于构建全面而良好的优秀群体示范机制，形成不甘落后的思想风貌。思想政治教育有其独特的意义和价值，是人类文化传承过程中社会分化和进步的需要，是人类文化发展到一定阶段和水平所产生的自然历史产物和结果。它作为意识形态和思想文化建设的重要手段，对大学文化和社会主义主流意识形态进行传承和发展，不是简单地通过“灌输”对既有大学文化的适应和“输送”主流意识形态，而是始终将大学文化传承与社会主义主流意识形态发展创新紧密结合，始终都内在地包含着文化进步和机制创新。同时，在一定的文化价值判断的基础上进行，文化选择的方向和文化批判到传承成为大学文化传承的重要特征。思想政治教育不仅要适应和满足大学发展的需要，而且也必须根据自身的发展和学科专业的发展需要来对传统文化进行取舍，将大学文化的传承建立在理性批判的基础上，承担起传播先进文化的历史使命，使大学成为先进文化传播辐射的示范基地。①

其一，以大学师生为承载对象，健全优秀师生人格示范机制。马克思曾说过：人们自己创造自己的历史，但是他们并不是随心所欲地创造，并不是在他们自己选定的条件下创造，而是在直接碰到的、既定的、从过去承继下来的条件下创造。② 优秀文化可以辐射到大学师生的家人、亲戚朋友和社会群体。如大学生对学校校史、规章制度、历史逸事等的了解，对学校教学楼、实验室、研究中心等的认识，聆听各种人文讲座，参与各项校园文化活动，加强大学师生之间的交流，使大学生受到校园文化的熏陶，成为优秀大学文化的印记。他们一方面吸收着丰厚的文化积淀，并对校园文化进行不断创新，使大学文化呈现新的生机和活力；另一方面对大学文化进行不断创新，把大学优秀文化的方方面面传递给亲朋好友，使优秀文化辐射到社会的各个层面，产生良好的社会效应。大学教师作为大学优秀文化的创造者和传播者，以更加积极的姿态和方

---

① 张艳红、张澍军：《影响大学生德性成长的校园文化因素分析》，《山西师大学报》2009 年第 3 期，第 135 ~ 138 页。

② 《马克思恩格斯全集》（第 8 卷），人民出版社，1995，第 121 页。

式，丰富思想政治教育的精神内涵，进行大学优秀文化和先进文化的传播，以讲学、著书等形式向社会传播优秀文化，完成对社会的辐射功能。[①] 如清华大学梅贻琦先生提出的办学理念，即“所谓大学者，非谓有大楼之谓也，有大师之谓也”，闻一多先生写出《神话与诗》《唐诗杂论》等著作，陈寅恪先生撰写的《唐代政治史论稿》《隋唐制度渊源略论稿》等，费孝通先生写出《乡土中国》《江村经济》等重要著作，华罗庚先生写出《堆垒素数论》，冯友兰先生撰写的《新理学》《新世训》《新原道》等著作。

其二，健全优秀群体示范机制，形成良好思想风貌。提高思想意识，充分认识优秀群体示范的引导作用，深入实际挖掘品学兼优、政治立场坚定的优秀师生典型，公开表彰，深入宣传，以先进形象鼓舞人，以先进事迹感染人，深入师生内心世界，使其自觉产生积极的认知，内化思想政治教育的内容。优秀文化不能凭空产生和存在，必须依托文化载体才能产生、存在和传播。新时期大学文化载体包括大学文化环境、文化传播场所、校园网络、校园文化活动和校园文化成果等。首先，优美并富含教育意义的校园文化环境具有文化辐射功能。花草树木、自然山水、名人雕塑等，既是教学科研的活动场地，又是放松身心、陶冶情操的风景地。大学师生漫步于具有浓郁文化氛围和教育意义的优美校园中，会受到影响熏陶，从而在无形之中受到优秀文化的辐射。其次，先进文化传播场所具有对外辐射功能。图书馆藏书、实验室的设备关系到大学教学科研水平，也直接影响到校园文化氛围，大学文化传播场所渐进性地实现对外开放，从而加快了大学优秀文化的对外辐射。再次，通过校园网络和文化活动实现先进文化对社会的辐射，网络大大加快和拓展了文化的传播速度和传播领域。最后，通过文化成果实现先进文化的对外辐射。[②] 大学校园文化成果主要包括校园中的各种文化刊物以及活动产生

---

① 王树荫：《净化社会文化环境，加强高校先进文化建设》，《思想理论教育导刊》2012年第1期，第9~10页。

② 曾长秋、曹挹芬：《网络环境下维护社会主义意识形态话语权的新特点》，《学习论坛》2015年第6期，第47~50页。

的深刻的社会影响等，不仅反映了大学师生的思想风貌和精神成果，而且成为大学先进文化实现对外辐射的重要窗口。① 如北京大学的“砥砺高尚品行 践行核心价值——北京大学将社会主义核心价值观塑造为校园文化灵魂”、浙江大学的“创新三全育人新机制 构筑亦师亦友新文化”、复旦大学的“复旦大学书院文化建设”、吉林大学的“传播守望相助正能量 形成崇德向善好风尚”、华中师范大学的“打造‘三个一百’工程 创新实践育人平台”、武汉大学的“十大珞珈风云学子”“武大你不曾深知的人物”，创新优秀典型培育机制，引领大学生成长成才。②

其三，健全大学先进文化示范机制，实现文化精神的辐射效能。大学精神文化通过大学精神、校风、教风和学风实现先进文化的对外辐射。③ 大学文化包括其产生的人文社会科学和自然科学成果以及大学传统、精神、道德、风气等，对社会产生影响和教化作用，有时甚至会对社会发展产生划时代的巨大作用。④ 一方面，大学精神对社会具有辐射作用，能够引起社会反映，进而引起社会的调整、变革和发展。随着时代进步内涵不断更新的大学精神，是大学精神文化最重要的组成部分。从传播知识、教书育人、学术创新到服务社会和国际交流，大学精神的内涵随着时代进步而不断丰富，与此相对应，思想政治教育的职责也随着时代进步而不断发展，使命感也越发重大和崇高，成为当代社会发展的有力推动器和社会先进文化发展的孵化器。另一方面，校风、教风和学风具有辐射作用。良好的校风、教风和学风是大学师生高尚的道德品质和向上精神风貌的外化，是无形的潜在的教育力量和辐射力量，一旦形成便产生出一种强大的向心力和内聚力，可

---

① 刘献君：《在文化传承与创新中育人的理性思考》，《中国高等教育》2011 年第 18 期，第 14 ~ 16 页。

② 《武汉大学创新典型培育机制 引领大学生成长成才》，http://www.moe.edu.cn/publicfiles/business/htmlfiles/moe/moe_ 2154/201112/128999.html。

③ 李培根：《论大学精神与文化》，《国家教育行政学院学报》2015 年第 1 期，第 3 ~ 7 页。

④ 王冀生：《大学文化的科学内涵》，《高等教育研究》2005 年第 10 期，第 9 ~ 14 页。

以引起社会成员对文化知识的向往和追求，形成积极向上的集体舆论导向，引导全社会形成公共学习、终身学习的良好风气。如“严谨、勤奋、求实、创新”是对清华大学学风的概括和总结，它成为清华人学习、工作和做人的准绳，开创了优良的治学、科研和为人之风，为其取得卓越成就奠定了坚实的基础，使清华大学赢得了极高的社会声誉。

## 第三节 优化大学文化精神的培养环境

思想政治教育的实施有利于创造文化育人的良好环境，良好的育人氛围规范和引导着大学师生的行为方向和价值选择，激发大学师生蓬勃向上的精神追求。

根据图 4 - 8，94.89% 的被调查人员认为以思想政治教育为基础，能够创造良好的育人氛围，建设良好的校风、教风、学风，并通过教书育人、服务育人、管理育人和实践育人四个重要途径实现育人的价值目标。思想政治教育促进大学文化建设形成一个无时不在、无处不有的深厚育人环境和氛围，使大学生身在其中、耳濡目染、自然而然地被熏陶，不断内化为大学生的理想追求、文化行为、乐观向上等行为、品质和习惯。[①] 思想政治教育与大学文化最核心的功能就是育人，它直接体现两者存在的意义和作用。从互动性来讲，大学文化是思想政治教育的重要组成部分，思想政治教育反过来对大学文化主体产生影响。大学文化通过整合教育资源，拓展了大学文化主体的视野，彰显了知识的魅力，有助于大学文化主体人格品质的完善和高尚情操的培养。

培育文化品格营造育人环境，创设文化品牌提升艺术品位。表

---

① 彭立春、胡凯：《运用马克思主义人学思想构建社会主义核心价值体系》，《科学社会主义》2012 年第 2 期，第 81 ~ 84 页。

4－4中第13个调查事项：校风、校训、校歌等是学校保持凝聚力、生命力和创造力的动力源泉，调查结果显示认同度为0.5622。表4－4中第15个调查事项：优良校风对大学生发挥着教育、陶冶、激励、规范等重要作用，调查结果显示大学生对其的认同度高达0.9511。表4－3中第18个调查事项：大学应具有标志性建筑和标志性文化符号，调查结果显示大学教师对其的认同度高达0.8375。以思想政治教育为基础，能够更好地促进文化育人。文化育人可以分为熏陶功能和化育功能，这是由大学文化的四个特征决定的，即大学文化的表现形式决定其隐性；大学文化育人的过程决定其软性；大学文化的文化属性决定其持久性；大学文化载体形式决定其多样性。① 熏陶功能主要是通过所塑造的环境和氛围，以潜移默化的方式对主体构成影响，使其对主体的世界观、人生观、价值观及审美观的形成过程产生促进和推动作用，以使他们获得自觉完善自己人格、品质、情操等的意识，并以此意识指导他们的学习、生活、人际交往等。化育功能是以环境文化为条件、制度文化为保障、精神文化为导向、行为文化为展现，对主体给予塑造。思想政治教育不仅要靠“灌输”和“说教”进行，还需要依靠建设大学文化，推动它们的育人功能达到情理并重，收到最大的教育效果。②

## 一　培养文化品格，营造育人氛围

培育优秀文化品格是思想政治教育的一项重要任务。我们要挖掘内部环境和外部环境中的有效教育资源并且充分利用和吸收，大学文化能以无形的道德约束力来规范大学师生的行为，在潜移默化中对大学师生进行思想的传递。③ 我们要不断优化育人环境，挖掘外部环境中

① 〔美〕克拉克·克尔：《大学之用》，高铦等译，北京大学出版社，2008，第85～87页。

② 刘书林：《论思想政治教育的本质“坚守灌输论”的缘由》，《思想理论教育导刊》2014年第9期，第38～44页。

③ 李颖：《校园文化建设与人本行动研究》，《兰州学刊》2012年第2期，第222～224页。

的教育资源。首先，和谐的社会环境是进行思想政治教育的重要基础，通过报纸、杂志、广播、电视、电影、网络等载体的大众传媒方式进行积极的正面发表、报道、引导和传播先进文化；不断优化大众传媒等舆论环境，确保大学生从中吸取健康的优秀的精神食粮。如教育部通过官方网站平台发布大学生思想政治教育工作动态，强调建设中国特色大学文化是思想政治教育工作的重要内容。思想政治教育工作要注重贴近实际、突出问题导向，把社会主义核心价值观教育落实到大学文化建设工作的各个方面。其次，家庭环境和文化氛围是思想政治教育的重要组成部分，通过学校与家长的有效沟通，了解大学生的情况，充分发挥家庭的育人作用，不断锻炼思想政治教育工作的育人队伍，不仅包括任课教师和辅导员，还包括管理人员、后勤服务人员等，他们的一句话、一种行为、一种态度都会对大学生产生深刻影响，我们要从积极的一面加以挖掘和利用。任何一项工作的开展都脱离不了其所处的背景和环境，思想政治教育在大学文化建设中的运行也是如此。[①] 再次，构建学校和家庭协同的互动机制，利用内部环境中的教育资源。大学文化建设中的内部环境主要体现大学师生的交际圈，包括老师、同学、朋友、家人、网友等，我们要挖掘和利用这些鲜活的教育资源，让他们从身边的人和事中自发地乃至自觉地接受思想政治教育，使思想政治教育工作变成有血有肉的实践，把理论抽象成具体实例。在充分认识学校教育和家庭教育重要性的基础上，探索两者教育结合的可行性，努力构建家庭参与学校教育的有效途径和方式，发挥思想政治教育的作用。

开展丰富多彩健康向上的文化活动，塑造优质品格的生动舞台。不同的人有不同的思想，加强大学生之间、大学生和教师之间的思想交流与融合，鼓励他们勇敢地把自己的想法表达出来，让积极的思想得以赞扬和传播，对消极思想进行积极正确的引导，这样有利于他们

---

① 郑永廷、董伟武：《论思想政治教育的文化功能及其发展》，《江苏高教》2008 年第 5 期，第 113～115 页。

理解和接受当代思想政治教育的方式和内容，实现思想政治教育的初衷。另外，大学生扩大了知识视野和思想空间，在一定程度上弥补了专业知识的局限性，进一步完善自己的知识结构，扩大了社会交往范围，满足了人的社会关系的本质属性要求，这样一来大学生互相启发、互相激励、增进友谊、共同发展，排除了心理的寂寞和隔阂，心理得到健全和完善，思想品德得到培育和升华。如苏州大学开设了我爱苏大工作论坛，此论坛立足苏大、服务苏大，论坛的主题就是“交流思想、启迪思维、创新思路、推动工作”，从大学生党建工作、大学生资助工作、大学生团学活动、大学生职业生涯规划教育、大学生社会实践活动等方面介绍其思想政治教育的特色工作，拓展了教育平台、提高了教学水平。

倡导创新思维方式，不断增强大学精神文化凝聚力。推动高校先进文化建设是改进大学生思想政治教育的重要目标。[①] 不断创新教育理念和方法，构建具有中国特色社会主义特点、时代特征和学校特色的大学文化，开展丰富多彩、积极向上的学术、科研、体育和艺术活动，满足大学生成长成才的多元需求、打造校园的特色文化品牌，营造良好的育人氛围，在健康和谐的大学文化环境中，增强大学生的综合素质。[②] “创新是一个民族进步的灵魂，是一个国家兴旺发达的不竭动力。”[③] 大学的魅力在于创新，大学文化也是一样，要创新内容、形式和途径，更为重要的是创新思维理念，拓展创新思维方式。思想政治教育工作遇到了新情况、新问题，大学生思想政治教育要主动适应变化的新环境，培养高素质、富于创新精神和品质的合格人才。[④] 当前大学文化建设最需要具

---

① 王树荫：《净化社会文化环境，加强高校先进文化建设》，《思想理论教育导刊》2012 年第 1 期，第 9～10 页。

② 刘铁芳：《大学文化建设：何种文化　如何建设》，《高等教育教育》2014 年第 1 期，第 11～16 页。

③ 李康平、张吉雄：《建设先进文化　推进高校思想政治教育创新》，《光明日报》2012 年 6 月 5 日，第 11 版。

④ 李忠军：《发挥思想政治教育在社会主义核心价值体系建设中的重要作用》，《高校理论战线》2012 年第 9 期，第 58～61 页。

有独立意识、民主意识、宽容意识和竞争意识的人才，通过文化育人，不断提升自己的文化竞争软实力。中国特色社会主义的大学文化由自己来主导、来决定，这样的大学文化才会创新、才敢创新。中国特色大学文化建设要大力吸收古今中外的一切优秀文化成果，为我所用，通过与不同风格、不同流派和不同形态的大学文化进行对话，理解并达成一定的共识。如湖南师范大学从四个维度创新文化载体，培育优秀文化品格。其一，培育崇德崇优的精神文化，开展“坐拥麓山·心怀天下”系列主题教育活动，熏陶湖湘文化；其二，培育精致校园文化，把文化艺术节、蓝田诗词歌会打造成学生喜爱的文化品牌活动；其三，培育健康向上的网络文化，开发“星网”“小星”等校园网络文化精品，提升学生的网络素养；其四，培育快捷有效的制度文化，制定《本科学生综合素质测评办法》《湖南师范大学学生困难与问题解决方案》等规章制度，形成大学优秀文化品格。[①]

结合学校历史特点，总结学校核心价值理念，形成学校精神文脉。思想政治教育通过目标导向、政策导向和舆论导向使受教育者内化社会主导的价值意识并在实践中自觉践行，使大学文化发展始终沿着社会主义方向前进，从而实现文化创造。[②] 一是大学使命与办学理念的创新，这是大学文化的灵魂和中枢，主导和制约着大学文化内容的形式和发展方向，指导大学师生的教育教学、科学研究、学习管理。二是大学师生价值观的创新，它为大学的存在和发展提供行动指南，为大学师生形成共同的行为准则奠定思想观念基础。三是大学精神的创新，它是大学师生的共同心理定式和价值取向，起着主导作用，是大学文化创新的重点。首先，大学文化创新强调发扬以人为本的意识，以人的知识和创造力为依托，发挥优秀人力资源，尤其是名师大家的示范作用，名师大家精神

---

① 《湖南师范大学坚持“四个维度”创新培育和践行社会主义核心价值观的文化载体》，http://www.moe.edu.cn/s78/A12/moe_2154/201504/t20150401_186814.html。

② 陈成文、徐志远、严华：《思想政治教育学研究》，湖南师范大学出版社，1998，第95页。

已成为大学生存与发展的重要资源，思想政治教育把其置于大学文化发展创新的重要位置。如李大钊精神、闻一多精神、朱自清精神等皆诞生于大学校园，感动和激励着无数仁人志士。当代的王选精神、孟二冬精神、方永刚精神激励和鼓舞着年青一代锐意进取。其次，塑造大学优良形象发挥大学文化创新功能。大学形象是大学文化的外在表现，良好的学校形象对内可以鼓舞士气、增强凝聚力，对外可以扩大学校影响、提高美誉度，赢得社会、政府、家长、考生的信赖。再次，着眼于培育团队精神，在大学内部倡导团队合作精神，使大学师生的物质、精神和心理需求得到满足的同时，相互间形成强烈的团队意识和协作倾向，把自己的命运与大学的命运联系在一起，从而创造时代新文化，推动社会文化的发展。

## 二　创设文化品牌，提升艺术品位

第一，以环境文化为条件，创设文化品牌。通过自身特质去塑造大学师生，用所蕴含的价值取向以不同的方式直接或间接地对大学师生的心理倾向和心理状态产生影响。良好的大学环境文化，既是大学物质文化建设的成果，又是大学精神文明的集中体现。打造优良的大学环境为育人提供良好的内部环境。建设环境优雅、格调高端、人文与自然和谐、传统和现代交融的大学文化，赋予大学校园中教学楼、实验室、俱乐部等建筑物以丰富的文化内涵，让整个校园散发大学品质，以及大学特有的尊严、神圣和凝重，充分展现大学的文明和进步，用如画的校园景观潜移默化地影响并激发大学生热爱生命、热爱自然、热爱他人的情感，增强大学生对大学文化环境的认同感，实现大学文化的传承与创新。如中央美术学院以“古今通、中外通、品学通、艺理通”理念为育人宗旨，借美育推德育，以美心唤人心，将大学精神熔铸在人才培养和文艺创作之中，形成特色鲜明的大学文化。其一，他们建设了以美术馆、潘天寿纪念馆、民艺博物馆和中国国际设计艺术博物馆为主体的艺术博物馆群，把校史、文脉、艺术和精神融合在大学物质文化中；其二，以传统水墨为基调，让历史积淀、自然情趣与现代校园的艺术氛围相融共生，推动学生人格的养成和心灵的塑造。[①]

第二，以精神文化为导向，给予大学师生潜移默化的熏陶、激励与约束。黑格尔曾指出："精神的伟大和力量是不可以低估和小视的。"[②]优良的校风、教风和学风是大学精神的集中体现，它对大学生行为的养成具有无形的同化影响。大学精神文化作为一种无形的力量，作用于每个大学生，并在他们身上打下烙印。确定好校训、校规和校徽，让大学生铭记校训，谨遵校规。如清华大学"厚德载物、自强不息、严谨求实"的精神，南开大学"允公允能、日新月异"的校训，使得这两所大学放射着青春的光芒，激励着代代学子奋发图强。学生是学校的宝贵财富，大学生是塑造母校精神文化的重要主体。鼓励大学生热爱母校、发愤图强、回报母校、回报社会，建造校史馆，陈列有关校史的资料和事物，向大学生展示学校发展的坎坷历程，弘扬大学的优秀文化。如哈佛大学已培养出多位美国总统、诺贝尔奖得主和普利策奖得主，学生的成功既验证了哈佛大学教育理念的正确，也体现了哈佛大学办学的成功。[③]精心策划并组织好开学典礼、毕业典礼、各种颁奖仪式等具有深远教育意义的活动，让大学校长现身说法，让校长的教育思想积淀为可贵的大学精神文化，激励更多的大学生争先创优，如哈佛大学的邓斯特、麻省理工学院的康普顿、清华大学的梅贻琦、复旦大学的陈望道、南京大学的匡亚明、华中科技大学的李培根、中南大学的张尧学等。

彰显文化精神，建立特色品牌。每一所大学文化都有和其他大学一样的地方，也有独立的个性。发挥具有自己特色的办学精神和文化内涵是大学发展的核心，大学的个性特色就是大学的文化。[④] 办学精神是大学在长期的办学实践中凝结集体智慧和经验形成的，特色的办学

---

① 《中国美术学院借美育助德育　加强校园文化建设》，http://www.moe.edu.cn/publicfiles/business/htmlfiles/moe/moe_ 2154/201505/187328.html。

② 〔德〕黑格尔：《小逻辑》，贺麟译，商务印书馆，1980，第 17 页。

③ 〔加拿大〕迈克尔·富兰：《学校领导的道德使命》，中央教育科学研究所译，教育科学出版社，2005，第 22～32 页。

④ 张应强：《大学的文化精神与使命》，安徽教育出版社，2008，第 26～35 页。

精神是大学的灵魂，是一所大学文化特色形成的基石，要促进大学文化的发展，就要提升大学的办学理念和文化内涵。如美国的威斯康星大学的办学精神是“大学必须为社会发展服务”，麻省理工学院的办学精神是“培养学生具有创新精神”，北京大学的办学精神是“兼容并包、学术自由”，中国科技大学的办学精神是“以学生为中心”。一所好的大学总是以创造社会优秀的共同价值观念作为教育的使命，培育以大学精神为主要特征的群体文化是思想教育和文化建设的重要内容。在大学文化建设中培育体现中国特色、时代特色和大学特色的社团组织，建立一批能够满足大学生多元文化需求的学生社团，培养出一批骨干教师，帮扶理论学习型社团的建设，鼓励科技服务型社团的发展，引导兴趣爱好型社团的方向，形成文明诚信、崇尚科学、团结友爱、平等自强、关系融洽、共同发展的新型大学人际关系，营造健康向上的大学文化氛围。

第三，以制度文化为保障，创设大学文化精品。大学制度文化是大学文化育人的行为保障，它体现了大学师生的基本要求，有助于大学师生形成符合社会要求的行为和规范。健全的大学制度文化能给大学师生提供正确的发展目标，增强大学生的自主意识和权利意识，强化大学师生自我发展的责任心，塑造和谐的人格。[①] 大学制度文化是对大学文化发展进行合理的规划，使大学生自觉成为大学先进文化的建设者和传播者，这既是建设好大学文化的前提，也是培养大学生高尚道德品质的重要保证。大学制度文化不仅体现了大学的人文传统、办学思路和校风学风，还通过暗示、舆论、从众等途径对大学生产生潜在的影响，约束其行为方式，融合科学精神和人文精神，使大学规章制度的外显文化转为大学生的内隐文化，成为自身发展的价值目标，成为高等教育与社会可持续发展的动力源泉。如牛津大学的莫里斯·博拉先生指出：牛津大学成功的最重要经验就是有一套不断创新的方法，而这套创新的方法就是

---

① 骆郁廷、魏强：《文化发展视域下的大学生思想政治教育》，《思想理论教育》2012年第5期，第39～44页。

制度的保障，导师制是牛津大学人才培养的一种独特制度，通过实行本科生导师制，不仅为牛津大学的学生学习提供了自由空间，提高了他们的积极性，而且让其能够适应师生之间的思想交流，保障了牛津大学人才培养的卓越成效。

第四，以行为文化为展现，提升文化艺术品位。首先，发挥显性思想政治教育的主导地位，坚持社会主义核心价值观的教育，重视思想政治教育内容的进一步开发。将信息传递给大学生，让大学生学习和掌握与时俱进的马克思主义理论，树立正确的世界观、人生观和价值观，坚定其对马克思主义的信仰和对社会主义的信念。首先，坚持先进理论体系正面灌输和引导是我国大学文化教育的强大思想和价值基础。以社会主义核心价值体系为中心的正面主导教育，既是大学生全面自由发展的需要，也是建设中国特色社会主义大学文化迫切需要，更是大学校园正确营造舆论导向的客观要求。增强课堂思想政治理论的针对性，使马克思主义理论融入教材，让课堂教学成为大学生进行马克思主义理论武装头脑最重要和最有效的方式。[①] 其次，有目的、有计划地组织大学生参加各种有益的实践活动，引导大学生在实践中学习和培养优良品德和行为习惯。充分调动大学生主体的参与性，让大学生在“做”的过程中学习获得正确的认识和深刻的体验，通过主体的认同、接纳、吸收和消化，让所宣传的思想和意识上升为大学生的思想观念和理想信念。[②] 例如西南大学组织大学生参与自主性较强的活动：绿色环保活动、社会考察调研、博士硕士研究生“三下乡”志愿服务活动、科技服务活动、对口支援活动等，深入推进“校企”“校研”“校地”合作，搭建多样化实践育人平台，在社会和大学的协同配合下迅速发展，深受社会和学校的欢迎，大学生积极主动参与，思想政治教育的效果凸显。[③]

① 彭平一、张卫良：《“人的全面发展”理论在高校思想政治理论课中的运用》，《现代大学教育》2010 年第 2 期，第 102～109 页。

② 邓卓明：《高校思想政治教育创新研究——以构建和谐校园为视角》，人民出版社，2009，第 62～69 页。

③ 《西南大学实施“千百硕博下基层”工程构建研究生实践育人新格局》，http://www.moe.gov.cn/s78/A12/moe_2154/201412/t20141225_182387.html。

## 第四节　推动大学文化内涵的时代创新

推动大学文化内涵的时代创新是思想政治教育的重要任务，用体现时代发展要求的文化精神来塑造大学师生的精神品格。图 4 - 10 显示 79.78% 的被调查人员认为思想政治教育的创新功能有利于促进大学文化的观念、知识、科技和机制的创新。思想政治教育能够引导大学师生摆脱保守、消极的思想意识，培养和激发大学师生的创新意识。为推动大学文化内涵创新提供方法论指导和智力支持，实现对人的个性的开发和完善。创新是人类文明进步的本质特征和独有品格，大学是科技与文化创新的重要力量，大学文化在文化继承的基础上发挥着文化创新的作用。胡锦涛同志曾指出：创新是民族进步的灵魂，是国家兴旺发达的不竭动力和政党永葆生机的源泉。[①] 思想政治教育是一个开放的观念体系，不断创新思想政治教育理念和方法，适应时代的要求，为大学文化建设注入新的生机和活力。[②] 思想政治教育要把握当今时代主题、顺应时代要求、体现时代精神，不断拓宽大学文化的时代内涵，倡导符合时代要求的现代思想和观念，运用充满时代气息的思想和精神教育、说服、激励大学师生，向大学师生传播新信息、传达新思想、传授新知识。

培育文化基础提升文化实力，凸显大学特色打造文化魅力。表 4 - 4中第 17 个调查事项：大学物质文化对思想政治教育活动具有影响作用，为其提供丰富的教育资源，调查结果显示认同度为 0.7444。表 4 - 3 中第 23 个调查事项：营造关爱、宽松的大学文化环境，有助于推进和改变主体的行为，调查结果显示大学生对其的认同度高达 0.8375。表 4 - 3 中第 21 个调查事项：大学文化建设能有效推进学术

---

① 胡锦涛：《高举中国特色社会主义伟大旗帜　为夺取全面建设小康社会新胜利而奋斗——在中国共产党第十七次全国代表大会上的报告》，新华社，2007。

② 徐建军：《以科学发展观指导大学生思想政治教育的理念更新》，《思想教育研究》2009 年第 2 期，第 3 ~ 4 页。

道德规范、师德师风规范、管理人员行为规范和学生行为道德规范建设，调查结果显示大学教师对其的认同度高达 0. 8125。大学文化内涵创新是以新的教育理念来指导教育，使大学师生在宽松、民主的大学文化氛围中，通过学习与经历，实现大学建设的理想目标和价值追求，思想创新是创新的前提条件，知识创新是创新的重要内容，科技创新是创新的焦点，机制创新是创新的重要途径。① 大学文化创新贯穿于大学教育、教学、学习、研究、管理各个领域，贯穿于大学创新活动各个环节的全过程。一是文化创新在于营造大学内部环境的创新氛围。通过大学物质文化环境影响大学师生的价值观念、思维方式和行为方式，从而对各个领域的创新活动起着内在的、无形的推动作用。二是大学师生对创新价值的认同，使其心理动机和行为具有正确的方向，能够主动进取，不断从组织文化中吸取力量战胜困难。三是大学文化创新有利于创新者突破固有的从众心理和思维定式，积极持续探索，发掘自身的创新潜能和发挥自身的聪明才智，始终充满创新的活力和进取精神。

## 一 培育文化基础，提升文化实力

第一，文化基础是展现大学生命力的前提条件。校园文化是大学教育的重要组成部分，是进行思想政治教育不可或缺的重要环节。② 有形的、固定空间的文化与自然遗产，无形的、活态的非物质文化遗产，都是中华民族现代发展的精神动力和文化生产力价值的社会资源。③ 大学文化继承了校园内物质形态的文化遗产，许多大学校园内的建筑、雕塑、山水、园林等能够激发大学师生奋发向上的热情。如北京大学的博雅塔、清华大学的清华园、南京大学的北大楼、复旦大学的相辉堂都经历了长时间的风雨洗礼，见证了大学的办学历史乃至中华民族具体时段的历史。

① 范明：《大学文化素质教育：理念与实践创新》，教育科学出版社，2011，第 2 页。

② 冯刚：《高校思想政治教育创新发展研究》，中国人民大学出版社，2009，第 315 页。

③ 章新胜：《教育是人类文化遗产可持续的重要桥梁》，《美术研究》2005 年第 3 期，第 4 ~5 页。

加强对校园内物质形态的文化遗产的保护，既是对历史上优秀建筑文化的继承，也是对优秀大学文化的传承。通过举办特色校园文化活动来继承优秀文化遗产。加强非物质文化遗产传承思想教育，把德育与智育、体育、美育有机结合起来，寓社会主义核心价值观教育于文化活动之中，使大学师生在身心愉悦的文化活动中，提高思想道德素质和科学文化素质。如复旦大学以大学生文化活动为抓手，促进大学生全面成才。学校的“燕园剧社”“复旦人周报”“复旦人节”等活动，融大学生活动的多样性、趣味性、思想性、知识性为一体，使大学生既增长知识，又陶冶情操，达到“悄然”育人的目的，并成立相应的社团和兴趣小组，通过举办各种活动来学习、传播和弘扬民间剪纸、戏曲、绘画、古琴、音乐等非物质文化遗产。①

第二，筑牢大学教育中的文化发展基础。大学教育的目的是规范大学生的政治行为、法律行为和道德行为。② 离开了管理，教育就失去了意义。优化大学文化的培养环境，不仅要挖掘利用环境因素中的教育资源，而且需要健全完善管理教育中的协调机制。大学中的管理机制是一个由管理理念、管理模式和管理队伍构成的有机系统，通过各个部分和它们之间的关系来达到优化大学文化精神的培养目的。育人环境是教育者依照社会的要求，按照既定的教育目标设计和组织起来的，它是一种人工创造的合目的和合规律的感性形式。这种形式中体现教育目的的价值观念、道德原则等理想内容，大学师生在这种环境中反复接受，不知不觉受到影响。③ 首先，在大学管理理念方面，搭建大学思想政治教育的基本框架。当代大学要合理制定扩招规模，明确分工，合理搭配管理人员，完善管理理念。其次，在大学管理模式方面，传统思想政治教育工作以一元政治意识形态为统领，强调主导性、先进性和社会需求，改

---

① 复旦大学：《复旦人周报——全国高校新闻院校媒体展示》，http：//media. people. com. cn/GB/22114/67451/68800/index. html。

② 沈壮海：《思想政治教育的文化视野》，人民出版社，2005，第 24～28 页。

③ Barton R. , *Clark Places of Inquiry*：*Research and Advanced Education in Modern University*, Berkely：University of California Press，1995：12－18.

变原有单一和落后的管理方式，整合思想观念、价值取向和道德操守，吸纳一元主导与多样发展的统一，适应大学文化精神的培养环境。最后，加强大学管理队伍建设，增加数量、提高质量。进一步深刻认识思想政治教育工作的科学性和重要性，完善大学管理评价机制，激发大学师生的热情。[①] 如东北师范大学制定了《东北师范大学思想政治教育工作的实施意见》，成立学校学生工作指导委员会，把思想政治教育和大学文化建设的衔接体系建设作为一项长期的任务来抓，从而实现了“教育教学一体化、思想政治教育主渠道主阵地一体化、本科生研究生工作一体化、学团工作一体化”，促使两者形成育人合力。[②]

第三，培育内容丰富的大学文化，提升文化实力。大学文化建设以大学生为主体，以大学校园为主要空间，以高雅文化为主流，以丰富多彩的文化艺术活动为载体，以大学生的课外活动为切入点，积极开展“第二课堂”活动。[③] 组织开展专家讲座、名曲名画欣赏、影视评论、文艺会演、体育竞赛等活动，陶冶大学生的情操，启发大学生自发、主动地参与大学文化建设；充分发挥广播站、校报、校园网络、宣传橱窗等各种传播媒体的渗透力和影响力，倡导社会主义精神文明，推动构建社会主义清新的文明风尚；加强中华传统节日文化的教育，传承传统优秀文化，升华大学生的精神境界，开展主题教育活动，唱响爱国、爱党、爱集体的主旋律，使大学生在享受节假日的同时，了解中国优秀传统文化、传承华夏文明、升华精神境界；寻求大学文化传承和开展文化活动的有机契合点，引导大学生获得学术知识，热爱自然、珍惜生命，涵养道德、愉悦情调，使中华民族优秀文化的精神内涵内化为大学生的人格、气质和修养，使大学真正成为教书育人的“文化高地”，推动大学文化内涵实现现代化的飞跃发展。如西安电子科技大学不断强化党员思想教

---

① 罗洪铁：《略论思想政治教育在培养大学生成才中的作用》，《思想理论教育导刊》2006 年第 5 期，第 47 ~ 49 页。

② 《东北师范大学全力打造四个课堂创新思想政治教育工作》，http://www.cnhei.com.cn/News/20121231/20121231094552248l.html。

③ 《加强校园文化建设充分发挥文化育人功能》，《思想理论教育导刊》2012 年第 4 期，第 16 ~ 23 页。

育引导，实施思想政治教育全员化工程，开展学生党员量化考核办法、头雁领航计划、党员先锋论坛、党员先锋岗、党员工作坊等系列特色品牌活动，探索和创造出引领时代潮流的文化精神。①

第四，鼓励创新文化育人环境与实践氛围。推动大学文化创新是思想政治教育适应时代发展需要的必然选择。面对时代发展的实践趋势，思想政治教育要强化创新意识，将创新精神和创新能力作为大学文化发展的重要内容，突出创新精神和创新理念的运用和培育。思想政治教育在创新型大学文化活动中培育创新精神。创新精神的培育需要发挥思想政治教育理论教化的作用，思想政治教育理论教化可以促进大学师生自觉地认识到创新的价值和意义，然后将其付诸各种文化创新实践活动，使大学师生在实践活动中亲身感受和体验到创新的重要性，在实践活动中不断增强创新意识。创新精神本身就是在各种理论创新、科技创新、制度创新、组织创新和文化创新的实践中逐渐养成的，思想政治教育的创新精神具有极大的感召力，不断激发大学师生追求创新、实践创新。大学积极开展各种文化创新实践，大力支持大学师生的科研创新实践活动，在创新精神推进下开展创新实践活动，形成创新精神和创新实践相互作用、相互促进的良好格局。在大学文化建设中的思想政治教育要转变以教师和课本为中心的传统教育模式，突出创新思维方式和方法的培养与锻炼，这种新的思维方式对大学文化的更新和转变具有决定作用，是大学文化建设得以存在和发展的内在动力和不竭源泉。如上海工程技术大学创设“知行大课堂”，强化思想政治教育育人效果，积极开展实践教学，促进教学实践相结合，将“知行大课堂”作为思想政治理论课教学的重要载体，促进课堂教学与实践教学的有机衔接。让学生走向社会，在实践中进行思考，然后回到课堂，推动党的创新理论入脑入心。②

---

① 《西安电子科技大学用社会主义核心价值体系引领大学生健康成长》，http：//www. moe. gov. cn/s78/A12/moe_ 2154/201209/t20120919_ 142492. html。

② 《上海工程技术大学创建“知行大课堂”强化实践育人效果》，http：//www. moe. gov. cn/s78/A12/moe_ 2154/201303/t20130311_ 148443. html。

## 二 弘扬大学特色，展现文化魅力

第一，把握时代脉搏，凸显大学特色。通过大学文化的熏陶和社会活动的情感交流，将大学文化精神内化于大学生的心灵深处，两者有机结合，大学生通过主体—客体—主体与内化—外化—内化的良性循环，实现文化吐故纳新，成为有文化和有精神的人。[①] 其一，组织开展形式多样的大学生活动，深化并提升活动的内涵，发挥文化活动的育人功能。将思想政治教育理论成果渗透于各种活动之中，扩大马克思主义中国化最新理论成果的传播辐射范围，对大学生进行有效的思想疏导，达到用马克思主义中国化最新成果武装大学生头脑的目的。其二，加强大学学风建设，转变教育思想、更新教育观念，将大学育人、文化建设和成长成才等结合起来，合理安排，统筹规划。开展丰富多彩的第二课堂教育，融知识传授、能力培养和思想教育工作于一体。体现思想自由、学术自由和社会责任、科学道德、科学规范的和谐统一，使之与大学人才培养目标结合起来，贯穿于大学教育的全过程。同时，精心设计、周密安排大学生的活动，有计划、有组织地让大学生了解中国的历史和现在，增强大学生对党、国家、社会的热爱，坚定其走中国特色社会主义道路的决心。其三，大学的办学理念和思想体现以文“化”人的意识。大学要根据社会发展程度和自身的基本情况，树立先进的办学理念和办学思想，把先进大学文化的理念和思想转化为全体师生的共同追求，使大学师生能将其和工作学习实际结合，渗透在教学、管理、服务工作中，形成一种制度、一种习惯和自觉行为。[②] 如中南财经政法大学形成自我教育、自我管理、自我服务的教育管理体系，强调要培养自我教育意识，透视大学文化热点；创新自我管理形式，打造精品服务平台；践行核心价值理念，完善思想教育体

---

① 段建斌：《思想政治教育的本体维度——基于人的存在与发展》，中国社会科学出版社，2013，第 105～108 页。

② 郑永廷、董伟武：《论思想政治教育的文化功能及其发展》，《江苏高教》2008 年第 5 期，第 113～115 页。

系。学校邀请国内外知名学者专家以校园文化、思想政治教育、党团活动为契机，为大学师生提供科学的理论指导，实现大学生“集体成长成才”。①

第二，拓宽文化时代内涵，培养文化自觉意识。文化自觉是文化创新的着力点和先进文化模式运行的具体表现形式，社会主义先进文化模式的运行是大学文化自觉的保证，是大学文化前进的动力和源泉。② 创新大学的教育理念是前提，重视大学的历史发展过程，总结大学在人才培养、科学研究和社会服务等方面做出的贡献，以及在办学过程中形成的特色，坚持和弘扬优秀的文化传统，吸收符合自身特色的大学理念，推动大学文化内涵的时代创新。秉承“以人为本”和科学管理相结合的理念，尊重学术自由，追求卓越，进行实事求是的学风建设，一切从实际出发，严谨教学，培养大学生崇尚创新，追求真理的价值观念，鼓励建设性的批判思维，推崇敢于挑战探索，不惧怕失败的勇气，实现人本与科学相融合、自主与合作相统一。如山东大学多措并举确保拓宽文化内涵，培养文化自觉意识。其一，抓好课堂教学，确保教学效果，分专题讲授社会主义核心价值观和“中国梦”奋斗目标的历史地位、时代背景、科学内涵、精神实质和根本要求等重点知识。其二，加强师生培训，提高文化自觉意识。学校通过专题培训、辅导报告、交流研讨等多种形式对大学师生进行培训。其三，强化实践环节，形成工作合力。在大学师生中开展“集中学习、小组讨论、专题讲座、学习心得交流”等活动，拓展文化的时代内涵。③

第三，凸显时代特色，形成标志性成果。思想政治教育对大学文

① 《中南财经政法大学构建学生自我教育、自我管理、自我服务体系探索思想政治教育新形式》，http：//www. moe. gov. cn/s78/A12/moe _ 2154/201505/t20150515 _ 188136. html。

② 张雷声：《文化自觉、文化自信与社会主义核心价值体系》，《思想理论教育导刊》2012 年第 1 期，第 8 ~9 页。

③ 《山东大学采取切实有效措施加强大学生思想政治教育》，http：//www. moe. gov. cn/s78/A12/moe_ 2154/201101/t20110105_ 114182. htmll。

化的引导，旨在输入积极的文化要素，实现文化的“吐故纳新”。[①] 新时期文化的传播以各种各样的方式来唤起传播者的意念，并试图从各方面影响传播对象的活动。当代大学文化传播的覆盖面大、渗透性强、速度快。大学文化传播媒介的现代化，推动了大学师生的交往和先进文化的迅速发展。首先，书籍是传播能量最大的大众传播媒体，是传播大学文化的重要载体。其次，校内报纸、杂志、校园广播、宣传栏等直接渗透在大学生活之中，对师生影响也很大。再次，电子类、新媒体的发展与广泛运用，将信息通过电波迅速发散给社会，让思想政治教育工作的方式多样化，有利于扫清大学生的思想障碍，疏通思想渠道，铺平道路，使教育能顺利取得预期的效果。运用现代的传媒手段，占领网络宣传的制高点，打造全方位、立体式的教育模式，实现效益的最大化是思想政治教育的重要任务。[②] 如井冈山大学通过创办红色网站、制作德育网页，树立正确的舆论导向，并推出“百部红色经典影片”“百首红色经典歌曲”“百部红色经典摄影作品”系列活动，向大学生提供正确、积极、健康的思想信息，并依靠先进的网络技术加以控制，真正将网络变为大学开展思想政治教育的前沿阵地。[③]

第四，营造以文化魅力感人，以文化育人的氛围，形成大学师生互动参与、共享成果的文化格局。大学文化作为强烈教育功能的存在方式，是思想政治教育实践的结晶，是大学师生在长期的教育实践过程中所创造的，具有大学特色的物质文化、精神文化、制度文化和行为文化的总和。[④] 大学师生在特定的文化氛围中活动，受到特定群体意识的熏陶和影响，就会在社会化过程中形成与群体一致的文化意识和文化品格。在

---

① 刘德宇：《高校校园文化发展论》，中国海洋大学出版社，2004，第12~18页。

② 教育部思想政治工作司：《大学生思想政治教育理论与实践》，高等教育出版社，2009，第12页。

③ 《井冈山大学发挥红色资源优势　推进大学生思想政治教育工作》，http://www.moe.gov.cn/s78/A12/moe_ 2154/201101/t20110105_ 114182.htmll。

④ 张秀清、梁周清、王聿发等：《大学和谐精神文化建设》，山东大学出版社，2008，第21页。

大学文化建设实践过程中，同时积累着思想政治教育实践所产生的优秀成果，这些成果凝结着大学师生的共同智慧、力量和价值，它们是大学师生本质力量对象化的存在方式，它们在个体的横向联系中传播和在不同时代个体的历史联系中传递。通过大学文化的“集体意识”将大学发展目标内化为教师的教育目标和学生的成长目标，将大学的主要任务内化为教师的教育、科研和学生的学习和成长需求，将大学的办学导向升华为教师的发展导向和学生的成才导向，使大学成员感受到自己在大学文化建设中的主体作用，并使其在情感中发出对大学文化的认同感和归宿感。大学文化作为一种群体意识，以各种方式沟通大学师生的思想和感情，创造出一种共同协作的文化环境，增强了大学的凝聚力。全面加强大学文化建设可以有效增强大学的综合实力，提高教育质量，保持学校的竞争力，开创具有学校特色的大学文化的新局面。如华中师范大学积极推行爱心教育制度，把思想政治教育工作落到实处。学校明确职责，进行规范指导，开创体验式爱心教育课程模式，围绕爱心主题设计教育情境，帮助大学生解答思想、心理、学业、就业等各方面的问题，与学生进行面对面的思想政治教育，实现大学师生的良性互动，共享大学文化建设成果。①

思想政治教育工作关系社会主义大学的前途命运，关系大学文化建设的顺利开展。新形势下应把思想政治教育摆在大学文化建设中的重要位置，发挥思想政治教育的应有作为，进一步增强思想政治教育的自觉性和坚定性，遵循大学文化建设的客观规律，认识和把握大学生的思想实际和成长轨迹，提高思想政治教育的针对性、实效性和主动性，使大学培育出具有全球战略思维的社会主义事业建设者和接班人。

---

① 《华中师范大学着力加强爱心教育　积极培育和践行社会主义核心价值观》，http：//www.moe.edu.cn/s78/A12/moe_ 2154/201408/t20140812_ 173732.html。

# 第七章　思想政治教育在大学文化建设中积极作为的方法途径

本章的中心论题是思想政治教育通过什么渠道为大学的文化建设做贡献，即通过何种方式和路径积极发挥思想政治教育在大学文化建设中的作用。大学文化建设中思想政治教育方法论就是从总体上指明路径与方式，让我们进一步明确“如何做”的方向性问题。通过筑牢文化基础，美化大学物质文化；通过培育文化品格，亮化大学精神文化；通过培育规制意念，强化大学制度文化；通过培养榜样示范，优化大学行为文化。

## 第一节　筑牢文化基础，美化大学物质文化

大学物质文化是大学文化的外在标志和物质基础，是大学办学实力和条件的重要体现，也是其对外形象的重要标志。它主要包括校容、校貌、自然景观、建筑风格、基础设施等有形事物。大学物质载体作为固定的文本，其器物形态与文化精神形态有着内在的联系。通过思想政治教育的方式和途径促进人文景观的美化、主体标志的创新和文化载体的发展，使大学师生教有其所、学有其所、乐有其所，在求知、求美和求乐的过程中受到潜移默化的启迪和教育。[①]

图 7－1 为大学师生对开展思想政治教育的方式和途径有助于促进大

① 王冀生：《大学文化是大学人的文化家园》，《中国高等教育》2014 年第 9 期，第 8～11 页。

学物质文化建设的观点认同度调查，调查内容包括五个方面：有助于形成优良校容、校貌；校园设计布局和景观风貌的合理性；打上地方特色文化的烙印；记载大学发展历程，体现大学文化精神；促进文化的积淀、明晰、延续、发展。调查结果显示认同度分别是0.9155、0.8844、0.8644、0.9355、0.9533。调查结果显示大学师生对思想政治教育在大学文化建设中的积极作为方式的认同度较高。思想政治教育积极作为对大学精神、办学理念和大学品牌的传承具有重要的作用。物质文化不仅凝聚了一所大学发展的历史底蕴和文化传统，展现大学的办学理念，而且对形成大学的品牌、凝练大学的精神起到重要的作用，发挥着潜移默化的育人功能。思想政治教育工作要重视挖掘人文美，注重对文化广场、主题建筑、文化雕塑等人文景观的设计与展示。在教室、自习室、图书馆等教学设施以及音乐厅、俱乐部、美术馆、体育馆等文化设施的使用和管理中体现人性化特点；在电视台、广播、校报、杂志、网络等媒体建设中体现大学精神；在校园绿化、交通、设施以及水、电、气的服务中凸显人文关怀。达到自然美和人文美的有机融合，使大学物质文化成为“第二自然”，彰显大学精神和价值追求，充分挖掘其育人功能。

思想政治教育积极作为的方式与途径要遵循协调性原则，保持不同层次的物质文化建设上的相互协调与持续发展，重视物质文化建设与深层次文化内涵的相互协调。加强整体规划，注重物质文化整体的协调性、一致性和持续性，对大学中的“文化体”或“文化群”进行整合、融合与提升，形成大学优秀特色文化。同时要遵循整体性和地域性相结合的原则，把校园物质文化建设作为一项具有地域特色的系统工程来抓，追求大学有机、有序、优化的整体效果，实现整体优化组合的目标，通过思想政治教育的多种渠道、采用多种形式来丰富大学物质文化的多样性，为大学师生营造和谐健康、充满活力的校园环境和文化氛围，从而发挥整体育人的功能。这些既要体现历史的烙印，又要彰显时代特征；既要体现区域特色和民族风格，又要借鉴区域外优势和国际经验，做到陶冶人、美化人、引领人。①

① 彭宗德：《大学物质文化建设》，《黑龙江社会科学》2008年第1期，第191～192页。

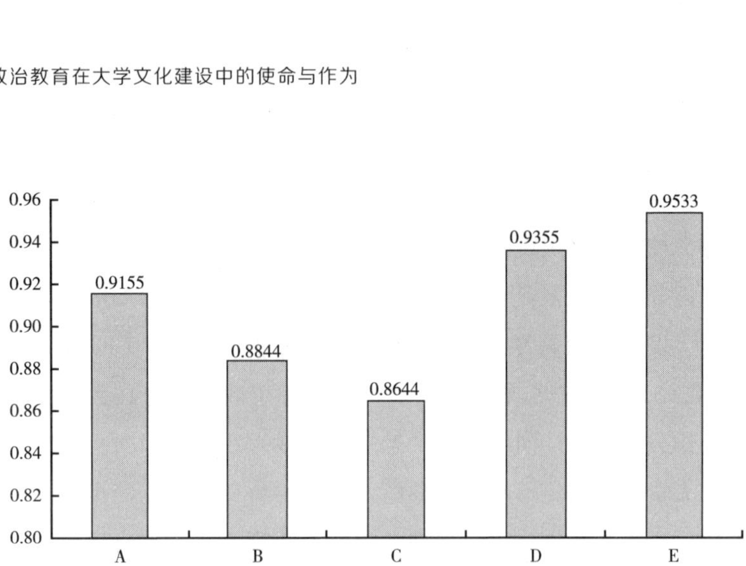


**图 7－1　大学师生对“通过思想政治教育的方式和途径促进人文景观的美化、主体标识的创新和文化载体的发展”观点的认同度**

说明：A 表示有助于促进大学形成优良校容、校貌；B 表示校园设计布局和景观风貌的合理性；C 表示打上地方特色文化的烙印；D 表示记载大学发展历程，体现大学文化精神；E 表示促进文化的积淀、明晰、延续、发展。

## 一　美化人文景观，体现大学风貌

思想政治教育讲求春风化雨、润物无声，寓思想和文化教育于环境建设中。通过设定一定的环境，营造一定的氛围来激发大学师生的情绪和智慧，让大学师生自觉自愿在不知不觉中获得某种思想和经验的教育。科学规划大学物质环境建设，结合大学自然环境特征，建设与大学建筑楼群相协调的高雅人文景观。大学要根据自身条件，投入充足资金，认真规划和建设校园景观，使校园山、水、园、林、路等景观既充满情趣、格调高雅，又美观大方，达到使用功能和审美功能的和谐统一。大学师生置身自然和谐、错落有致、科学调配的具有浓厚的历史文化底蕴的校园之中，时时受到科学文化和人文精神的熏陶，使优美的校园景观成为激发大学师生的爱校热情，陶冶大学师生关爱自然、关爱社会以及关爱他人的无声动力源泉，为构建和谐思想政治教育环境提供有力支持。①

① 邓卓明：《高校思想政治教育创新研究——以构建和谐校园为视角》，人民出版社，2009，第 206 ~207 页。

人文景观建设中应遵循的基本原则。其一，坚持以人为本的宗旨，合理规划大学物质文化功能布局。大学的规划与布局是展现大学外在形象和整体风貌，反映大学环境育人宗旨的重要文化形式。按照以人为本、功能分区、生态环保、持续发展的原则，建设高品位、生态化，宜于大学师生学习、生活的大学校园。其二，坚持“以文化人”理念，重视人文景观建筑建设。人文景观是被赋予一定人文精神的物质景观，它以视觉感官的方式对大学师生产生潜移默化的影响。大学坚持把社会主义核心价值观、大学核心价值理念等融入物质人文景观中，使人文景观蕴含丰富的精神元素、信念元素、传统元素，成为教育大学师生的生动教材。其三，坚持社会主义生态文明建设目标，加强生态环境建设。美化绿化是大学环境文化建设的“形象工程”，绿化美化建设能实现功用、审美和育人功能的和谐统一。突出校园绿化的使用功能，使校园绿化环境成为大学师生生活学习的场所；突出校园绿化的审美功能，以绿化建设为重点，使绿化植物及建筑景观遥相呼应，赏心悦目；突出校园绿化的育人功能，绿化植物代表着特定的文化意蕴，具有极其丰富的象征意义，如松之高洁、兰之幽雅、竹之虚心、梅之傲雪、莲之“出淤泥而不染、濯清涟而不妖”，使大学师生潜移默化地受到感染和熏陶。[①]

景点建设人文化和人性化。结合大学特色、大学校史、大学校区设计人文景观，继承和弘扬传统文化积淀、理念和精神，做到“文脉”不断，体现大学文化内涵和历史风韵。每所大学都有自己的特色，根据自身特色进行校园景观的设计和规划，展现出大学人文景观独特、浓郁的文化特色，营造出文化育人的氛围。而且，每所大学都有自己的发展历史，这为大学文化景观的设计与建设提供了丰富的素材，通过开拓思路、深入挖掘，把丰富的校史内容纳入文化景观的设计建造中，通过立碑、设置雕塑、安排景点等方式，来追忆校史、缅怀人物、记载事件，突出大学景观独特的历史风韵和文化内涵。同时，结合大学校园的不同功能

---

① 周玉清、王少安：《社会主义核心价值体系引领大学文化建设论纲》，人民出版社，2011，第 229 ~ 232 页。

区域设计文化景观。根据大学校园规划的不同功能分区，营造相应的文化景观。如首都师范大学在教学区建造符合教学和科研活动特点的文化景观——国际文化大厦，在学生生活区建造适应学生特点的文化景观——育园和红烛园等。注重大学文化景观的构成组合关系，发挥最佳育人功能。其一，注重与已有的自然环境和建筑风格的协调，与景点的主体建筑性质相呼应，做到主体与陪衬相协调。其二，重视文化主体建筑对文化景点展现的重要作用，利用主体建筑独特的文化育人价值，选择合适的位置，设立具有校标作用的景物。其三，根据文化景观的不同设计，选择适合的建筑材料，以最佳的方式展现景观的文化意蕴和精神内涵，并且要充分利用得天独厚的自然条件，使人文景观与大学所处的自然环境相互协调、相得益彰。如集美大学依山傍水、风光优雅、气候宜人，校园建筑中充分融合了中国闽南式的屋顶和西洋式的屋身，形成了独具特色的“嘉庚风格”，增添了浓厚的文化气氛。而且集美大学与归来堂、嘉庚故居、鳌园、龙舟池等名胜遥遥相望，彰显地方特色，为大学师生提供丰富多样的活动场所。①

用齐备而优雅的文化设施提高大学师生对文化场所的需求度和满意度。不断完善校内文化设施有利于促进大学师生对大学物质文化的认可度和满意度，形成各种文化的互相影响、交流、选择和融合，使得大学文化建设受相关文化因素的制约而产生新的内容、形成新的形式、凸显新的特征。一方面建设和设计各类教学场所、图书馆等教学设施，增加图书馆藏书量，不断提高更新的频率。另一方面建设文艺、体育、科技活动场所，完善校园文化活动设施，利用大学各类资源建立品类齐全的文化场所。例如，南开大学专门建立大学生书报阅览点、文化沙龙俱乐部、文艺剧场等，为开展各类文化活动提供必要的场所和阵地，并做好文化活动基础设备的建设和充实工作。还在公共场所设立张伯苓和严修像，建设了思源堂、东方艺术大楼、伯苓楼等，营造了浓厚的人文气氛、

---

① 集美大学：《嘉庚精神立校　诚毅品格树人》，http：//edu. ifeng. com/gundong/detail_ 2011_ 10/28/10227953_ 0. shtml。

体现了人文意蕴、优化了学习环境，满足了大学生学习成长的需要。

以思想政治教育的育人理念指导人文和生态景观建设。这样一来艺术性和时代感紧密结合，体现大学师生共同的思想追求、自然情感、高尚的审美观等精神文化内容。① 合理规划校园功能布局，精心设计建造寓情、寓意、寓教的人文景观，加强大学绿化美化，发挥校园人文和生态景观的使用功能、审美功能和育人功能，为满足大学师生工作、学习、生活需要，塑造优良品格，促进全面发展创造出良好的文化环境。科学规划大学校园环境建设。校园环境建设是大学物质文化建设的重要任务，是大学规划建设的一项基础工程。以科学的发展理念，规划和建设大学校园，打造其特色，使之与大学文化特色结合。② 其一，校址选择要科学合理。教学科研、读书做学问，需要良好、安静、优雅的校园环境。这能够使大学师生获得美的享受、身心愉悦，还能起到启迪智慧的作用。其二，大学物质环境设计要具有开放的胸襟与发展的眼光。在当今“大教育观”的背景下，大学校园环境的规划设计应具有大开放的胸襟与发展的眼光。依据开放性的设计理论，大学与周边环境之间要形成一种良性的互动关系；大学要尽可能面向全体社会成员，以开放的校园环境加强大学与城市、大学与市民以及学校各学科间的交流，引领和推动区域经济和文化的发展，增强大学的核心竞争力。其三，校园内部规划要协调统一。要从整体和长远考虑统一规划，既突出特色又凸显美观。整体环境设计要与已有建筑风格相匹配，校园园林景点和人文景观要自然、典雅，相得益彰；对校园教学区、科研区及生活区等不同功能区域的划分，要进行统一规划，形成层次鲜明、风格独特、和谐统一的人性化校园自然和人文环境。其四，进一步完善生活服务设施。大学生活服务和医疗设施直接影响到大学师生的主人翁意识、集体荣誉感以及凝聚力，反映着大学思想政治教育硬环境的优劣，加大资金投入力度，建设更加人性化的服务设施，增强大学师生的归属感与自豪感。其五，

---

① 刘德宇：《高校校园文化发展论》，中国海洋大学出版社，2004，第 202～214 页。

② 江潭瑜、徐海波：《高校大德育育人模式的探索与创新研究》，人民出版社，2011，第 110～116 页。

建设完备的文化设施以及标志性的文化载体，这是开展思想政治教育不可缺少的载体，其完善程度直接影响着思想政治教育的成效。把特色鲜明的大学办学理念和多年积淀的大学文化传统，以浓缩的标识符号，全面体现在校徽、校训、宣传栏、校园网络以及广播电视等载体上，形成广泛的视觉冲击，展示积极向上的大学精神风貌，进一步增强大学的凝聚力。①

## 二 创新主题标识，提升文化品位

主题标识能使大学师生形成奋发向上的最佳心理状态。主题标识让大学师生在不知不觉中提高修养、陶冶情操，达到潜移默化自我教育的目的。标志性设计体现群体共性的大学精神，是社会经济、科技发展的写照，体现了大学文化、审美意识和价值取向。② 标志性建筑物代表大学的个性形象和文化特征，它对树立大学良好的社会形象，激励大学师生具有重要意义。通过文化产品与文化景观标志性建筑展示大学精神与大学特色。一方面，充分发挥大学现有标志性文化产品的文化意义，创造出更多更好的文化产品。如将大学的文化、历史、景观，以及校名、校徽、校色等元素融入大学文化用品之中，规范大学文化用品的使用，塑造和展示大学良好形象，提升文化品位；同时发挥品牌学术讲座、庆典仪式以及专题片、出版物等的文化意义和作用。另一方面，做到大学标志性景观审美功能和教育功能的和谐统一。挖掘大学校内典型文化景观，设计富有教育意义的人文景观，构筑大学文化实体中心，打造标志性文化品牌，通过文化设施的配套建设，满足大学师生的精神文化需求，增强大学师生对大学精神的认知度和认同感。

创造特色鲜明、风格独特、底蕴厚重、品位高尚的文化品牌是思想政治教育的重要内容。导入形象识别系统，规范文化识别符号是实现思

① 韩延明：《大学文化育人之道》，高等教育出版社，2013，第 127 ~ 139 页。

② 李汉荣、刘根勤、朱志辉等：《中外大学形象研究》，《国家教育行政学院学报》2010 年第 12 期，第 34 ~ 39 页。

想政治教育目标的重要途径，建设标志性文化品牌既要体现自然美又要突出大学独特的人文气质，表达校园文化的精神美，营造独特的文化魅力。其一，构建大学理念识别系统，它是大学形象识别系统运作的动力基础和核心部分，属于大学意识形态范畴，是大学师生建设现代化大学的思想基础。其二，构建大学行为识别系统，它是大学核心价值理念的具体表现，包括大学师生的行为准则。其三，构建大学视觉识别系统，它是大学形象的静态表现，从外观上对大学的各种视觉因素进行统一规划设计，配合行为识别系统表达和传播大学信息。徽标、校牌、标识、招牌、旗帜、纪念品等是大学文化建设中的重要成果，对提升大学文化品位具有积极意义和影响。①

重视大学标志性建筑建设，提升大学文化品位。其一，"地标性建筑"体现大学理念和文化特色。标志性建筑是指每所大学具有自己的个性和独具特色的建筑物，它充当着大学的标志、代表着大学的形象，称为"地标性建筑"。标志性建筑是综合艺术的大规划、大工程、大手笔，它将科学技术与历史文化有机结合起来，又以人为本，满足教学、科研、生活、实践、文化等多方面的需求，将特色性与艺术性融为一体，体现大学的独特理念、精神特色。如北京大学的红楼会使大学师生受到民主自由、独立思考、宽容大度的影响；始建于 1920 年"法国罗曼式建筑"的钟表楼，以其优雅无比的特点，充分体现了欧式建筑的风格，对天津外国语大学集世界文化之大全起到了不可替代的作用。其二，高水平建筑群铸造大学标志。教学楼、科技楼、图书馆、校门等建筑群是大学重要的基础设施，是大学教学科研活动的主要场所，是大学物质文化建设的重要组成部分。从本体含义上看，高水平建筑群包含了空间与形式的双重意义；从引申意义来看，它肩负着成为大学主题标志性文化的重要内容。充分重视高水平建筑群的建设，使其成为大学的标志性建筑，充分彰显大学的理念与精神，发挥

---

① 彭江：《大学品牌文化的内涵及其塑造路径》，《高教探索》2009 年第 6 期，第 17～22 页。

其育人功能，展现自身的办学理念和个性意识。其三，建立结构合理、高水平的生态系统和特色鲜明、富有成效的教育管理体系，树立持续发展理念。大学建设需要统筹规划、科学决策，特别是大学物质文化建设方面要合理配置资源、充分利用资源，保持学校发展的持久性和连续性，促进教育各个方面协调发展和科学进步。如湘潭大学在大学建设过程中，明确“立足湖南、融入湖南、辐射全国、面向世界”的指导思想，大学的物质文化建设围绕“科学定位、找准目标、办出特色、发挥优势”的方针，学校在校园规划、学科建设、科技创新和社会服务方面取得了长足的进步。

主题标志性建筑有利于延续大学历史、展示本民族风格、表现个性特色。主题标志性建筑是大学物质文化的重要组成部分，蕴含着深刻的文化印迹和浓厚的人文精神要素，对于形成大学特色文化起着不可忽视的作用。在对主题标志性建筑进行设计时，应充分尊重历史、尊重环境，在体现时代精神和建筑个性的同时，努力使其与周围建筑环境和谐统一，相互呼应，浑然一体，在空间、尺度、色彩和风格上保持大学校园的建筑特色。主题标志性建筑既要注重外观造型，又要注意与校园景观环境的协调，更要表达一种深远的文化寓意，体现丰富的文化内涵，而最关键的是看它能否以其优越的环境设施和较强的吸引力来充分发挥主要职能。[①] 如牛津大学的物质环境建设有很多经验值得我们借鉴学习，他们强调校园历史和维护校园文化特征，注意在保留学校传统、传承文化的基础上，修新如旧，使大学物质环境保持协调一致的风格，而不是推倒重来，甚至连一块砖、一棵树都不能乱动。主题标志性建筑展示民族风格和个性特征，校园规划、校园建设和校园美化需要在结合本校实际、体现本校文化内涵的基础上，展示本民族风格，通过表现学校的历史文化，给人们留下“独特”的印象，有民族性、独特性的文化才具有世界性、创造性意义。主题标志性建筑使大学师生领略独特的文化氛围，形式个性化、内容个性化和风格个性化。如国防科技大学标志性建筑——

① 陈巍：《论校园文化品牌的培育》，《思想教育研究》2011 年第 5 期，第 92 ~ 95 页。

校门，历史悠久，风格别致，展示了军事院校的独特个性，让人追忆、让人遐想，神圣不可侵犯。

## 三　丰富文化载体，培育文化基础

加强文化载体建设，把思想政治教育的内容寓于大学文化建设之中。物化大学精神，传递文化信息，营造育人氛围，大学坚持以社会主义核心价值观为指导，通过导入形象识别系统，加强文化载体、活动载体和传媒载体建设，不断营造健康高雅、积极向上的大学文化氛围。[①] 思想政治教育工作者充分利用各种文化产品，将思想政治教育内容渗透于大学文化建设之中，让各种文化活动承担一定的思想教育功能。大学文化具有渗透性强、影响持久等特点，将思想政治教育的内容寓于大学文化建设之中，会使思想政治教育更加生动活泼，更具吸引力，更易为大学师生所接受。[②]

发挥思想政治教育的优势，促进大学文化建设的发展，使两者处于良性的互动之中。其一，用行之有效的校风建设增强大学的凝聚作用和陶冶作用。在挖掘大学历史内涵和精神文化内涵的基础上，结合大学发展战略规划和办学思想理念，构建大学良好的校风和学风。通过校风建设引导大学生发扬敢为人先的创新精神，培育以人为本的人文精神，弘扬勇于担当的时代精神，使其具有自强不息、勇往直前的共同意志和奋斗精神，形成昂扬向上、勇于创新的共同追求，培养出科学精神与人文精神相结合的新时期大学生。其二，用统一规划的校园节庆活动传达大学精神。结合各种节日开展各种主题文化活动，如“校长面对面”“书记论坛”“校庆”等；定期组织优秀校友为大学师生讲述学校历史、文化和精神，利用各种契机组织开展以大学历史为主题的图画展、实物展、成果展、优秀校友事迹展，展示大学所取得的各项成就；开展以大学精神为主题的征文、演讲、辩论赛等活动，弘扬大学精神的意义和内涵。对开学典礼、校庆典礼和毕业典礼等一系列重大纪念活动进行统一筹办、

---

① 张耀灿、郑永廷、吴潜涛等：《现代思想政治教育学》，人民出版社，2006，第 401 页。

② 贺才乐：《思想政治教育载体研究》，湖北人民出版社，2004，第 12～15 页。

统一设计，形成特色、形成传统，在活动中挖掘和体现大学的文化内涵。其三，用丰富多彩的校史教育提升大学师生的归属感和使命感。通过全校师生、专家学者、校友、社会知名人士等对大学校训、大学精神、办学理念进行重新审视和认识，提炼出大学自身的文化特点，深刻理解大学的优良传统、办学特色和文化精神，加强对大学师生的宣传教育，激励师生提升归属感、自豪感和使命感。把新时期大学发展中的优秀事迹积累起来作为当今大学文化建设的重要内容，提升校史文化教育的时代色彩以及对大学师生的吸引力，并把校史教育列入全校授课内容，加强校史校情教育，激发大学师生的爱校热情，讲授名师逸事、历史典故，将大学特色传统扎根大学师生的思想深处。

用形式多样的活动载体为思想政治教育主体与客体的真诚互动搭建平台。思想政治教育者有意识地开展各种活动，将思想政治教育信息寓于活动之中，使大学师生在活动过程中受到教育，提高思想道德素质。[①] 着力建设精品活动，整合资源，形成合力，满足不同层次的需求，积极开展内容丰富、形式多样、吸引力强的学术、科技、体育和文艺活动，营造科学精神和人文精神相结合的大学文化，使他们的思想情感得到熏陶、精神生活得到充实、道德境界得到升华。校园活动是大学文化中最具特色的东西，既承载和体现着大学文化的内涵，也传承和发展大学文化的内涵。要在大学中广泛开展高品位的科技文化娱乐活动，丰富大学师生的业余生活，促进大学师生素质的全面提高。要使大学文化活动不能仅停留在一般的趣味性与感官的愉悦上，应结合学科特色、专业特色开展较高层次的学术文化活动，提倡有品位、高格调的文化活动，不断提升大学师生的创新实践能力，使大学文化活动更多体现学术性、创造性和娱乐性的统一。[②] 坚持弘扬主旋律、突出高品位的原则，用一流的文化感染人、激励人、熏陶人。定期组织开展戏剧、话剧、音乐、美术、摄影等各种类型艺术表演，发挥精品文化的潜在教育力量，加强对大学

---

① 刘书林、陈立思：《青年思想政治教育学原理》，中国青年出版社，1999，第12～15页。

② 孙庆珠：《高校校园文化概论》，山东大学出版社，2008，第5页。

师生的艺术熏陶，提升活动的品位，从而陶冶情操，充实自我，培养人文精神，塑造完备健全的人格。通过办好各类科技活动来不断提高科技创新能力，激发大学师生的科学热情和创新热情。发挥科技团队的积极性和创造性，鼓励学生参与科技学术研究、参与国内外高水平的科技竞赛，在科研和科技活动中将理论与实践相结合，把内外课堂相联系，拓展思维，探索新知。

整合媒体资源，开辟思想政治教育多媒体服务方式。大众传媒向大学师生传播思想政治教育内容，使其在接受信息的同时，受到思想政治教育。报纸、杂志、书籍等传统载体能将各种事实、数字等信息长期有效保存，供大学师生反复阅读、反复使用，扩大了思想信息的传播范围。同时要加强网络载体建设，作为开放性的文化载体，校园网络文化具有多元性的特征，既有丰富的积极健康的内容，又有大量消极的内容，我们要充分整合校内网络资源，趋利避害、因势利导，通过开展丰富多彩的网络文化活动，积极发挥校园网络文化的育人功能。[①] 其一，加强网络主阵地建设。加强专题网站建设，如学校重大事件及重大举措工作网站、招生宣传网站、对外交流网站等。其二，加强“思想教育网站”建设，如政治教育和思想教育等红色网站，学生就业和学生服务等绿色网站建设。加强网络文化建设相关部门的协调配合，需要思想政治工作部门、网络技术管理部门，以及教务、学工、图书馆等相关部门的密切配合和通力协作，加强思想政治工作网站建设，做好网络信息的审查、更新、维护等工作，从根本上引导和规范网络文化积极育人的功能。[②] 其三，加强对网络行为的引导管理，结合国家有关互联网信息服务的规定，制定本校网络管理规章制度，并落实责任制度，同时践行思想政治网络工作的理念，坚持不懈地开展网络主旋律教育。其四，开展网络文化活动，大学要合理规划和开展网络文化建设，开展丰富多样的

---

① 孔国庆：《论高校校园传媒载体思想政治教育功能的发挥》，《学校党建与思想教育》2013 年第 17 期，第 69 ~ 71 页。

② 饶宁华、赖雪梅：《思想政治教育现代传媒载体的基本形态及其功能研究》，《西南大学学报》（社会科学版）2007 年第 4 期，第 85 ~ 89 页。

网络文艺活动丰富校园文化生活。如中南大学开展践行社会主义核心价值观的网络思想讨论、网页设计大赛、网络创业大赛、网络心理辅导、网络就业指导等活动。承办中国大中学生心理健康教育在线网站，以丰富多样的活动充实大学师生的网络文化生活，引导网络文化健康发展。①

## 第二节　培育文化品格，亮化大学精神文化

大学精神文化是大学文化的核心，它内化于大学师生，并外化出来，是大学的理想追求、价值观念、培养目标和行为准则在大学师生身上的具体体现。它主要体现在办学理念上，办学理念是大学发展的导向、目标和灵魂，追求真理、学术自由；强化思想教育，诠释时代内涵，实现知、信、行的统一；继承、发扬和创新社会主义核心价值体系。通过思想政治教育的方式和途径引导大学师生的行为、心理，使其在潜移默化中接受共同的思想引导、情感熏陶、意志磨炼和人格塑造，产生巨大的向心力和凝聚力。②

图 7－2 中大学师生对开展思想政治教育的方式和途径有助于促进大学精神文化建设的观点认同度调查，调查内容包括五个方面：有助于培养学术精神、秉承社会主义核心价值理念、提炼办学理念、诠释先进文化的时代内涵和继承历史传统。调查结果显示认同度分别是 0.9022、0.8733、0.9488、0.9511、0.8022）。大学师生对思想政治教育在大学精神文化建设中的积极作为方式的认同度较高。思想政治教育积极作为对引导师生的行为方式、优化德育、价值统摄具有重要的作用。思想政治教育把教育思想、理念、教育意图变成一种精神化的形式融入大学文化氛围中对大学生进行教育，是一门高超的德育教育艺术。思想政治教育

① 《中南大学主动占领新阵地将网络思想政治教育送到学生身边去》，http://www.moe.edu.cn/s78/A12/moe_2154/201401/t20140116_162749.html。

② 孙雷：《现代大学制度下的大学文化透视》，光明日报出版社，2010，第 100～101 页。

以其特殊方式突出大学的文化传统和文化精神，对大学师生的思想观念和价值取向产生深刻影响，能加深建立大学精神文化核心理念系统，确立大学宗旨、目标、精神、理念、核心价值观、道德、作风等，进而影响大学师生价值观念的形成与发展。

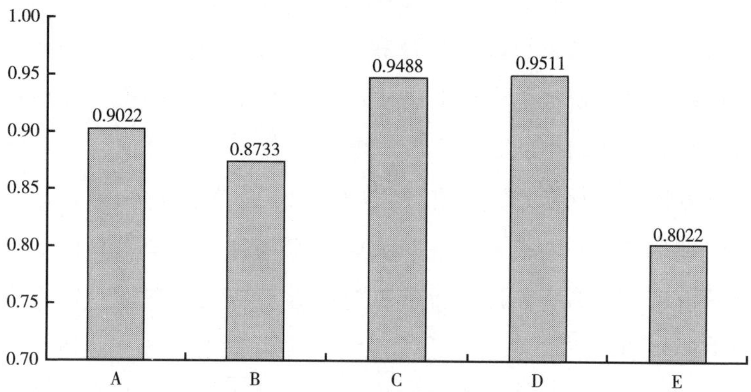


**图 7－2　大学师生对"通过思想政治教育的方式和途径有助于培养学术精神、继承历史传统、提炼办学理念、诠释先进文化的时代内涵和秉承社会主义核心价值理念"观点的认同度**

说明：A 表示有助于培养学术精神；B 表示秉持社会主义核心价值理念；C 表示提炼办学理念；D 表示诠释先进文化的时代内涵；E 表示继承历史传统。

## 一　培养学术精神，凝练办学理念

学术性贯穿于大学组织活动的始终并决定和支配大学的一切活动。大学是创造、整合、传承和传播知识的社会机构，学术性是其本质特性，大学是否具有较强的知识生产能力，是否具有良好的学术文化是关键。培育良好的学术文化精神有利于提高大学文化的品位和层次，有利于提升大学的德育功能，培养大学师生勇于创新、坚韧不拔、知行合一的道德品质。大学的学术品格是大学的生命，而这种生命是要靠大学师生来延续和传承的。[①] 保存、延续和光大学术品格是思想政治教育工作的重

① *Donald Kennedy*: *Academic Duty*, Boston: Harvard University Press, 1997: 310.

要内容，也是市场经济条件下大学文化建设面临的最大挑战。学术文化还原了大学的本真，弘扬校园学术文化、开展学生活动对于发挥思想政治教育的作用显得尤为重要，大学师生应把探索真理、追求知识当作根本使命。学术文化活动是高层次的校园文化活动，它所产生的文化成果对大学文化环境和学生意识形态具有重要影响。

弘扬学术精神是思想政治教育和大学精神的主旋律。其一，培育学术自由精神。学术精神是在社会历史时代发展的一定阶段，显现在大学学术活动和教育活动中的学术宗旨、学术方法、学术价值、学术特征和学术风格等精神文化形态，具有较强的传承性、发展性和渗透性。学术自由是大学学术发展的根本保证，大学学术精神崇尚学术自由，学术自由是大学生机与活力的象征。通过思想政治教育工作营造一种思想不受外界约束的氛围，形成百花齐放、百家争鸣的氛围。其二，强化学术责任意识。学术责任与学术自由相辅相成、辩证统一，学术责任是大学精神文化在学术领域的基本要求。强化大学师生的学术责任理念，强化学术道德建设，使大学师生自觉以求真务实的态度对待学术研究。建立科学而严格的学术制度，引导学术活动规范、健康地开展，切实发挥学术评价的导向和激励作用。其三，培养学术合作精神。促进研究团队人员之间、研究团队人员与学术活动管理者之间的通力合作，保持和提高学者组织内部良好的合作氛围，排除一切不利于学术研究的因素，发掘一切有利因素，建立规范化与具有创新性的管理方法与服务方式，为大学学术组织的深度合作发展奠定基础。突出学术风气建设，凝练与升华大学精神文化育人功能。追求真理、广容宽容的学术风气是大学办学质量与办学成效的内在要求和外在体现，是大学学术精神对大学师生的要求。加强学术风气建设，着力培育和营造崇尚学术、追求卓越、勤勉求实、严谨创新的治学精神，牢固树立自尊自律的意识，加强合作，培育学术团队和团队协作精神。[①] 如摄影测量与遥感学家刘先林老师、北京大学

① 徐飞、黄伟力、鲍金等：《文化的力量：中国大学文化建设的创新之路》，格致出版社，2012，第 101～113 页。

季羡林老师、海军大连舰艇学院方永刚老师等学术楷模，以忘我的拼搏精神生动履行着神圣学术使命，诠释了大学学术精神的真谛。

传承一定价值取向、目标认同和思维方式的大学精神文化是思想政治教育的任务。大学精神文化建设目标的实现，需要大学师生在充分把握新时期大学办学规律与自身办学传统的基础上，创设与完善体现大学精神文化的载体。培育大学的核心办学理念是关键，组织全体大学师生所信奉的信条，确立组织在发展中处理内外矛盾的一系列准则。[①] 独特而实际的办学理念，已成为大学的灵魂与大学文化精神的象征，在大学发展过程中发挥着重要的文化建构作用和目标指向作用，着力培育先进的大学办学理念是培育和践行社会主义核心价值观的重要途径，是陶铸大学生青春、引领大学生成长的重要保障。办学理念是大学精神的结晶，大学要形成具有特色的精神文化，办学理念是其源头。开展思想政治教育促进大学精神文化的发展，就要提升办学理念。国内外著名大学在长期的办学实践中凝结集体智慧和经验形成了自己的办学理念。如美国哈佛大学的办学理念是“学术民主、学术自由与学术创新”，威斯康星大学的办学理念是“大学必须为社会发展服务”，麻省理工学院的办学理念是“培养学生具有创新精神”，斯坦福大学的办学理念是“学以创业、学以进取”，耶鲁大学的办学理念是“以学生为中心”，北京大学的办学理念是“兼容并包、学术自由”等。独特的办学理念在大学发展中发挥了至关重要的作用，成为他们独具魅力的文化名片。[②]

学术文化活动是与大学生思想政治教育水平相适应的高层次的校园文化活动。[③] 我们打造以学术文化活动为主流的校园文化大学的学术文化活动以及形式的多样性、范围的广泛性、内容的知识性，将有各种兴趣爱好的学生统一于大学整体文化建设的系统工程中，使每位大学生在

---

① Abraham Flexner, *Universities*: *American*, *English*, *German*, New York: Oxford University Press, 1930: 248.

② 苏振芳：《当代国外思想政治教育比较》，中国社会科学出版社，2009，第 2 ~ 12 页。

③ 何宽芳：《大学学术文化与大学学术生产力》，《高等教育研究》2005 年第 12 期，第 1 ~ 7页。

整体大环境中个性都能得到充分的尊重和挖掘，在全面发展中突出个性、提升能力。通过形式多样的学术文化活动培养学生主动参与学术活动的意识和科技创新的意识，促进学风建设和学生自主学习能力、专业知识的应用能力和实践能力的提高，为大学文化环境的优化和学生优良人格的塑造搭建有效的平台。如学校开设学术前沿讲座的品牌活动，将优秀文化和先进思想引入大学师生的视野；定期开展形式多样、内容丰富的学术沙龙，增进学术交流，激发不同观点和不同思想，为大学师生的健康成长服务，实现大学师生的生命价值和学习价值的内在统一，让大学成为讲究学术自由、独立思考的精神家园。北京大学不断明确实践育人的基本理念，突出"价值引领"和"学术导向"两个重要内容，坚持"三实"和"三专"的思想政治教育举措，倡导学以致用、知行统一，不断丰富培育和践行社会主义核心价值观的实践载体，促进大学生的健康成长成才。①

培育和激活学术文化是思想政治教育的重要内容。营造有价值和意义的大学学术文化，是对学术自由和学术责任的强化。其一，不断凝练体现大学精神文化的办学理念。它是大学生思想政治教育实践的指针，是大学制度的思想基础，是大学组织运行的重要准则，以大学师生的全面发展来谋求大学的发展，进而担当起推动社会进步的历史责任。其二，培育昭示大学精神文化的校训。在大学精神文化的感召下，大学师生形成崇尚科学、追求真理的气魄，树立严谨治学、求真务实的科学态度。其三，营造蕴含大学精神文化的校风，激励大学师生勇于拼搏、崇尚奉献，激发大学师生爱国爱校、勤学求知的热情。如清华大学"行胜于言"的校风、同济大学"同舟共济　自强不息"的校风、郑州大学"笃信仁厚　慎思勤勉"的校风。其四，弘扬优良大学精神文化教风。教育主体利用自身的主导地位，在教学方式、敬业精神和人格修养方面对客体施加影响，在大学内部形成和谐信任、理解尊重的群体关系，为教育

---

① 《北京大学坚持价值引领和学术导向强化实践育人效果》，http://www.moe.edu.cn/s78/A12/moe_2154/201411/t20141117_178418.html。

教学活动提供精神保障。其五，倡导反映时代内涵的学风文化，以大学精神文化统摄大学师生的人生观和价值观，端正价值取向，增强学习行为的自主性，保证学习行为的成效，引导其自我参与、自我评价、自我教育、自我建设。

## 二　诠释大学文化的时代内涵

激发思想政治教育课堂教学的深层价值和生命活力，诠释大学文化的时代内涵。课堂是大学生获取知识的主要场所，也是对大学生进行思想政治教育的重要阵地。大学课堂是大学文化得以生根发芽的土壤，是思想政治教育的主渠道，它蕴含着丰富的文化资源。[①] 思想政治教育遵循“以理服人”的规律和“理性”原则，通过课堂教育主渠道诠释先进文化的时代内涵。我国大学开设的思想政治教育课程包括马克思主义教育、毛泽东思想和中国特色社会主义理论体系教育、社会主义核心价值体系教育、大学生思想道德教育、大学生心理健康教育等，这些教学内容不仅反映了大学生成长成才的内在要求，而且体现了社会主义大学先进文化的时代内涵。课堂教学体现着社会主义大学文化的本质特征，是思想政治理论课程与哲学社会科学课程及其他各门课程之间的集合，是最基本、最核心、最稳定的教育活动。[②] 它集中反映了人类文明的思维成果，具有强大的理性的感召力，在大学所有类型的思想教育活动中占据主导性地位。

重点发挥思想政治理论课的主渠道作用，进行系统的马克思主义教育和思想政治教育。课堂教育是以理论和知识为主的教育渠道，构筑大学生的精神世界。“理论只要说服人，就能掌握群众；而理论只要彻底，就能说服人。所谓彻底，就是抓住了事物的根本。”[③] 课堂教育集教育、管理、服务、传道、授业、解惑多种功能于一体，是思想政治教育的重

---

① 教育部思想政治工作司：《大学生思想政治教育理论与实践》，高等教育出版社，2009，第 159 页。

② 骆郁廷：《当代大学生思想政治教育》，中国人民大学出版社，2010，第 150 ~ 158 页。

③ 《马克思恩格斯选集》（第 1 卷），人民出版社，1995，第 9 页。

要载体。它浓缩了感性认识与初步理性认识的精华，是教育内容中概括性程度最高、内容最完整、观点最鲜明、特色最集中的方面。“通过相对稳定的课堂教育方式，推动马克思主义中国化的最新成果深入大学生内部认知结构和知识系统，形成大学生世界观、人生观和价值观的知识基础，对大学生的发展起到一种长期稳定的影响作用。”① 它系统梳理了人类文化遗产的精华，集中反映了人类文明的思维成果，直接以马克思主义理论教育为主要内容，集中开展马克思主义理论教育的教育渠道，同时具备伴随着学科发展的“弦外之音”。因此，课堂教学承担着育人职责、把传播科学知识和进行文化素养教育、把教书与育人工作有机结合起来，充分挖掘专业教学中的思想文化教育因素，与大学生的学习、生活、成长紧密联系，有针对性地开展教育和引导，实现科学文化知识之“化”人的目的，拓展大学生的专业知识和社会文化视野，树立大学生心中的理想信念标杆，形成适应当代大学生特点的全方位的大学课堂文化育人体系。②

提高思想政治教育课堂的说服力和感染力，强化思想教育课程的“化”人功能。课堂教育是思想政治理论课程与哲学社会科学课程及其他各门课程之间的集合，其中思想政治理论课程是疏导马克思主义基本原理，强化行为规范，宣传大政方针，化解思想矛盾，培养大学生科学世界观、人生观、价值观的主渠道和主阵地。中共中央国务院强调：加强和改进思想政治课工作，用马克思主义中国化最新成果武装大学生，推动社会主义核心价值体系建设，使大学生成为社会主义核心价值体系的坚定实践者，帮助大学生进一步认清自己的历史责任，提高大学生政治鉴别能力和政治敏锐性，把大学生培养成对国家有用的人才。这要求教材内容能使大学生听得进、有共鸣、能受益，用教师自己深刻的理解去讲解，以说服学生、打动学生；同时注重紧密联系历史的、现实的、中国的、外国的种种实际，针对重大问题做出说明和评论，在论述问题

---

① 胡锦涛：《进一步加强和改进大学生思想政治教育工作》，中华人民共和国教育部，2005。

② 蔡劲松：《大学文化理论构建与系统设计》，文化艺术出版社，2009，第 104 ~ 105 页。

中阐述理论，提高说服力和感染力，提高课堂思想教育主渠道“化”人的实际效果。[①]

思想政治课程在提升大学生的思想政治素质方面起着主导作用。[②]教育是一个通过文化传承、创造与发展而实现人才培养目标的过程，课程具有文化的属性，是一种教育化了的文化。[③] 在思想政治理论课程教学中培养大学生的马克思主义信仰和正确的价值观念，课堂教育是思想政治教育文化建设的重要载体，也是加强思想政治教育的主渠道。在教学过程中，坚持把马克思主义最新理论成果贯彻到课程教学各个环节，并通过组织参观考察德育实践基地和爱国主义教育基地、开展社会调查、撰写社会调研报告，引导大学生理论联系实践，不断提高大学生思想、政治、道德认识水平，引导他们把认识统一到党和国家的路线、方针、政策和决策上来，在建设中国特色社会主义事业的过程中实现个人价值，获得全面发展，使课堂教育成为大学生坚定共产主义信仰和社会主义信念的主渠道。如东北师范大学以科学而精致的思想政治教育引领着大学生的成长，将思想政治教育工作贯穿于“两个课堂”，以精心设计的“文化主题”引领“行走的课堂”，让大学生走出课堂在社会实践中体验、践行主题，回到课堂汇报交流，营造了大学生思想政治教育的良好氛围，提升了大学文化建设品质。[④]

哲学社会科学课程负有思想政治教育的重要职责。哲学社会科学课程教学中要充分体现马克思主义中国化的最新理论成果，用科学理论武装大学生，用优秀文化培育大学生。[⑤] 哲学社会科学课程与思想政治教

---

① 中共中央国务院：《关于进一步加强和改进大学生思想政治教育的意见》，《人民日报》2004 年 10 月 15 日，第 1 版。

② 中共中央宣传部：《中共中央国务院关于进一步加强和改进大学生思想政治教育的意见》，中国人民大学出版社，2005，第 73 页。

③ 张楚廷：《论教学环境与课程》，《湖南师范大学社会科学学报》1999 年第 1 期，第 104 页。

④ 杨晓慧：《社会主义核心价值体系融入大学生思想政治教育全过程的基本问题研究》，人民出版社，2011，第 214 ~ 216 页。

⑤ 教育部思想政治工作司：《大学生思想政治教育理论与实践》，高等教育出版社，2009，第 162 ~ 163 页。

育理论课程起着相互配合、相互促进的作用。思想政治课程为大学生学习哲学社会科学课程提供正确的世界观和方法论，让大学生试着运用马克思主义理论成果、观点和方法去分析、解决实际问题和困难。哲学社会科学课程及其他各门课程充满了“文以载道式”的渗透教育，如辩证法、人文精神、科学精神、创新思维的贯穿和渗透，人的言行的示范教育，把教学与育人更加自觉、有机结合起来。[①] 哲学社会科学课程能够更好地为思想政治理论课程提供知识基础，拓宽大学生的视野，使大学生能够更加生动、具体地理解马克思主义基本原理。同时它运用不同于自然科学和技术科学课程的特有的教育力量培育大学生积极向上、正确的人生理念和生活态度，引导他们树立正确的行为规范、把握社会发展的规律。

积极发挥各门课程的育人功能，深入挖掘其思想政治教育资源。[②] 教学永远具有教育性，要进一步转变教育思想，按照现代科学技术文化发展的新成果和社会主义现代化建设的实际需要，更新德育课程体系、教学内容，调整课程结构，加强基本知识、基本理论和基本技能的培养和训练，重视培养大学生发现问题、分析问题、辨别问题和解决问题的能力。同时，拓展各门课程教学和实践中的育人功能，不断拓宽专业业务范围，加强实践环节的教学和训练，促进教学、科研和生产三结合；教材要反映中国和世界的优秀文明成果以及当代科学技术文化的最新发展动态，积极扩大种类的同时，不断提高质量，加强理论与实际的联系，力求思想性与科学性的统一，不断增强课程教学的育人功能和育人效果。

通过主题研讨增强大学生的感悟与理解。心理学原理告诉我们：人在轻松和愉悦的时候注意力最集中、思维最活跃、精神系统的活动最顺畅，对所获信息容易入耳入心，在轻松愉快的活动中大学师生能自然受到感染，在感染中接受教育，使教育过程和内化过程同时展开，收到良

---

① 马勤学：《思想政治教育新论》，中国文史出版社，2013，第97页。

② 周先进：《高效德育环境论》，湖南人民出版社，2005，第25页。

好的效果。[①] 思想政治教育要朴实化、平民化、具体化，在解决大学师生的思想认识问题时，坚持理论联系实际的原则，采取民主的方法，主体研讨的方法，摆事实、讲道理的方法，使人心悦诚服，而不是采用空洞的、教训式的说教，更不能采用压制的方法、行政命令的方法，做到以理服人。提高思想政治教育的效果，结合生活实际，结合思想史和现代西方哲学流派，进行比较对照，将马克思主义基本原理、基本方法讲清讲透，让大学生真正明理。通过讨论的方式进行思想政治教育，能使大学生发挥积极主动性，既能巩固以前所学的知识，又能培养语言表达能力、阅读能力和思辨能力。主题研讨前，大学师生会投入更多的时间和精力进行充分准备，全身心投入讨论，在讨论的过程中，发挥自己的积极主动性。

## 三　秉承社会主义核心价值理念

以社会主义核心价值体系为主导决定大学文化建设的根本政治方向。在内容上需要以社会主义核心价值体系为统领，在方式上需要以适应大学文化要求为转换。其一，社会主义核心价值观是大学文化发展的本质需求，同时又对大学文化建设起到整合与强化的促进作用。社会主义意识形态的本质是社会主义本质的观念反映、理论表现，归根结底是由社会主义本质决定的。[②] 在当前，坚持社会主义道路就是要高扬中国特色社会主义理论旗帜，坚定不移地走中国特色社会主义道路。如果离开社会主义的本质规定，大学文化发展就会迷失方向，这是大学文化建设的“关键点”和“本质要求”。其二，社会主义核心价值观为大学文化的形成与发展提供价值引领。社会主义核心价值观是在继承中华民族优秀文化传统的基础上，吸收世界优秀文明成果，在实践中创新和发展起来的，具有极强的实践指导意义。社会主义核心价值观不仅作用于大学文化的内涵、形成、发展的各个方面，而且对大学师生的世界观、人生观、价值

---

① 胡凯：《现代思想政治教育心理研究》，湖南人民出版社，2009，第22～28页。

② 袁贵仁：《社会主义意识形态的本质体现》，《人民日报》2008年4月21日，第7版。

观都产生深刻的影响，引领社会前进的精神旗帜，为大学文化发展提供价值引领。其三，社会主义核心价值观为大学师生价值观的形成提供理论指导。马克思主义既是我们立党立国的根本指导思想，也是大学文化健康发展的灵魂。大学师生只有坚持以马克思主义作为指导思想，才能抵御各种错误思潮的侵袭，认清指导思想一元化与社会思想多样化的关系，做坚定的马克思主义者。

通过思想政治教育的方式途径构建“一元主导，和谐共生”的大学文化氛围。[①] 马克思指出：在每一时代统治阶级的思想都是占统治地位的思想。一个阶级是社会上占统治地位的物质力量，同时也是社会上占统治地位的精神力量。[②] 明确指出主流意识形态的统摄作用和占领这个阵地的重要性，用社会主义核心价值观引领大学文化建设的整个过程就是要使大学师生旗帜鲜明地坚持以马克思主义为指导，这是大学文化发展的基本方向，也是根本目标。社会主义核心价值观决定大学文化发展的政治方向，突出了马克思主义指导思想的重要作用。方向问题是大问题，它直接涉及举什么旗、走什么路。中共中央曾明确指出：思想政治教育要培养爱党、爱国、爱社会主义，坚决拥护党的路线方针政策，为实现中华民族伟大复兴宏伟目标而奋斗的社会主义建设者和可靠接班人。[③] 思想政治教育应深刻体现服务意识形态的基本功能，为培养社会主义建设者和可靠接班人服务。当前大学生的文化价值观教育关键是教育和引导大学生高度认同社会主义核心价值观，高举中国特色社会主义伟大旗帜，毫不动摇地走中国特色社会主义道路，社会主义核心价值观教育是思想政治教育的核心内容，也是大学文化建设健康发展的重要保障。

理论教育与实践教育是秉承社会主义核心价值观的重要途径。理

---

① 高地：《社会主义核心价值体系融入大学生思想政治教育的载体研究》，《东北师大学报》（哲学社会科学版）2009 年第 5 期，第 21 页。

② 《马克思恩格斯选集》（第 1 卷），人民出版社，1995，第 98 页。

③ 教育部思想政治工作司：《大学生思想政治教育理论与实践》，高等教育出版社，2009，第 1 ~ 2 页。

论教育与实践教育的有机结合是对社会主义先进文化进行直接的意义传递和解释，有选择地继承历史传统，批判地接受外来文化。[①] 运用唯物主义基本观点和立场分析问题，理论结合实践是非常重要的。马克思指出：单凭思想是不可以实现什么的，能够实现思想的人都是借助实践力量的。[②] 大学文化建设是一项与时俱进的工程，它与社会主义现代化建设紧密相连。理论教育注重培养大学师生的道德责任感，实践教育强调进一步运用所学理论去解决问题，提高思想政治教育的实效性，让大学师生可以进一步接触社会和现实，有选择地继承优良传统。社会主义核心价值观是引导大学师生的思想观念朝着社会主义意识形态方向发展的根本保证。胡锦涛同志指出："教育要注重育人为本，德育先行，培养全面发展的青年大学生。"[③] 大学应用正确的价值取向指导文化建设，发挥其"以文化人"的优势，借助大学优秀文化全方位深层次影响大学生的特点，使大学师生在政治上、道德上和价值上树立正确的观念。社会主义核心价值体系体现的是当代社会主义文化建设的根本要求，是构成大学文化建设的重要内容和引导大学文化发展的决定性因素。发挥社会主义核心价值体系对大学文化建设的引领作用，有利于大学文化传承创新功能的有效实现。[④] 社会主义核心价值体系是社会主义意识形态的本质体现，统领价值观为大学师生提供行动指南。[⑤] 马克思主义是立党立国的根本指针，是社会主义核心价值体系的灵魂。树立正确的政治方向，以马克思主义为指导，坚持用马克思主义中国化的最新理论成果武装头脑，使大学师生能够用马克思主义中国化的最新成果分析和解决学习、生活中遇到的现实问题，树立正

① 邱柏生：《推进当代中国马克思主义大众化的路径和过程》，《思想理论教育》2008年第5期，第8~13页。

② 《马克思恩格斯选集》（第2卷），人民出版社，1957，第152页。

③ 胡锦涛：《高举中国特色社会主义伟大旗帜为夺取全面建设小康社会新胜利而奋斗》，人民出版社，2007，第37页。

④ 陆岩、曲彦宇：《试论社会主义核心价值体系与大学文化的契合点》，《思想政治教育研究》2013年第6期，第83~86页。

⑤ 袁贵仁：《社会主义意识形态的本质体现》，《人民日报》2008年4月21日，第7版。

确的政治方向，指导自身行为。

加强理论教育的科学性，增强社会主义意识形态对大学生的吸引力和凝聚力。马克思曾指出：理论只要说服人，就能掌握群众；而理论只要彻底，就能说服人。[①] 马克思主义要想掌握群众、掌握大学生，就必须具有说服力。通过理论教育推动马克思主义中国化，让大学师生理解和掌握社会主义核心价值理念，从而更加自觉、坚定、有效地贯彻党中央的精神，使大学师生有意识地创造历史、自觉成为历史的主人。社会主义核心价值观为大学文化建设明确目标追求，传播当代中国价值观念，担负着传播先进文化、守护社会精神家园的重要使命。共同理想是国家和民族的指路明灯，是文化建设的航标。走中国特色的社会主义道路，实现中华民族的伟大复兴，不仅使大学师生切身体会到了中国特色社会主义事业面临的机遇和挑战，也使大学师生感受到了社会主义事业的旺盛生命力，从而自觉认同共同理想，并将其内化为自身的价值目标、价值追求和价值取向，在此基础上外化为自身的行为习惯。社会主义核心价值观为大学师生构建精神支柱。以爱国主义为核心的民族精神和以改革创新为核心的时代精神使大学师生在中华民族优秀文化和民族精神中汲取营养，培养团结友爱、勤劳勇敢的品格特质。

注重实践养成是增强社会主义核心价值体系对大学生的吸引力和凝聚力的有效途径。[②] 大学文化建设的实践性要求思想政治教育要引导大学生投身实践，充分发挥整合功能，更好地为实践服务、为现实服务。坚持马克思主义的主导地位，坚持用发展的马克思主义指导实践，掌握意识形态领域的主动权与话语权。[③] 通过实践教育，促进大学师生了解社会、了解国情，增长才干、奉献社会、锻炼毅力、培养品质、增强责

① 《马克思恩格斯选集》（第 1 卷），人民出版社，1995，第 9 页。

② 赵存生：《先进文化建设中的大学文化建设》，《中国高等教育》2003 年第 24 期，第 9 ~ 11 页。

③ 刘书林：《论社会主义核心价值观的几个重要关系》，《思想理论教育导刊》2014 年第 9 期，第 60 ~ 67 页。

任感，让大学师生感知和领悟社会主义核心价值观的内容，使社会主义核心价值观真正发挥作用。按照社会主义核心价值观的基本要求，运用相对固定的教育模式和教育载体，重视社会主义核心价值观对大学师生的吸引力和凝聚力，抓住新时期大学师生的主要特点，在现实生活中不断引导、教育学生，营造良好的教育环境，创新教育平台，确立核心的政治思想道德价值观念，让社会主义主流意识形态成为大学师生的行为规范，使他们能够与时代同步伐、与祖国共命运、与人民齐奋斗。[①] 如武汉大学坚持理论武装、实践育人、文化涵养、典型示范和队伍建设"五位一体"思想政治教育模式，积极引导大学师生将社会主义核心价值观内化于心、外化于行。积极推进思想政治理论课教学，加强"学生素质教育讲堂"和"弘毅讲堂"等社会主义核心价值观教育宣传平台的建设，使社会主义核心价值观的内涵真正入耳、入脑、入心。[②]

## 第三节　培育规制意识，强化大学制度文化

大学制度文化是大学师生具体行为中反映出来的价值观念和行为方式。它积淀于大学师生的内心，是大学在办学和发展过程中一系列权利、义务和责任的综合，是大学存在和发展的规范、规则，同时也表现为大学在长期的发展和实践中形成的观念和习惯。主要体现为大学师生对大学制度的设计、执行、监督等内在的价值取向、理性原则。通过思想政治教育的方式和途径促进依法办学和遵法治校、完善科学决策和日常规章制度、贯彻大学民主管理制度、实施以人为本的人性化管理制度、推进学术保障制度。[③]

---

① 沈壮海：《将优秀传统文化融入高校立德树人实践》，《思想政治工作研究》2014 年第 4 期，第 10~13 页。

② 《武汉大学坚持"五位一体"协同推进　积极引导师生培育和践行社会主义核心价值观》，http：//www. moe. edu. cn/s78/A12/moe_ 2154/201411/t20141113_ 178050. html。

③ 孙雷：《现代大学制度下的大学文化透视》，光明日报出版社，2010，第 100~101 页。

图 7－3 中大学师生对通过思想政治教育的方式和途径有助于促进大学制度文化建设的观点认同度调查，调查内容包括五个方面：有助于促进依法办学和遵法治校、完善科学决策和日常规章制度、贯彻大学民主管理制度、实施以人为本的人性化管理制度、推进学术保障制度。调查结果显示认同度分别是 0.9755、0.9311、0.9155、0.9577、0.8200。大学师生对思想政治教育在大学文化建设中的积极作为方式的认同度较高。思想政治教育积极作为对大学制度制定和大学制度运行具有重要的作用。在国家法律法规的要求下，坚持民主平等的原则，思想政治教育工作的开展有助于促进建立符合大学师生利益的、公平合理的规范制度，调动大学师生的积极性和主动性。同时能够较好地宣传，让大学师生对大学制度文化的建设有充分了解和认同，并自觉参与和维护。对合理的大学制度文化进行继承和发展，让合理规范的大学制度文化成为维护大学精神文化、大学物质文化和大学行为文化的有力保障。

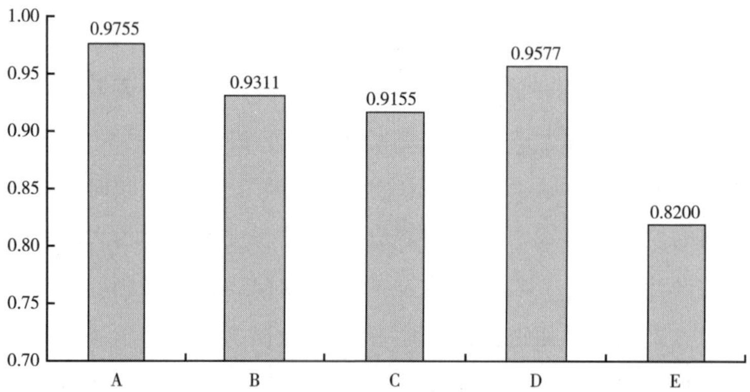


**图 7－3 大学师生对“通过思想政治教育的方式和途径有助于促进依法办学和遵法治校、完善科学决策和日常规章制度、贯彻大学民主管理制度、实施以人为本的人性化管理制度、推进学术保障制度”观点的认同度**

说明：A 表示有助于促进依法办学和遵法治校；B 表示完善科学决策和日常规章制度；C 表示贯彻大学民主管理制度；D 表示实施以人为本的人性化管理制度；E 表示推进学术保障制度。

## 一　完善科学决策，丰富制度文化内容

大学制度反映一定群体的文化价值和文化观念。大学制度的意义恰恰在于它在日积月累之中，积淀了丰富的精神文化内涵。制度一经实践，便以一种文化理念在起作用，形成制度文化。我国《高等教育法》规定：高等学校应当面向社会，依法自主办学，我国实行民主管理是现代大学制度的核心内容，也是现代大学制度的基本标志。[①] 大学制度文化建立在大学师生对大学文化认同的基础上，在运行中真正起作用的不仅是制度和行政外在的强制力，而且有大学文化对大学师生产生的潜移默化的内在推动力，它包括显性制度文化和隐性制度文化。[②] 思想政治教育工作有效地推动大学显性制度的制定和隐性制度文化的实施，健全完善、公平、公开的大学规章制度形成健康的隐性制度文化。

大学制度文化与思想政治教育工作相互影响、相互促进。思想政治教育影响着大学制度演进的全过程，而大学制度也反映着思想政治教育的演进，同时也不断建构和推动着思想政治教育的发展。博克先生曾指出：当代社会的快速发展要求大学参与社会进程，融入现实生活并服务社会，而大学制度就是为实现这一特定的目的而设立的，它们的特定使命是发现和传播知识。[③] 大学制度文化是大学制度积淀于大学师生的内心世界而形成的认知方式和行为习惯。大学制度文化能够把大学的价值理念渗透到大学师生的自觉行为中，形成独特的、其他学校难以模仿的核心价值观。从大学的制度文化中，既能够看出制定制度的意图、要达到的目标以及价值观念，也能看出执行制度过程中

---

① 黄蓉生：《改革开放以来大学生思想政治教育论纲》，人民出版社，2014，第212~226页。

② 龚静：《组织文化：现代大学制度建构取向》，《教育研究》2005年第7期，第55~58页。

③ 〔美〕德里克·博克：《走出象牙塔——现代大学的社会责任》，徐小洲、陈军译，浙江教育出版社，2001，第12~18页。

群体形成的氛围和群体对制度的认可程度。[①] 大学制度文化是大学校园内各种具有科学性、思想性、教育性的规章制度的总和，以及通过规章制度的贯彻、实施而产生于大学师生内心的制度意识和价值意识。思想政治教育是大学管理制度产生的先导，通过思想教育在一定的文化理念和价值观的基础上，才能产生相应的大学管理制度；反过来，大学制度文化能够把思想政治教育的价值理念渗透到大学师生的自觉行为中，培养大学师生的创新精神和实践能力，促进大学师生的全面发展。

注重大学制度文化建设的合法性、权威性和可操作性。大学制度文化是社会主义法治和思想政治教育的最佳结合点，是为适应依法治校的要求，针对大学师生具有约束、指导、规范和协调作用的内部规定。注重大学制度文化的不断创新，制定出切合实际，维护大学师生合法权利的规章制度，弱化对大学师生的人为管理，强化制度管理。从大学的制度文化中，既能够看出制定制度的意图、要达到的目标以及价值观念，也能看出执行制度过程中群体形成的氛围和群体对制度的认可程度。[②] 大学制度文化是大学校园内各种具有科学性、思想性与教育性的规章制度的总和，以及通过规章制度的贯彻、落实、实施而产生在大学师生内心的制度意识和价值意识。大学制度文化能把大学的价值理念渗透到大学师生的自觉行为中，形成独特的、其他大学难以模仿的学校核心价值理念。并且通过思想政治教育对那些不符合大学健康发展的价值取向和行为方式进行纠正和处罚，使大学师生形成对违背社会道德、学校规则的思想和行为的判断力、自控力，自觉抵制各种丑恶不良现象的侵蚀，通过暗示、舆论、规章等对大学师生产生潜在的心理压力和动力，规范大学师生的价值理念和行为方式，进而把外在文化转化为自身内在文化，从而主动接受大学的制度规范。

思想政治教育是培养大学规制意识的重要途径。我国是社会主义

---

① 马寒：《裂变与整合：多元视域下的大学文化研究》，世界图书出版公司，2012，第 249 页。

② 金庆良：《大学制度文化建设中的取向》，《教育评论》2009 年第 1 期，第 14 ~ 17 页。

国家，应当建立中国特色的现代大学制度，关键是坚持社会主义的办学方向与现代大学制度的基本特征的有机结合，思想政治教育是实现这一目标的重要途径。中国特色的现代大学制度是在政府宏观管理和学校党委领导下的以社会主义现代化大学理论为前提，实行大学自治、校长治校、学术自由、专家治学、科学管理、学习自由、科学评价的现代大学制度，坚持党的基本路线、方针和政策，建设中国特色社会主义高等教育，培养社会主义事业的可靠接班人，全面实现现代大学的社会职能。[①] 思想政治教育者通过规章制度体现大学的办学目标、办学宗旨和对大学师生的要求，把大学师生的行为纳入特定的轨道，用以保证大学各项工作的正常顺利进行。各种文化活动、集体规范、举止礼仪给大学师生提供选择的参考，传递出特定的价值观信息，从而使大学师生积极地接受大学倡导的价值观和行为准则。其一，实现大学自律，它是实现大学可持续发展的内在要求和重要保障。促进大学根据社会客观需求和自身办学实际，遵循办学规律和人才成长规律，坚持科学的决策程序和民主监督制度，在办学目标、学术研究和教学质量等方面坚持自我约束、自我创新、自我完善，形成充满活力的内部运行机制。其二，保障学术自由。克拉克·克尔先生曾指出：任务不同、技术不同的各种专业人员驾驭和运用各自的知识群，形成不同的思想风格，采用不同的专门方法和工具，大学便成为一个不需要有多少联系的若干这种知识集团的联合体。[②] 思想政治教育工作有助于促进大学发扬学术自由，提供广阔的学术空间，使大学具有旺盛的生命力，保证学者拥有“自由思想和独立人格”，创设开放、宽松、浓郁的学术生态环境，各个方面形成合力，各尽所能、各负其责、自我约束、彼此推动。其三，推进学者治学。专家治学办学思想，体现了对知识的信赖和尊重，对学术本位的现代大学制度的构建，顺应世界现

① 《习近平就高校党建工作作出重要指示强调　坚持立德树人思想引领　加强改进高校党建工作》，http://www.moe.gov.cn/publicfiles/business/htmlfiles/moe/moe_838/201412/182511.html。

② 〔美〕克拉克·克尔：《大学的功用》，陈学飞等译，江西教育出版社，1997，第3页。

代教育管理民主化的潮流，有利于提高大学决策特别是学术的科学性和可行性。

## 二 推进道德实践，增强制度文化活力

道德实践活动有助于增强大学制度文化建设。实现一个人自由而全面发展，是马克思主义的最高价值目标，思想道德发展是人才成长的内在需要。[①] 一个人如果没有良好的思想道德，即使有很高的智商也难以成才，难以为社会做出贡献，相反，一个人具备良好的品德，就能够在实践中根据实际可能和需要去开拓和发展智能。[②] 开展思想道德实践活动对大学师生进行正确引导，培养良好的个人思想品质和社会道德风尚，培养其道德践履的自觉性和行为习惯，更强调知行统一、理论与实践结合，从而实现思想政治教育的目的。开展思想道德建设是思想政治教育工作的重要内容，发挥思想政治教育的传统优势，使他们接受思想的启发、道德的觉醒、政治的觉悟、精神的洗礼，使他们知道自己“应当做什么”“应当怎么做”“不应当做什么”，使他们在喜闻乐见的活动中获得教育信息，在感染过程中了解思想教育的内容。

思想政治教育所进行的教育是全面综合的教育，所要求人们形成的思想道德品质也是知情信意行的综合体。[③] 思想道德素质提高是一个实践过程，也是一个人发展的过程，必须经历由量变到质变的飞跃，遵循教育“累加效应”。思想道德建设活动能促进良好文化氛围的形成，开展内容丰富、具有吸引力的思想教育活动，把社会主义主流思想渗透到道德实践活动中。“在哈佛，学生从相互间学到的东西比从教师那里学到的东西还要多，它是一个经过精心挑选的、才能出众的学生群体，并

① 吴潜涛、王雅丽：《思想道德素质：创新型人才的灵魂》，《思想教育研究》2012 年第 8 期，第 26～28 页。

② 刘新庚、韩慧莉：《论大学生思想道德素质建设的“治道”内化》，《伦理学研究》2012 年第 5 期，第 107～113 页。

③ 白显良：《隐性思想政治教育基本理论研究》，人民出版社，2013，第 144 页。

给予每个成员提供个人成长的无与伦比的机会。”[①] 杜威先生曾指出，学习结果有两种：第一种为有意识地学习知识；第二种为无意识地学到知识，通过交往、评价获得理想、兴趣和意志。[②] 在思想政治教育的理论灌输与知识讲授中，大学生所掌握的仅仅是“关于道德的观念”，而通过思想道德实践活动，才能真正掌握“道德观念”。通过道德建设活动来拓展思想政治教育的内涵，是多元化大学生思想政治教育工作的显著特征，也是一种先进方法。掌握思想道德活动的特点和方式，采取有力的措施，将思想道德教育工作推上新的台阶。让思想道德活动不仅吸引人，而且教育人，使其成为思想政治教育的有效载体。把思想道德活动与思想政治教育实践结合起来，以思想道德“寓”思想政治教育，充分丰富大学师生的情感体验，唤起大学师生的道德情感，实现情感理性化，情与理实现交融。

思想政治教育的内容被寓于思想道德实践活动的要素、环节和过程。列宁同志曾指出：工人特别容易明白和领会社会民主党的纲领，因为这个纲领所说的，全是每一个有头脑的工人看见过、经历过的东西。[③] 思想道德实践活动要求多适应性，思想政治教育内容的选择、编制须从思想道德活动开展所依凭的教育载体的具体实际出发，保持教育内容与教育载体的高度契合。同时，在思想道德活动中与教育者保持高度适应性，教育者作为整个思想政治教育活动的组织者、实施者，正是通过他的积极能动的实践赋予思想道德活动以思想政治教育内涵，教育者既要掌握教育内容的教育内涵和实践要求，也要把教育内容在思想道德实践活动中体现出来。与大学师生保持高度适应性实现教育目的，依靠其自身的觉悟理解教育内容。教育内容的编制要考虑他们的知识水平、兴趣爱好、实践技能等，使教育内容尽可能与大学师生的日常生活紧密联系，这些教育内容往往更容易为他们所接

① 〔美〕亨利·罗索夫斯基：《美国校园文化——学生·教授·管理》，谢宗仙、周灵芝、马宝兰译，山东人民出版社，1996，第 140 页。

② 〔美〕杜威：《道德教育原理》，王承绪译，浙江教育出版社，2003，第 2 ~5 页。

③ 《列宁全集》（第 7 卷），人民出版社，1986，第 176 页。

受。如为了充分发挥道德模范的示范作用，丰富思想政治教育的内容，宣传部和教育部举办“全国道德模范首都高校系列巡讲活动”，此项活动使大学师生坚定了理想信念、培养了高尚道德情操。[①]

思想道德活动突出的不是知识教育，而是情意行方面的教育。[②] 蔡元培先生曾指出：道德不是记熟几句格言就可了事，要重在实行。[③] 阿什比曾指出：“道德是被感染的，而不是被教导的。”[④] 他们进行思想道德教育不是要求孩子死记硬背道德准则，而是通过开展活动，让孩子从学习、生活中自己去领悟。思想道德实践活动不仅传授理论知识，而且深深融入大学生的生活体验中，让其在实践中接受教育，起到感染、激励、带动作用。个体思想品德素质的形成发展所需要的对思想政治教育的掌握，不仅需要知识性掌握还需要向情感、信念、实践掌握转化。在思想道德实践中大学师生容易受教育氛围的熏陶、生活实践的锻炼、德行实践的觉悟、道德规范的觉醒，他们所感受领悟的是立场、观点、方法，所启迪的是思想政治道德的智慧，所习得的是知识论与方法论，是世界观、人生观、价值观的统一。在坚持社会主义核心价值观基本教育内容的前提下，根据具体特点推进思想道德竞赛教育。[⑤] 邓小平指出：“我们在鼓励帮助每个人勤奋努力的同时，仍然不能不承认各个人在成长过程中所表现出来的才能和品德的差异，并且按照这种差异给以区别对待，尽可能使每个人按不同的条件向社会主义和共产主义的总目标前进。”[⑥] 邓小平的论述，说明人的才能、品德、素质、觉悟是有区别的，应根据这种区别不同对待。思想政治教育是为社会主义意识形态服务的，但同时也是为人的全面发展服务的，而大学师生发展须依据

① 《“全国道德模范首都高校巡讲活动”在北京高校拉开帷幕》，http://www.moe.edu.cn/s78/A12/moe_2154/201110/t20111021_126277.html。

② 黄蓉生：《青年思想政治教育专论》，中央文献出版社，2005，第11~15页。

③ 《蔡元培全集》（第3卷），中华书局，1959，第26页。

④ 〔英〕阿什比：《科技发达时代的大学教育》，滕大春译，人民教育出版社，1983，第12页。

⑤ 李斌雄：《我国社会主义核心价值体系教育的内容结构》，《思想理论教育》2007年第1期，第27~32页。

⑥ 《邓小平文选》（第2卷），人民出版社，1994，第106页。

自身的特点和需求。思想道德实践活动要点面结合，通过树立“点”的榜样来推进“面”的发展，进而形成团体效应，并且要创造活动品牌，积极反映大学师生的精神面貌，让大学师生在具体活动中创造，并使学校特色活动常规化发展，大学师生乐于参与、育人效果好的活动作为品牌不断深化发展。如湖南省教育厅近年来实施的“大学生思想道德素质提升工程”系列活动，以提升大学生的思想道德素质为目标，不断增强思想政治教育的针对性和实效性，参与的高校达100余所，受益人数近百万，为湖南新型工业化建设提供了有利的人才支持。①

思想道德活动作为思想政治教育的特殊类型，不仅整体上具有独特的个性特征，而且其各个构成要素也具有鲜明特征，它使大学师生在实践中获得一些思想、道德、政治方面的感性经验，随后对这些感性经验进行反思，形成体验，进而对体验进行甄别、选择、认同和吸纳，内化到自身思想政治道德认知结构之中，成为思想品德素质的组成部分。思想政治教育是一种育心、育德、育人的文化心理活动，是人与人心灵的沟通，它是精神性实践活动，具有文化性。② 思想道德活动需要以社会主义核心价值观为基本内容，并服务于社会主义意识形态，又必须考虑活动的鲜明特征和现实的客观需求。思想道德活动具有充分的涵容性。③ 在思想道德实践中，教师、大学生、教育目的、教育内容、教育方法、教育情境等教育要素的作用方式，具有一定的特殊性。思想道德活动具有鲜明的人文性，既突出对大学生的关怀和尊重，又与知识工具性相对应。思想道德活动以人为根本，教育目的、内容和方式的创设必须以人为本，立足大学生本身而又为了人、尊重人、满足人、丰富人、发展人，而不是为了利益、效应等外在于人的目的而创设道德活动，要有助于满足大学生的需要，提升大学生的精

---

① 李伦娥：《湖南出实招提升大学生思想道德素质》，《中国教育报》2013年7月24日，第1版。

② 沈壮海：《思想政治教育的文化视野》，人民出版社，2005，第128～136页。

③ 沈壮海：《思想政治教育有效性研究》，武汉大学出版社，2001，第107页。

神境界。思想道德活动具有强烈的感染性，在熏陶感染中促使其形成德行素质。马克思曾指出：把他们的愿望从观念的东西，从他们的想象的、表面的存在，转化成他们的感性的、现实的存在，从观念转化为生活，从想象的存在转化为现实的存在。[①] 通过营造一定的情景氛围影响他们的情绪，从而影响他们对教育内容等做出选择和接受。在思想道德活动情境中通过对生动、直观的事物形态的涵容所实现的对大学师生的感染。

运用网络道德建设优化虚拟阵地的文化内涵。网络思想道德建设是大学生自我教育、自我管理、自我服务的新途径。[②] 通过开展互动的网上网下道德文明教育、网络信息安全教育、网络法律法规教育等，增强大学生的网络文明意识，拓宽网络道德教育途径，建立网络教育信息档案，形成大学生自我教育、自我管理、自我服务的新途径。提高大学生精神境界和鉴别力，引导大学生有效利用现代传媒中的有利因素，掌握大学生网络道德活动的方式。[③] 首先掌握灵活有效的方法，以学生为本，找准网络道德活动的切入点，把活动深入大学师生中间。同时，创建大学生网络道德文化环境建设品牌特色，立足学校实际，创造和融合时代特色、民族特色和专业特色。如以党建团建网站为代表的“北京大学红旗在线网站”、以综合门户网站为代表的“上海交通大学焦点网站”、以新闻宣传网站为代表的“电子科技大学新闻在线网站”、以校园文化网站为代表的“复旦大学人文复旦网站”“浙江大学文化素质网站”、以服务网站为代表的“中南大学学生就业网站”“上海师范大学就业信息网站”、以实践锻炼网站为代表的“山东大学学生在线网站”“湖南师范大学 8580 阳关在线网站”。[④]

---

① 《马克思恩格斯全集》（第 42 卷），人民出版社，1979，第 154 页。

② 胡树祥、谢玉进：《大数据时代的网络思想政治教育》，《思想教育研究》2013 年第 6 期，第 60～62 页。

③ 祖嘉合：《论校园文化环境在大学生道德教育中的作用》，《北京大学学报》（哲学社会科学版）2002 年第 5 期，第 146～151 页。

④ 中共中央宣传部：《加强和改进大学生思想政治教育优秀实例选编》，中国人民大学出版社，2005，第 212～225 页。

增加网络道德教育的科技含量。重视和充分运用信息网络技术，增强现代科技成果的应用，把科学理论宣传、科学思想培育、科学知识普及纳入思想政治教育中，加快主旋律教育科学化、现代化进程，提高思想道德教育的应变能力，增强主旋律教育的知识含量。同时，要增加网络道德教育的科技含量，建立大学网络宣传信息平台，开放校园网的教育功能，与社会信息系统接轨，广开获取信息的渠道，筑起坚不可摧的思想政治教育防线，增强网络思想政治教育的有效性。利用网络新媒体技术，举办有特色的大学网络文化活动，以网络为载体，开展的大学文化活动集声音、图像于一体，充分发挥大学生的创造力、调动大学生的积极性，取得传统媒体难以取得的效果。如四川大学在培育与践行社会主义核心价值观的教育时，配上音乐和精美的图片，提高艺术感染力，激发大学生的爱国热情和生活热情。在网络上开展各种类型的知识竞赛、学术研讨、道德教育等活动，营造追求知识、追求真理、积极向上的文化氛围。①

## 三　践履以人为本理念，夯实制度文化基础

以人为本是现代大学最重要的办学和管理理念。做到尊重人的权利，满足人的需要，促进人的发展。践履“以人为本”的教学和管理理念，使思想教育成为提升大学师生素质、修养、能力、水平的重要手段。大学制度建设的基点是尊重大学师生的权利，满足大学师生的需要，促进大学师生的发展。以人为本的理念要求把人的尊严、人的发展、人的价值放在首位；尊重大学师生发展的内在需要和客观规律，尊重大学师生的个性和自主性，从而生动、活泼、有效地满足大学师生的身心发展的整体要求。思想政治教育应立足于人的尊严、独立、自由的个性，提高人的生活质量，提升人生的意义和价值。大学生是个独特的群体，其心理正处于成长期，思想教育要准确把握大学

---

① 李晓东：《用第二课堂优势修德育智——四川大学推进大学生核心价值观教育的实践》，《光明日报》2015 年 8 月 17 日，第 1 版。

生的需要，给予及时的满足和正确的引导，注重其内心的情感教育。按照大学生的需要开展教育工作，在工作中体现以人为本、人文关怀，营造人文氛围，让他们能够在轻松和谐的氛围中进行思想交流，愉快地进行学习、生活和实践活动，从而达到思想教育的预期效果和目标。舒适的人文治学环境、浓郁的学术文化氛围、丰富的历史文化以及多元的知识信息融汇在思想政治教育中，构成了大学丰富的资源，这些对大学师生的性情陶冶、境界提升和情感升华起到潜移默化的作用。①

思想政治教育促进人文精神与科学精神的有机统一。杨叔子同志曾指出：科学以人文导向，人文以科学奠基；科学与人文“是”与“应该”交互作用，推动社会向着进步的方向前行。② 人本教育观起源于人本主义理论，人本教育观奉行的是“全人”教育，这与马克思主义所倡导的自由、和谐全面发展的人是一致的。思想政治教育重视人的价值，强调受教育者的主体地位与尊严，追求大学师生的个性、人性和潜能发展，将受教育者视为教育的中心；倡导把课程教育的重点从教材转向个人，使学习与生活建立直接关系；以实现“人的能力全方面发展”为目标要求，将知识内化。强化大学制度文化的育人功能，不断提升教学管理制度的民主化、科学化和人性化。大学制度文化建设要通过外在的强制约束力培养出大学师生员工的自控和自我约束力，将外部的规章制度内化为自身的价值信念和行为准则，在大学发展目标实现的过程中实现个体的自我完善与全面发展。要以发展变化的眼光分析处理问题，在管理层与大学师生间建立互动、对话与沟通的和谐关系，使制度文化建设与人本管理保持张力的关系，达到刚性约束与人性关怀的契合点。

思想政治教育活动创造条件使大学生实现自身价值。其一，要求

① 罗洪铁：《略论思想政治教育在培养大学生成才中的作用》，《思想理论教育导刊》2006 年第 5 期，第 47 ~ 49 页。

② 杨叔子：《是“育人”非“制器”——再谈人文教育的基础地位》，《高等教育研究》2001 年第 2 期，第 7 ~ 10 页。

把学生视为能动的主体，相信他们蕴藏着巨大的潜能，尊重他们追求进步和发展的权利，采取有效手段调动他们的积极性，发挥其潜能，使他们在主动参与中享受到实现自身价值的快乐。其二，尊重学生的个性，唤醒他们的主体意识，激发受教育者的潜能，实现受教育者自主教育和全面发展。学生是独一无二的个体，表现出独特的个性，在思想教育过程中关注学生个性发展，关注个体的主体性、独特性和创新性发展，积极鼓励大学生主动地表现和发展自己的个性。其三，构建师生和谐关系是以人为本的教育观的客观要求。在师生之间形成教学相长、尊师爱生、民主平等、宽容理解的和谐关系，促进教师与学生之间的良性互动，形成心理相容的“情感共同体”。这样，学生从教师言传身教中不断增长知识、陶冶情操、净化心灵，实现全面发展；另外，教师从学生知识的增长与人格的完善中体验到欢乐、体验到成功，激励自身成长。其四，坚持以人为本与科学管理相结合。以人为本是大学文化育人的根本，科学管理则是实现大学文化育人的重要手段，两者缺一不可。实现对教师和学生的尊重、关心和爱护，教师、学生与大学联系在一起。创造以人为本的文化氛围，通过思想教育等方式来实施文化育人的功能，使大学师生自觉遵守校纪、校规，达到全面育人的目的。

以人为本是开展思想政治教育的重要前提。思想政治教育是大学德育的重要目的，也是进行德育教育的有效途径。同时，以人为本也是思想政治教育的重要内容，其目的是更好地促进大学生的社会化，丰富大学生内心世界的体验，使大学生精神充实。思想政治教育过程不仅是知识传授的过程，更是人性养成的过程。教学具有教育性，充满人文关怀的教育能充分挖掘教学内容中的道德和育人因素，通过潜移默化，引导大学生在教育过程中实现道德提升，体验道德生活，养成健康向上的人格。重视大学生的内心体验，积极关注大学生的个性特点、行为特征和心理活动，唤醒大学生的主体意识，使其自觉主动地认识自我、发现自我和改善自我，探寻真理，形成健康向上的人格素质，丰富和完善大学生的精神世界。当今社会是一个促进和实现人全面发展的时代，大学教育应增加更多的“人文元素”，使其培养出来的人身心健康、全面发展，真正成为社会所需之才。尊重思想政治教育与大学生成长成才规律，体现“尊重的教育”人本教育的理念。[①]以人为本的逻辑起点增强思想政治教育工作的吸引力，以学生为本，尊重学生的主体地位，发挥学生的主体作用，尊重学生的人格人性，使思想政治教育与大学生成长成才实现有机统一，体现思想政治教育对人的主体需要的有机契合与满足，落实到思想政治教育具体实施过程之中，实现对个人需要与群体需要、物质需要与精神需要、现时需要与未来需要的契合与满足。通过课堂教学、精神文化、管理服务、新兴媒介等思想政治教育载体发挥社会主义核心价值体系在大学文化建设中的主导力、渗透力、影响力和传播力。

坚持以人为本的原则能使大学生产生积极的情感体验，成为大学生愉悦的生活方式。思想政治教育是培养人的社会活动，它要求“目中有人”，真正关注与尊重教育教学和实践过程中的人，遵循教育基本规律与大学生身心发展的规律，促使大学生成为具有丰满个性、和谐发展的人。大学生既是一种物质存在，又是一种精神存在。他们既有物质生活的需求，也有精神需求，追求自我实现。这需要思想政治教育无论在教育环境的创设、教育内容的选择，还是在教育目标的确立等方面，都要以营造积极的人文氛围为基点，不断激发大学生的兴趣，陶冶大学生的情操，提升大学生的人文修养。

## 第四节　营造文化氛围，优化大学行为文化

大学行为文化是大学文化的行为载体，是大学师生在教学研究、学术交流、学习生活以及其他服务生活中所表现出来的精神状态、行为操

① 刘书林：《思想政治教育拓展实践性的基本途径》，《思想教育研究》2010 年第 9 期，第 8 ~12 页。

守和文化品位，也是大学文化底蕴与优良传统的精髓在大学师生中的集中体现和动态折射，建设大学行为文化需要长期积累、持之以恒，注重长效性和持久性。[①] 通过思想政治教育的方式和途径，借鉴先进的理论和实践成果，用正确、积极、健康的思想文化引导大学师生，促进大学师生学习和工作能力不断提升，以品德、态度、知识、技能为重点，注重思想意志的激发、氛围的营造、行动的落实和效果的评价，积极推进行为文化的建设。[②]

图 7－4 中大学师生对开展思想政治教育的方式和途径有助于促进大学行为文化建设的观点认同度调查，调查内容包括五个方面：有助于培养大学师生文化自觉，规范和提升文化素养；培养大学师生的责任意识；开展丰富多彩文化活动，培养大学师生的创新意识；建立大学榜样展现高尚行为文化；树立理想主义情怀。调查结果显示认同度分别是0.9378、0.8933、0.8867、0.9400、0.8644。大学师生对思想政治教育在大学行为文化中的积极作为方式的认同度较高。精心设计和组织开展内容丰富、形式新颖、吸引力强的思想政治教育，把德育、智育、体育和美育渗透到大学文化建设中，使大学师生在活动参与过程中受到潜移默化的影响，思想感情得到熏陶，精神生活得到充实，道德境界得到升华；促进大学和谐行为文化的形成，使大学的和谐精神文化在实践中得到践行和弘扬，这不仅使得个人的行为符合社会的道德规范、自觉践行和谐精神与和谐理念，形成文明健康的生活方式与行为方式，形成平等、友爱、团结、互助的新型人际关系；而且使团队行为符合社会的道德规范与和谐要求，满足社会对大学文化建设的期待和要求。[③]

## 一　强化行为规范，塑造得体行为文化

塑造得体行为文化是大学行为文化建设的重要内容。在大学文化建

① 王智平、李建民：《大学文化论》，中国社会科学出版社，2009，第 73～74 页。

② 孙雷：《现代大学制度下的大学文化透视》，光明日报出版社，2010，第 133～139 页。

③ 骆郁廷：《建设和谐的大学文化》，《中国教育报》2007 年 4 月 10 日，第 3 版。

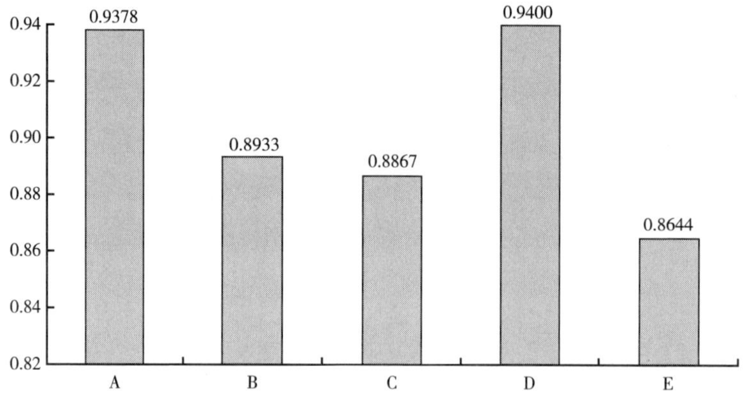


**图 7－4　大学师生对“通过思想政治教育的方式和途径有助于塑造得体行为文化、创造和谐行为文化和展现高尚行为文化”观点的认同度**

说明：A 表示有助于培养大学师生的文化自觉，规范行为和提升文化素养；B 表示培养大学师生的责任意识；C 表示开展丰富多彩文化活动，培养大学师生的创新意识；D 表示建立大学榜样展现高尚行为文化；E 表示树立理想主义情怀。

设的结构层次中大学行为文化处于表层文化的维度，无论是对大学物质文化的展现与创作，还是对大学精神文化的憧憬与追求，以及对大学制度文化的规范与约束，都需要通过大学行为文化得以体现。强化大学思想教育的育人功能，注重大学行为文化的建设，规范大学成员应该具备和践行的行为文化，它集中反映大学师生实践过程中的特色，集中体现为教师文化和学生文化。其一，遵循以人为本的原则，把人本思想贯穿于大学文化建设的始终，保持不断向前发展的旺盛生命力。在优化大学行为文化时，充分体现人性化管理，维护大学师生的权益，人本理念贯彻得越充分就越能体现思想教育的本质和人文精神，大学文化建设就越具有不断发展的生机与活力。大学教师的行为直接体现大学行为文化的品位。一流大学必须有一流教师，大学教师要树立远大的目标，不断提升大学行为文化的品位。坚持以教师为本的原则，关心教师群体的生活和工作，为其提供可能的支持和帮助。同时尊重学生的人格与差异，关心学生的全面发展，坚持“以学生发展为本”，为他们积极性和创造性的最大化发挥做出应有的努力与贡献。其二，坚持传承与创新相承接的原则。大学行为文化作为大学文化的动态组成体现着大学文化的特性。教师教的过程，学生学的过程，包含着继承前人的优良传统和培养创新精神和创造性人才的特殊使命。思想政治教育有助于培养学生的创新精神、创新意识和创新能力；科学研究与科技协作活动有助于培养学生敏锐的观察力、判断力和科学想象力。其三，坚持主导性与多样性相统一的原则。在思想政治教育实践中，主导意识形态的创新因子是在与多样的思想意识的比较和竞争中不断生成和升华的，有助于警惕“意识形态地位等值论”；思想多样性是大学文化创新发展的重要动力，有助于预防各种低级、错误、庸俗、落后的思想文化。

强化思想政治教育内涵式发展是提升大学行为文化深厚底蕴的保证。其一，促进思想政治理论课课程的发展。思想政治理论课应充分反映马克思主义中国化的最新成果，阐释马克思主义的科学体系、理论范畴、思想观点、创新思维及马克思主义理论教育的方式方法，不断提升马克思主义课程教学的质量。[①] 其二，不断改进教学方法。根据新情况、新问题不断创新教学手段和方法。理论联系实际是思想政治教育课程的方法论原则，在具体教学过程中把握好理论、把握好实际，让正确的东西进教材、进课堂、进学生头脑，回答中国社会主义现代化建设的一系列问题。不断提高思政课教师的综合素质和教学能力，通过开展统一培训、专题辅导、交流讨论、观摩考察等多种形式的思想教育活动，引导教师把握教材主题，明确思想教育的重点。[②] 其三，完善思想政治教育的实践教育体系。实践性是马克思主义的本质属性，也是马克思主义区别于其他学说的根本标志。社会实践是加强和改进思想政治教育工作不可或缺的重要环节，结合大学生的思想特点、成长规律和认知规律，构建培

① 曲建武、谭月明：《增强思想政治理论课育人实效的“三个重要”的立论》，《思想理论教育导刊》2015 年第 2 期，第 97 ~ 99 页。

② 彭平一、张卫良：《“人的全面发展”理论在高校思想政治理论课中的运用》，《现代大学教育》2010 年第 2 期，第 102 ~ 109 页。

养大学生马克思主义者的实践育人体系，深化和提升实践育人功能，引导大学生不断增强对马克思主义理论的认同。如上海财经大学构建了解国情教育、科研训练和创新实践三位一体的实践育人模式，引导和帮助大学生走出学校，深入基层、深入群众、深入实际，全面地、深入地、科学地把握基本国情，领悟改革开放以来社会主义建设取得的伟大成就，让学生积极投身到社会实践中去，在实践中真正理解和掌握马克思主义。①

思想政治教育是塑造大学行为文化高尚品性的重要前提。它既为大学行为文化提供高尚的文化境界和精神引导，又能更好地提升大学文化的品质和内蕴。思想政治教育在育人方面具有导向、激励、价值认同等功能，培育大学师生坚定的理想信念、营造积极的环境氛围、践行科学的规范制度，使大学师生具有良好的行为表现。思想政治教育能唤醒大学文化自觉，让社会主义优秀文化引领大学师生的价值追求和精神向往，引导大学的发展战略、规章制度和教学体系的选择和确立。思想政治教育是实施现代大学制度文化建设的重要途径，也是大学持续发展的必然选择。大学要坚持民主治校、实施民主管理，开展思想政治教育工作就是实行民主管理，建立与完善民主管理的组织形式和管理机制。通过运用各种规章制度和道德规范来约束、调节大学师生的行为，使他们通过观察其他人的某种行为和这种行为在社会标准下的强化，制定出适当的目标，学会运用社会标准来强化自己的思想和行为，提升自我教育的意识和能力。如湖北省教育厅根据领导的重视程度、工作的推进力度和组织的保障强度，工程化系统化地推进思想政治教育工作，不断完善大学的教授委员会、学术委员会等学术组织和团体的功能，发挥教授团体和学术专家在学术管理方面的作用；建立有效的监督约束机制，优化大学行为文化的育人制度。②

---

① 《上海财经大学以千村调查为载体构建实践育人新模式》，http：//www. moe. edu. cn/s78/A12/moe_ 2154/201501/t20150105_ 182737. html。

② 《湖北省坚持立德树人扎实推进大学生思想政治教育科学发展》，http：//www. moe. edu. cn/s78/A12/moe_ 2154/201502/t20150205_ 186198. html。

## 二　开展丰富活动，创造先进行为文化

创造先进行为文化是时代发展的需要。教育目标和教育内容随着时代的变化而发生相应的变化，这为思想政治教育提供了广阔的平台，也对思想政治教育提出了挑战。思想政治教育需要结合新形势和新内容不断改进，强调以人为本、积极互动、显隐结合、虚实结合、他教自教结合、主阵地主渠道联动来实现教育目标。在继承传统方法的基础上思想政治教育的创新发展是大学文化建设的本质诉求，也是进一步夯实文化软实力的根基。[①] 大学文化建设要求思想政治教育既要符合社会发展、参与国际竞争的标准，又要关心和解决大学生的实际问题。从思想层面加强思想教育对大学生成长成才的指引作用，引导大学生树立自强意识、成才意识、创新意识和创业意识。通过思想教育工作进一步坚定大学生的政治方向，坚定全心全意为人民服务，为社会主义现代化建设奋斗的意志品质。在行为层面加强思想政治教育对大学生成长成才方向的指引，使之转化为实际行动，使大学生的思想与行动相统一，政治方向与成长成才方向相统一，使大学生在树立正确的成长成才方向的同时，又对社会主义核心价值体系加深理解和认同，实现思想和行为上的良性互动。[②]

思想政治教育既要继承传统方法的积极因素，又要结合实际不断创新。[③] 继承发扬传统思想教育方法的优势，充分利用已有的知识和资源，及时开展新方法研究，推进思想政治教育方法的创新，立足建设和培育现代思想政治教育的有效、民主方法。[④] 通过疏导感染式的教

---

① 张雷声：《文化自觉、文化自信与社会主义核心价值体系》，《思想理论教育导刊》2012 年第 1 期，第 8 ~ 9 页。

② 徐柏才：《用社会主义核心价值体系引领大学生价值观教育》，《北方民族大学学报》（哲学社会科学版）2012 年第 2 期，第 46 ~ 48 页。

③ 万美容：《论高校德育文化建设的基本原则》，《思想理论教育》2012 年第 3 期，第 25 ~ 28 页。

④ 徐文良：《德育研究重在与时俱进发展创新》，《思想教育研究》2002 年第 1 期，第 3 ~ 6 页。

育方法发挥大学生群体在自身思想政治素质建构中的主体性、选择性，鼓励反思与追问，倡导独立思考，走进大学生现实生活和精神世界。爱因斯坦曾指出：使大学生对价值有所理解并且产生强烈的感情，那是最基础的。[①] 教育者根据教育目的，借助一定的载体，营造一定的氛围，创设具有浓厚的主题导向和情感色彩的教育情境，引导大学生去感受和体会，使他们在耳濡目染和潜移默化中自觉和不自觉地生发出教育者所倡导的价值观念，从而使大学生的思想品行在感染和陶冶中得到优化。通过实践体验式教育方法增强思想政治教育的实效性。恩格斯曾指出：马克思的整个世界观不是教义，而是方法。[②] 通过直接或间接的实践体验活动，大学生了解社会，增强适应社会、服务社会的技能和本领，形成符合社会需求的价值观念和行为规范。大学生走向社会参加实践，能够真正体会社会生活，亲身体验劳动的价值，从活生生的典型事例中受到深刻的教育和启发，使思想得到升华、社会责任感和使命感得到加强。开展大学生教育与自我教育，是实现素质教育的主要途径。人的本质不是单个人所固有的抽象物，它是一切社会关系的总和。[③] 思想政治教育不只是将正确的思想政治品德要求和理论宣传、推广出去，更要促使大学生的思想层面发生矛盾运动，真正内化思想政治品德的要求，树立正确的世界观和人生观。人的思想行为是个体和环境交互作用的结果，人通过在社会中的交往学习而逐渐获得对事物的看法和自身的观念。[④] 通过自我体验、自我分析、自我评估、自我约束、自我激励、相互交流心得等活动，达到改变自我的思想品德结构、提高自我的思想境界的目的，进而改变自我的言行方式。

开展全方位、立体式、积极向上的学术活动是实现目标的重要途径，使大学生在广泛参与中陶冶情操、优化素质和完善人格。学术活动是学

① 《爱因斯坦文集》（第 3 卷），商务印书馆，1979，第 310 页。

② 《马克思恩格斯全集》（第 39 卷），人民出版社，1974，第 406 页。

③ 《马克思恩格斯选集》（第 1 卷），人民出版社，1995，第 60 页。

④ 吴铎、罗国振：《道德教育展望》，华东师范大学出版社，2002，第 138 页。

生集体及个人在学习过程中表现出来的具有倾向性的、稳定的态度和行为。它包含着哲学思辨、精神倡导、价值取向、理论导向、舆论引领等多重文化内容，是文化继承、借鉴、创新的综合过程。[①] 学术活动是大学建设的主体内容，体现着大学的学术特色，反映着大学的学术水平。[②] 通过学术活动培育大学学术自由精神、强化学术责任意识、培养学术合作精神，凝练与升华大学精神文化育人功能。一位优秀的学者可能只为学生开设一门课程，但是他能以自己的行为、言论、价值追求影响学生的一生。[③] 学术活动强调大学师生在大学中的作用，以人的特征以及思想、智慧、知识发生的事实为出发点，个人的优良品质成为学术教育活动中最具有启迪作用的明灯。在教育的能力不能抵达的"灰色地带"，通过大学生自身的心智和才情去照亮、吸纳和弥补，思想教育潜移默化的功能才能熠熠生辉。在学术文化环境的熏陶下，通过学术活动让大学永远真正保持严肃性和具有理智，让大学师生在文化多元的社会环境中形成并保持文化自觉的习惯，保持对自己民族文化的高度认同，并对其他文化有扬弃的信心、勇气和能力，使大学师生成为富有社会责任感的、具有理性批判意识和精神的公民。如聊城大学通过开展读书节、聊城讲坛、文化论坛等学术活动营造出积极的学术氛围，形成百花齐放、百家争鸣的氛围，从而有效地规范大学生的学习行为，培养浓厚的学习兴趣和端正学习态度，激发大学生的学习动机，培养大学生坚强的学习意志和学习的主动性和创造性。[④]

## 三　树立大学榜样，展现高尚行为文化

树立先进典型是我党思想政治教育的主要方式。在现代大学文化建

---

① 张秀清、梁周清，王聿发等：《大学和谐精神文化建设》，山东大学出版社，2008，第95页。

② 刘新生：《大学文化建设》，泰山出版社，2010，第328～329页。

③ 〔美〕亚伯拉罕·弗莱克斯纳：《现代大学论》，徐辉、陈晓菲译，浙江教育出版社，2001，第25～27页。

④《聊城大学强化三项举措推进大学生思想政治教育工作创新发展》，http://www.moe.gov.cn/s78/A12/moe_2154/201406/t20140603_169704.html。

设的背景下，树立典型能有效调动和激发大学师生的积极性和创造性。通过对典型事物或现象的深入了解，人们达到提高思想认识的目的。[①]先进的典型具体强大渗透作用，有助于受教育者塑造健康向上的人格。博厄司先生曾指出：文化决定人格，可以解释不同的社会行为模式，使文化与社会行为真正结合起来，人格是文化的产物，是由文化决定的。[②]在大学育人环境中正面典型是大学生成长的坚强后盾，通过思想政治教育传授社会规范和价值观念，激励大学师生学习和效仿，从而达到提高大学师生思想认识水平的目的。它拥有榜样的感召力，使大学师生能够重塑自己的认知结构，易于接受先进思想。在其过程中贯彻了正面教育为主的原则，符合教育者与受教育者之间的关系特点，反映了马克思主义理论和先进思想的力量所在，蕴含在大学师生的教学、科研、管理、服务以及其他文化活动中，进而内化为大学师生的价值诉求，并被大学师生代代相传。

在思想教育过程中形成对先进文化思想的同频共振。榜样文化有助于培育文化精神的自觉意识，形成对优秀文化的认同观念。大学师生对榜样文化有自知之明，明白榜样文化所具有的内涵、特色和发展趋势，实现榜样文化的传承，确立优秀文化的自觉意识，确立榜样文化的重要作用和自主地位，达成共识从而形成引导大学师生行为的思维准则与价值取向。在培育、形成和发展的过程中，大学师生深刻领会榜样文化的本质，形成大学榜样文化认同观念，形成大学师生稳定的价值准则，按照这个价值准则，大学师生能准确把握社会主义大学文化的发展趋势，吸纳有利于大学文化创新发展的因素，赋予社会主义文化新的内涵。认同具有时代特色的榜样文化，全心投入为实现这种主流文化理想的实践活动中去，为大学发展做出自己的贡献。如华南理工大学确立了“育英才、树标杆”的榜样文化教育机制，实施“两工程一计划”，发挥先进典型示范作用，用先进文化改造大学生的思想，丰富他们的精神世界，

---

① 郑永廷、胡树祥、骆郁廷：《思想政治教育方法论》，高等教育出版社，2010，第58页。

② Boas F. , *The Mind of Primitive Man*, New York: Macmillan, 1938: 12.

提升他们的文化品位，形成大学榜样文化教育。[①]

发挥教师的示范作用是优化大学行为文化的关键。大学教师的行为直接体现大学行为文化的育人功能，文化传承、研究、融合和创新的任务主要是由教师来完成的，大学教师不仅要品格高尚，而且要善于治学育人。通过勇于探索、勤于思考、高水平的学术教育活动提升大学教师的治学能力和文化品位，以高尚的人格魅力、深厚的学术造诣影响和感染学生，实现育人目的。梅贻琦先生曾指出：师资为大学第一要素，吾人知之甚切故亦图之甚亟也。教师作为大学的主体，通过对学生产生导引、榜样、示范作用而影响着大学行为文化。教师在传授知识的过程中让学生学会做人，规范文化素养和个人修养。其一，培养文化自觉。文化自觉作为内在的、道德或伦理方面的素养，是大学生素质中的核心部分。费孝通先生曾指出：大学教育必须培养大学生的文化自觉。[②] 让大学生高度认同我国优秀传统文化，确立我国优秀传统文化的“自主地位”，坚守中华民族文化，理性尊重多元文化，确立社会主义核心价值观。其二，培养大学生的责任意识和创新精神。大学生借助自身拥有的知识和追求真理的信念，对社会问题的是非、善恶与美丑进行评判，依循社会发展规律，彰显社会责任。培养大学生执守自己的灵魂，坚持自己的信仰；忠诚于伟大的理想，勇于承担历史使命；忠诚于优良的传统，奋进开拓的精神。发扬敢于怀疑、敢于批判、敢于冒险的科学精神，不断完善自己的个性品格，以创造性思维在思想教育实践中提升自身的创新能力，找到自身发展的方向和社会定位。其三，有助于大学生树立理想主义情怀。理想主义情怀是大学生全面发展的动力和源泉，彰显着当代大学生的精神风貌。让大学生对社会现实进行理性的思考，对真理进行理性的探究，对社会发展规律进行理性的把握，对民族国家前途和命运进行美好的向往，树立远大理想，确立发展目标，憧憬美好未来。

发挥优秀学生群体的榜样示范作用。毛泽东同志指出：一定方法是

---

① 《华南理工大学“育英才　树标杆”推动社会主义核心价值观教育长效机制建设》，http：//www. moe. gov. cn/s78/A12/moe_ 2154/index. html。

② 费孝通：《全球化与文化自觉》，外语教学与研究出版社，2013，第 125 ~ 128 页。

一定原则在实践中的具体运用。[①] 深入实际挖掘品学兼优、政治坚定、业务过硬的优秀学生典范，公开表彰，大力宣传，激起大学生思想情感的共鸣，引导学生学习和效仿。如大力开展争先创优活动，鼓励大学生争当“优秀毕业生”“优秀班干部”“三好学生”，营造浓厚的竞争氛围。从大学文化的视野发掘其与思想政治教育之间的有机联系，发挥思想政治教育综合平台的协同作用，通过榜样的真实性、榜样的层次性、榜样的代表性、榜样的创新性、榜样的现身说法，培养、关心和爱护榜样的具体方式教育大学生。

开展典型示范教育，拓展典范教育活动的内涵。引领大学生健康成长的过程中，不断总结工作得失，创新工作模式，做到用社会主义核心价值观引导人，使大学生在先进大学文化中自觉不自觉地接受、内化并整合其主导的价值观念和思维方式，使自己的思想在潜移默化中被同化，将典范教育活动打造成新时期大学生思想政治教育的综合平台。其一，尊重“主体性”，增强大学生思想政治教育的内发力。大学要根据社会环境、教育对象的不断变化，切实把握大学生的思想特点，尊重大学生的主体性，让大学生更多参与到教育中来，充分发挥大学生的主动性和积极性，增强大学生思想政治教育的内发力。以典型思想教育系列活动为例，其表彰对象是从在校大学生或已毕业大学生中遴选出来的优秀代表，他们以自己的亲身经历现身说法，变被教育者为教育者，化有形教育为无形教育。这种学生引导学生的教育方式，更能有效地激发学生的进取心，变“被”上进为“要”上进。其二，突出“针对性”，增强大学生思想政治教育的穿透力。思想政治教育须针对大学生群体价值取向多元化特点，满足不同大学生群体的多样需求，突出实效。“典型”出身的不同保证了示范教育的可信度和说服力，增强了思想政治教育的吸引力。他们的成功，也为广大大学生克服困难，树立正确的人生观、价值观提供了成功的范例。正是因为准确针对大学生学习生活可能遭遇的种种问题，提出了具体有效的解决办法，所以典范教育为广大大学生喜

① 《毛泽东选集》（第1卷），人民出版社，1991，第139页。

闻乐见，真正实现了思想政治教育“入心”“入脑”。其三，注重“系统性”，增强大学生思想政治教育的持久力。思想政治教育强调春风化雨、润物无声。要达到这一目的，就必须以教育对象为天然纽结，发挥思想政治教育的系统性，发挥不同手段、不同形式、不同活动之间的协同作用；如此才能收到良好效果。[①] 如中国计量学院搭建思想品德实践平台、建立开放自主的实践平台、搭建学生骨干成长平台，既保证了大学生有学习的榜样，又保证了大学生有赶超的目标，极大地增强了大学生思想政治教育的吸引力。[②]

① 李忠军：《发挥思想政治教育在社会主义核心价值体系建设中的重要作用》，《高校理论战线》2012 年第 9 期，第 58 ~ 61 页。

② 《中国计量学院创新实践育人模式切实增强实践育人实效》，http：//www.moe.edu.cn/s78/A12/moe_ 2154/201408/t20140828_ 174304.html。

# 第八章　结语

## 第一节　研究结论及其应用价值

思想政治教育与大学文化建设是两个相对独立的研究体系，但是两者的共同理念是育人为本。思想政治教育既是一项教育实践活动，又是一门发展日趋成熟的学科门类。大学文化与核心价值观、文化体系密切相关，大学文化体系的灵魂与精髓即是其价值观，其深层结构则是它的价值体系，价值体系是价值观的具体化，价值观和价值体系一起构成大学文化的价值层面，体现核心价值观的大学文化是社会的主流价值文化。中国特色社会主义大学取得举世瞩目的成就，离不开思想政治教育；大学文化的建设更离不开思想政治教育。思想政治教育是我们党和国家的重要政治优势，大学文化建设的核心问题是意识形态建设问题。我们应该更加深入细致地做好大学生思想政治教育工作，发挥思想政治教育统一思想、凝聚力量、化解矛盾、激励大学师生团结奋斗的重要作用，保证和促进大学师生的全面发展和大学各项工作的全面发展。

大学文化建设赋予思想政治教育神圣的历史使命。在大学文化建设中，社会主义核心价值观的构建、传播与普及离不开思想政治教育这条生命线。社会主义核心价值观是思想政治教育工作的核心内容，思想政治教育是社会主义核心价值观得以现实化的重要方式，是促进社会主义主流价值文化从理论形态向实践形态转化的不可缺少的必要环节。社会主义主流价值文化是一种理论形态，要把这种理论转化为大学师生内心的理念，进而将其付诸实践，则有赖于思想教育。思想政治教育侧重于提高大学师生的思想政治觉悟，提升大学师生的道德品行以及引导大学师生确立合理的价值观念，宣扬社会主义世界观、人生观、价值观、道德观、政治观、法纪观等重要内容。在大学文化建设中培育与践行社会主义核心价值观是思想政治教育的核心内容，对马克思主义指导思想地位的坚持和巩固，对中国特色社会主义共同理想的维系与坚守，对民族精神和时代精神的弘扬和培育，对社会主义荣辱观的自觉践行，都是思想政治教育工作的具体体现。

思想政治教育的内在本质决定了其在大学文化建设中的应有作为。思想政治教育对主流价值文化的普及并不是无所作为的，而是能够发挥积极的、正面的作用，这是由思想政治教育的地位、功能、价值和任务决定的。思想政治教育在大学文化建设中处于重要地位，决定着为谁培养人、培养什么人、如何培养人等重大问题。思想政治教育能够从教育理念、教育目标、教育任务、教育内容、教育方法、教育环境等诸多方面为大学文化建设提供有益的资源和可靠的保障，这些资源和保障能够在思想政治教育实践中切实有效地得以转化，确保大学文化建设的正确导向、促进大学先进文化的传播辐射、优化大学精神文化的育人环境和推动大学文化内涵的时代创新，进而实现思想政治教育的创新发展。

思想政治教育在大学文化建设中积极作为的方式途径。发挥大学文化的积极作用，解决大学文化建设中面临的问题，发挥文化育人化人作用，思想政治教育是实现这一目标的重要渠道，把思想政治教育融入大学文化建设中，使之成为大学教育的重要部分，这也是思想政治教育在大学文化建设中的重大任务。通过思想政治教育筑牢文化基础，美化大学物质文化；培育文化品格，亮化大学精神文化；培育规制意念，强化大学制度文化；营造文化氛围，优化大学行为文化。让大学成员在接受相关思想教育之后，进行自我反思，参加社会实践活动，在此基础上获得对社会主义主流价值文化的认识，进而“入脑”“入心”，并贯彻落实于具体的行为之中。

思想政治教育是我国社会主义大学文化建设的重要组成部分，本书对思想政治教育在大学文化建设中的理论探索及所列举的大量史实和事例，对我们加深对思想政治教育的认识和理解，推进建设符合社会主义特点、时代特征和学校特色的大学文化，具有重要的现实意义。书中提出的思想政治教育在大学文化建设中积极作为的方式途径，对指导我国大学文化建设实践，具有积极的借鉴意义。同时本研究能够让我们更加牢固地掌握思想政治教育的基本原理和运用思想政治教育的基本方法，高举中国特色社会主义伟大旗帜，用社会主义核心价值观引领大学文化建设的全过程，贯穿大学教育、教学、管理各个方面，使社会主义核心价值观的内涵和要求得以深入贯彻，使其在新领域、新要求、新境界得以充分体现，为大学发展和人才培养提供坚实的理论依据和实践支持，最大限度地发挥其在主流价值文化构建、传播和普及中的作用。

## 第二节　主要创新点

创新点之一：深入探索思想政治教育与大学文化建设的内在关联性，即大学文化建设是思想政治教育的重要途径和有效载体，思想政治教育是大学文化建设的重要渠道和主要手段，思想政治教育与大学文化建设统一于国家人才培养战略。

创新点之二：系统探索了大学的文化建设赋予思想政治教育的神圣使命，并阐释了思想政治教育在大学文化建设中的应有作为。前者要求思想政治教育彰显核心价值观，不断增加正能量；要求引领时代先进文化，不断增强感染力；要求弘扬民族先进文化，不断提升实效性。后者要求思想政治教育确保大学文化建设的正确导向，必须促进大学先进文化的传播辐射，必须优化大学精神文化的育人环境，必须推动大学文化内涵的时代创新。本书明晰了思想政治教育在大学文化建设中积极作为的方式和途径：通过筑牢文化基础，美化大学物质文化；通过培育文化品格，亮化大学精神文化；通过培育规制意识，强化大学制度文化；通过营造文化氛围，优化大学行为文化。

## 第三节　进一步研究的空间与展望

本书在吸取国内外大量研究成果的基础上，在考察思想政治教育在东西方大学文化发展历史和建设现状的前提下，从思想政治教育在大学文化建设中的历史使命、应有作为和积极作为的方式途径这三个方面进行了比较详尽周密的分析和阐述。思想政治教育对大学文化建设中的性质特征、结构功能和建设原则等问题做出科学合理的阐释，强调将思想政治教育置于战略高度来进行规划建设的重要性和必要性；对思想政治教育在大学文化发展演进中的历史线索和主要脉络进行梳理和比较，分析思想政治教育在大学文化建设中的应有作为；对思想政治教育在我国目前大学文化建设中的现状、合理路径和发展走向进行科学合理的分析判断，展示了国内外大学文化建设的优秀范例，既有理论指导意义，又有实践借鉴价值。

面对新情况、提出新思路、解决新问题、谋求新突破，成为进一步加强和改进思想政治教育工作、增强其实效性的关键。如何在总结经验、教训的基础上，面向中国未来的社会转型和政治进步，立足社会主义大学文化发展的实践，从宏观上把握未来思想政治教育的战略目标、战略步骤和战略措施，是本书研究的落脚点，也是一项具有挑战性的研究，现在呈现在大家面前的研究成果也仅仅反映了我们对这个重大问题的初步认识，更为深入的研究和探索还将继续。

# 参考文献

## 一　文献类

[1]《马克思恩格斯选集》(第1~4卷),人民出版社,1995。

[2]《马克思恩格斯全集》(第3卷),人民出版社,2002。

[3]《马克思恩格斯全集》(第17卷),人民出版社,1995。

[4]《列宁选集》(第1~4卷),人民出版社,1995。

[5]《列宁全集》(第6卷),人民出版社,1986。

[6]《毛泽东选集》(第1~4卷),人民出版社,1991。

[7]《毛泽东文集》(第1~8卷),人民出版社,1999。

[8]《邓小平文选》(第2卷),人民出版社,1994。

[9]《邓小平文选》(第3卷),人民出版社,1993。

[10]《江泽民文选》(第1~3卷),人民出版社,2006。

[11] 胡锦涛:《在纪念党的十一届三中全会召开30周年大会上的讲话》,人民出版社,2008。

[12] 中共中央宣传部:《毛泽东邓小平江泽民论思想政治教育工作》,学习出版社,2000。

[13] 教育部思想政治工作司:《加强和改进大学生思想政治教育重要文献选编(1978~2008)》,中国人民大学出版社,2008。

[14] 中共中央文献研究室:《习近平关于实现中华民族伟大复兴的中国梦论述摘编》,中央文献出版社,2013。

[15] 中共中央宣传部、中央文献研究室:《论文化建设重要论述摘编》,学习出版社,2012。

[16] 江泽民:《论建设有中国特色社会主义》,中央文献出版社,2002。
[17] 中共中央文献研究室编《十六大以来重要文献选编》(上),人民出版社,2005。
[18]《科学发展观重要论述摘编》,中央文献出版社,2008。
[19]《社会主义核心价值体系学习读本》,学习出版社,2009。
[20] 江泽民:《思想政治工作面临的新形势新情况,十五大以来重要文献选编》(中),人民出版社,2001。
[21] 中共中央国务院:《关于进一步加强和改进大学生思想政治教育的意见》,中发〔2004〕16号。
[22]《十五大以来重要文献选编》(下),人民出版社,2003。
[23] 中共中央文献研究室:《论科学技术》,中央文献出版社,2001。
[24] 江泽民:《在全国宣传思想工作会议上的讲话(1994年1月24日)》,中央文献出版社,2001。
[25] 胡锦涛:《中共中央关于深化文化体制改革推动社会主义文化大发展大繁荣若干重大问题的决定》,人民出版社,2011。
[26] 中央文明办:《社会主义精神文明建设概论》,人民出版社,2005。
[27] 江泽民:《青年是整个社会力量中最积极最有生气的力量》,共青团中央、中共中央文献研究室:《毛泽东、邓小平、江泽民论青少年和青少年工作》(增订本),中国青年出版社、中央文献出版社,2003。
[28] 中共中央文献研究室:《毛泽东邓小平江泽民论世界观人生观价值观》,人民出版社,1997。
[29]《十二大以来重要文献选编》(上),人民出版社,1986。
[30] 胡锦涛:《坚定不移沿着中国特色社会主义道路前进,为全面建成小康社会而奋斗——在中国共产党第十八次全国代表大会上的报告》,人民出版社,2012,第32页。
[31]《中共中央关于深化文化体制改革 推动社会主义文化大发展大繁荣若干重大问题的决定》,人民出版社,2011。
[32] 中共中央文献研究室编《十六大以来重要文献选编》(中),人民

出版社，2006。

[33] 胡锦涛：《高举中国特色社会主义伟大旗帜为夺取全面建设小康社会新胜利而奋斗——在中国共产党十七次全国代表大会上的报告》，人民出版社，2007，第37页。

[34] 胡锦涛：《进一步加强改进大学生思想政治教育工作》，中华人民共和国教育部，2005。

[35] 胡锦涛：《在全国宣传思想工作会议上的讲话》，中国共产党中央委员会宣传部，2008。

[36] 胡锦涛：《在全国宣传思想工作会议上的讲话》，中国共产党中央委员会宣传部，2003。

[37] 胡锦涛：《加强改进大学生思想政治教育工作，大力培养造就社会主义事业建设者和接班人——在全国加强和改进大学生思想政治教育工作会议上的讲话》，中共中央、国务院，2005。

[38] 江泽民：《在中央党校省部级干部进修班毕业典礼上的讲话》，中共中央党校出版社，1997。

[39] 胡锦涛：《高举中国特色社会主义伟大旗帜　为夺取全面建设小康社会新胜利而奋斗——在中国共产党第十七次全国代表大会上的报告》，新华社，2007。

[40] 胡锦涛：《在中共第十六届六中全会第一次全体会议上的讲话》，中共中央国务院，2006。

[41] 胡锦涛：《胡锦涛在中共中央政治局第22次集体学习时强调——顺应时代要求深化文化体制改革　推动社会主义文化大发展大繁荣》，《人民日报》2010年7月24日，第1版。

[42] 胡锦涛：《发扬伟大的爱国主义精神　为建设有中国特色社会主义努力奋斗——在五四运动八十周年纪念大会上的讲话》，《人民日报》1999年5月5日，第1版。

[43] 江泽民：《江泽民在全国宣传部长会议上的重要讲话》，《人民日报》2001年1月11日，第1版。

[44] 中共中央国务院发出《关于进一步加强和改进大学生思想政治教

育的意见》,《人民日报》2004 年 10 月 15 日,第 1 版。

[45] 胡锦涛:《坚定不移沿着中国特色社会主义道路前进 为全面建成小康社会而奋斗》,《人民日报》2012 年 11 月 8 日,第 1 版。

[46] 胡锦涛:《高举中国特色社会主义伟大旗帜 为夺取全面建设小康社会新胜利而奋斗》,《人民日报》2007 年 10 月 16 日,第 2 版。

[47]《关于进一步加强和改进新形势下高校宣传思想工作的意见》,《人民日报》(海外版)2015 年 1 月 20 日,第 1 版。

[48] 胡锦涛:《坚持走中国特色自主创新道路,为建设创新型国家而努力奋斗——在全国科学技术大会上的讲话》,《解放军报》2006 年 1 月 10 日,第 2 版。

[49]《中共中央关于深化文化体制改革推动社会主义文化大发展大繁荣若干重大问题的决定》,《人民日报》2011 年 10 月 26 日,第 1 版。

[50] 胡锦涛:《在庆祝中国共产党成立 90 周年大会上的讲话》,《人民日报》2011 年 7 月 2 日,第 1 版。

[51] 刘云山:《全党思想政治建设的一件大事——认真学习〈毛泽东邓小平江泽民论思想政治工作〉》,《光明日报》2000 年 3 月 21 日,第 10 版。

[52] 李长春:《全国加强和改进大学生思想政治教育工作座谈会在京举行》,《人民日报》2010 年 5 月 31 日,第 1 版。

[53] 习近平:《习近平在中央党校建校 80 周年庆祝大会的讲话》,《人民日报》2013 年 3 月 3 日,第 1 版。

[54] 习近平:《从小积极培育和践行社会主义核心价值观——在北京市海淀区民族小学主持召开座谈会时的讲话》,《人民日报》2014 年 5 月 31 日,第 2 版。

[55] 习近平:《关于〈中共中央关于全面推进依法治国若干重大问题的决定〉的说明》,《人民日报》2014 年 10 月 29 日,第 2 版。

[56] 习近平:《胸怀大局 把握大势 着眼大事 努力把宣传思想工作做得更好》,《人民日报》2013 年 8 月 21 日,第 1 版。

[57] 习近平：《在文艺工作座谈会上的讲话》，《人民日报》2015年10月15日，第2版。

[58]《民族伟大复兴要以中华文化发展繁荣为条件——学习领会习近平总书记在山东考察时重要讲话精神》，《光明日报》2013年12月4日，第1版。

[59]《习近平在中共中央政治局第十二次集体学习时强调朝着建设文化强国目标不断前进》，《中国新闻出版报》2014年1月2日，第1版。

[60] 习近平：《青年要自觉践行社会主义核心价值观——在北京大学师生座谈会上的讲话》，《人民日报》2014年5月5日，第2版。

## 二　著作类

[1] 毕红梅：《全球化视野中的思想政治教育》，中国社会科学出版社，2006。

[2] 白显良：《隐性思想政治教育基本理论研究》，人民出版社，2013。

[3] 本书课题组：《当代大学生思想特点与发展趋势调研报告》，清华大学出版社，2013。

[4] 陈万柏、张耀灿：《思想政治教育学原理》，高等教育出版社，2007。

[5] 蔡劲松：《大学文化理论构建与系统设计》，文化艺术出版社，2009。

[6] 陈秉公：《思想政治教育学原理》，辽宁人民出版社，2001。

[7] 陈志军、浦解明、左益：《社会主义核心价值体系融入大学生思想政治教育全过程研究》，光明日报出版社，2009。

[8] 陈秉公：《思想政治教育学》，高等教育出版社，1997。

[9] 陈成文、徐志远、严华：《思想政治教育学研究》，湖南师范大学出版社，1998。

[10] 陈成文、谭骁彧等：《建设更加和谐的社会——一个政策分析的视角》，社会科学文献出版社，2006。

[11] 陈秉公:《思想政治教育学基础理论研究》，吉林大学出版社，2007。
[12] 邓卓明:《高校思想政治教育创新研究——以构建和谐校园为视角》，人民出版社，2009。
[13] 戴钢书:《思想政治教育统计研究方法论》，人民出版社，2005。
[14] 杜威:《民主主义与教育》，人民教育出版社，1990。
[15] 单春晓:《高校思想政治教育工作新视界》，人民出版社，2011。
[16] 冯建姝:《耶鲁精神：感受耶鲁大学生及其法学院》，法律出版社，2007。
[17] 冯刚:《高校思想政治教育创新发展研究》，中国人民大学出版社，2009。
[18] 范明:《大学文化素质教育：理念与实践创新》，教育科学出版社，2011。
[19] 傅林:《世纪回眸：中国大学文化研究》，教育科学出版社，2009。
[20] 冯刚、沈壮海:《中国大学生思想政治教育发展报告2013》，北京师范大学出版社，2013。
[21] 费孝通:《全球化与文化自觉》，外语教学与研究出版社，2013。
[22] 郭广银、杨明:《新时期高校校园文化建设的理论与实践》，南京大学出版社，2007。
[23] 龚海泉:《当代大学德育史论》，华中师范大学出版社，1997。
[24] 顾海良:《高校思想政治教育导论》，武汉大学出版社，2006。
[25] 高平叔:《蔡元培教育论著选》，人民教育出版社，2011。
[26] 胡凯:《现代思想政治教育心理研究》，湖南人民出版社，2009。
[27] 韩延明:《大学文化育人之道》，高等教育出版社，2013
[28] 胡显章:《先进文化建设中的大学文化研究》，高等教育出版社，2009。
[29] 黄蓉生:《青年思想政治教育专论》，中央文献出版社，2005。
[30] 黄蓉生:《改革开放以来大学生思想政治教育论纲》，人民出版社，2014。

[32] 贺才乐：《思想政治教育载体研究》，湖北人民出版社，2004。

[32] 黄洁：《大学文化论纲》，天津大学出版社，2014。

[33] 韩明涛：《大学文化建设》，山东人民出版社，2006。

[34] 姜正国：《建设社会主义核心价值体系与思想政治工作创新研究》，湖南人民出版社，2012。

[35] 江潭瑜、徐海波：《高校大德育育人模式的探索与创新研究》，人民出版社，2011。

[36] 骆郁廷：《当代大学生思想政治教育》，中国人民大学出版社，2010。

[37] 赖廷谦：《社会主义文化与大学文化建设》，四川大学出版社，2010。

[38] 刘德宇：《高校校园文化发展论》，中国海洋大学出版社，2004。

[39] 李辽宁：《当代中国思想政治教育意识形态功能研究》，武汉大学出版社，2006。

[40] 柳恩铭：《思想政治教育的文化传承与创新研究》，广东人民出版社，2009。

[41] 罗国杰：《马克思主义思想政治教育理论基础》，高等教育出版社，2002。

[42] 刘新庚：《现代思想政治教育方法论》，人民出版社，2008。

[43] 刘新生：《大学文化建设》，泰山出版社，2010。

[44] 刘建军：《中国共产党思想政治教育的理论与实践》，中国人民大学出版社，2008。

[45] 刘书林、陈立思：《青年思想政治教育学原理》，中国青年出版社，1999。

[46] 林大为：《哈佛大学与真理交朋友》，现代出版社，2013。

[47] 李全宏：《都柏林大学的教育内涵与实践——探索世界高水平大学发展之路》，中国农业大学出版社，2013。

[48] 鲁洁、王逢贤：《德育新论》，江苏教育出版社，1994。

[49] 林爽、赖佳、李国富、康敏：《大学文化与传统文化创新论》，齐

鲁书社，2007。

[50] 刘烨：《现代思想政治教育过程研究》，中国社会科学出版社，2009。

[51] 骆郁廷、项久雨、李斌雄：《思想政治教育原理与方法》，人民出版社，2010。

[52] 马俊杰：《大学生思想政治教育战略规划——基于首都高校的个案研究》，中国传媒大学出版社，2010。

[53] 马寒：《裂变与整合：多元视域下的大学文化研究》，世界图书出版公司，2012。

[54] 平章起、梁禹祥：《思想政治教育基本理论问题研究》，南开大学出版社，2010。

[55] 邱柏生、董雅华：《思想政治教育学新论》，复旦大学出版社，2012。

[56] 邱伟光：《思想政治教育学概论》，天津大学出版社，1988。

[57] 秦在东：《思想政治教育学管理论》，湖北人民出版社，2003。

[58] 邱柏生：《高校思想政治教育的生态分析》，上海人民出版社，2009。

[59] 乔万敏、邢亮：《大学生思想政治教育质量提升模式研究》，人民出版社，2013。

[60] 钱穆：《中国文化史导论》，商务印书馆，2003。

[61] 沈壮海：《思想政治教育的文化视野》，人民出版社，2005。

[62] 沈壮海：《文化软实力及其价值之轴》，中华书局，2013。

[63] 申作青：《当代大学文化论基于组织文化子系统视野的认知与探索》，浙江大学出版社，2006。

[64] 孙其昂：《思想政治教育学前沿研究》，人民出版社，2013。

[65] 石云霞：《新中国成立以来高校思想理论教育史研究》，人民教育出版社，2005。

[66] 苏振芳：《当代国外思想政治教育比较》，中国社会科学出版社，2009。

[67] 孙雷：《现代大学制度下的大学文化透视》，光明日报出版社，2010。

[68] 谈毅、王琳媛：《大学文化建设与价值认同》，上海交通大学出版社，2013。

[69] 万美容：《思想政治教育方法发展研究》，中国社会出版社，2008。

[70] 王冀生：《大学之道》，高等教育出版社，2008。

[71] 王仕民：《德育文化论》，中山大学出版社，2007。

[72] 徐建军：《大学生网络思想政治教育理论与方法研究》，人民出版社，2010。

[73] 张秀清、梁周清、王聿发、朱连斌：《大学和谐文化建设研究》，山东大学出版社，2008。

[74] 王少安、周玉清：《大爱精神与大学文化建设》，人民出版社，2008。

[75] 王智平、李建民：《大学文化论》，中国社会科学出版社，2009。

[76] 王滨：《思想政治教育环境论——大社会视野下的思想政治教育》，同济大学出版社，2011。

[77] 徐飞、黄伟力、鲍金、王春英：《文化的力量：中国大学文化建设的创新之路》，格致出版社，2012。

[78] 项久雨：《思想政治教育价值论》，中国社会科学出版社，2003。

[79] 杨晓慧：《社会主义核心价值体系融入大学生思想政治教育全过程的基本问题研究》，人民出版社，2011。

[80] 杨泉明：《中国高等教育改革发展研究》，中国人民大学出版社，2009。

[81] 余仰涛：《思想政治工作学研究方法论》，武汉大学出版社，2006。

[82] 张耀灿、郑永廷，吴潜涛，骆郁廷等：《现代思想政治教育学》，人民出版社，2006。

[83] 张耀灿等：《思想政治教育学前沿》，人民出版社，2006。

[84] 祖嘉合：《思想政治教育方法教程》，北京大学出版社，2004。

[85] 张岱年：《文化与价值》，新华出版社，2004。

[86] 靳诺、郑永廷、张澍军：《新时期高校思想政治教育理论与实践》，高等教育出版社，2004。
[87] 章兢：《从书院到大学——湖南大学文化研究》，高等教育出版社，2011。
[88] 周中之、石书臣：《社会主义核心价值体系教育探索》，上海人民出版社，2007。
[89] 郑永廷、江传月等：《主导德育论——大学生思想政治教育一元主导与多样发展研究》，人民出版社，2008。
[90] 郑永廷、胡树祥、骆郁廷：《思想政治教育方法论》，高等教育出版社，2010。
[91] 周玉清、王少安：《社会主义核心价值体系引领大学文化建设论纲》，人民出版社，2011。
[92] 张秀清、梁周清、王聿发、朱连斌：《大学和谐精神文化建设》，山东大学出版社，2008。
[93] 曾长秋、雪飞：《青少年上网与网络文化建设》，湖南人民出版社，2009。
[94] 张金辉：《耶鲁大学办学史研究》，中央编译出版社，2009。
[95] 张澍军：《德育哲学引导》，人民出版社，2002。
[96] 张卫良：《大学核心竞争力理论与实践研究》，中国海洋大学出版社，2006。
[97] 张蔚萍：《思想政治工作学教程》，中共党史出版社，2004。
[98] 〔美〕克利福德·格尔兹：《文化的解释》韩莉译，译林出版社，2002。
[99] 〔美〕德里克·博克：《走出象牙塔——现代大学的社会责任》，徐小洲、陈军译，浙江教育出版社，2001。
[100] 〔美〕罗伯特·伯恩鲍姆：《大学运行模式》，别敦荣译，中国海洋大学出版社，2004。
[101] 〔美〕亚伯拉罕·弗莱克斯纳：《现代大学论》，徐辉、陈晓菲译，浙江教育出版社，2001。

[102]〔美〕塞缪尔·亨廷顿：《文明的冲突与世界秩序的重建》，刘绯等译，新华出版社，1999。

[103]〔美〕布鲁贝克：《高等教育哲学》，王承绪译，浙江教育出版社，1987。

[104]〔美〕亨利·罗索夫斯基：《美国校园文化——学生·教授·管理》，谢宗仙、周灵芝、马宝兰译，山东人民出版社，1996。

[105]〔美〕雅罗斯拉夫·帕利坎：《大学理念重审：与纽曼对话》，刘文译，中国轻工业出版社，2008。

[106]〔美〕塞缪尔·亨廷顿、劳伦斯·哈里森：《文化的重要作用——价值观如何影响人类进步》，程克雄译，新华出版社，2010。

[107]〔美〕罗伯特·M. 赫钦斯：《美国高等教育》，汪利兵译，浙江教育出版社，2001。

[108]〔美〕阿尔伯特·爱因斯坦：《爱因斯坦全集》，申文斌译，湖南科技出版社，2013。

[109]〔美〕克拉克·克尔：《大学之用》，高铦等译，北京大学出版社，2008。

[110]〔美〕詹姆斯·杜德斯达：《21世纪的大学》，刘彤译，北京大学出版社，2005。

[111]〔英〕约翰·亨利·纽曼：《大学的理念》，高师宁译，贵州教育出版社，2003。

[112]〔英〕波特·斯科特：《高等教育全球化的理论与实践》，周倩、高耀丽译，北京大学出版社，2009。

[113]〔英〕马林诺夫斯基：《文化论》，费孝通译，华夏出版社，2002。

[114]〔加拿大〕迈克尔·富兰：《学校领导的道德使命》，中央教育科学研究所译，教育科学出版社，2005。

[115]〔德〕黑格尔：《小逻辑》，贺麟译，商务印书馆，1980。

[116]〔德〕雅斯贝尔斯：《什么是教育》，邹进译，三联书店，1991

[117]〔捷克〕夸美纽斯：《大教学论》，傅任敢译，人民教育出版社，1999。

[118]〔苏联〕苏霍姆林斯基：《论智育》，王义高译，北京师范大学出版社，1985。

[119]〔西班牙〕奥尔特加·加塞特：《大学的使命》，徐小洲、陈军译，浙江教育出版社，2001。

[120]〔日〕福泽谕吉：《文明论概略》，北京编译社译，九州出版社，2008。

[121]〔意〕乔万尼·萨托利：《民主新论》，冯克利、闫克文译，上海人民出版社，2010。

[122]《苏霍姆林斯基选集》（第4卷），蔡汀译，教育科学出版社，2001。

[123]〔伊朗〕S. 拉守塞克、〔罗马尼亚〕G. 维迪努：《从现在到2000年教育内容发展的全球展望》，马胜利译，教育科学出版社，1992。

## 三 论文类

[1] 刘芳：《论社会主义先进文化与思想政治教育的内在关联》，《思想教育研究》2013年第3期。

[2] 张耀灿：《以社会主义核心价值体系引领和谐校园文化建设》，《高校理论战线》2012年第3期。

[3] 沈壮海：《大学的文化意义与文化使命》，《高校辅导员》2011年第4期。

[4] 郑永廷：《论高校文化发展与文化自觉》，《思想理论教育》2012年第2期。

[5] 郑永廷、董伟武：《论思想政治教育的文化功能及其发展》，《江苏高教》2008年第5期。

[6] 顾海良：《铸就民族振兴的坚实基础——学习〈中共中央、国务院关于进一步加强和改进大学生思想政治教育的意见〉》，《求是》2004年第22期。

[7] 邱柏生：《浅议大学文化及大学精神的若干问题》，《复旦教育论

坛》2005 年第 3 期。

[8] 张艳红、张澍军：《影响大学生德性成长的校园文化因素分析》，《山西师大学报》（社会科学版）2009 年第 3 期。

[9] 王树荫：《净化社会文化环境，加强高校先进文化建设》，《思想理论教育导刊》2012 年第 1 期。

[10] 张雷声：《文化自觉、文化自信与社会主义核心价值体系》，《思想理论教育导刊》2012 年第 1 期。

[11] 吴潜涛、王雅丽：《思想道德素质：创新型人才的灵魂》，《思想教育研究》2012 年第 8 期。

[12] 刘建军：《马克思主义指导思想在当代中国的多重文化身份》，《山东师范大学学报》（人文社会科学版）2013 年第 1 期。

[13] 骆郁廷、魏强：《文化发展视域下的大学生思想政治教育》，《思想理论教育》2012 年第 5 期。

[14] 骆郁廷、王雅丽：《注重大学精神文化的传承与创新》，《中国高等教育》2012 年第 21 期。

[15] 佘双好：《文化发展与国民心态的塑造》，《思想理论教育》2012 年第 3 期。

[16] 万美容：《论高校德育文化建设的基本原则》，《思想理论教育》2012 年第 3 期。

[17] 李辉、钟明华：《“大学精神”的本质特征及其建设思路》，《中山大学学报》（社会科学版）1999 年第 2 期。

[18] 冯刚：《用社会主义核心价值体系引领思想政治教育创新发展》，《学校党建与思想教育》2008 年第 11 期。

[19] 罗洪铁：《略论思想政治教育在培养大学生成才中的作用》，《思想理论教育导刊》2006 年第 5 期。

[20] 李忠军：《发挥思想政治教育在社会主义核心价值体系建设中的重要作用》，《高校理论战线》2012 年第 9 期。

[21] 徐建军、胡杨：《以社会主义核心价值体系引领高校思想文化建设》，《思想政治教育研究》2012 年第 2 期。

[22] 郗波:《论文化自觉与思想政治教育的互馈关系》,《思想理论教育导刊》2013 年第 7 期。

[23] 郑永廷、朱白薇:《论思想政治教育在我国经济社会发展中的“生命线”作用与新的使命》,《思想理论教育导刊》2009 年第 7 期。

[24] 陈建斌:《思想政治教育的文化本性与文化选择》,《湘潭大学社会科学学报》2002 年第 2 期。

[25] 刘铁芳:《大学文化建设:何种文化 如何建设》,《高等教育教育》2014 年第 1 期。

[26] 刘新庚、刘韧:《论大学文化视阈下的思想政治教育》,《湖南科技大学学报》(社会科学版) 2014 年第 2 期。

[27] 刘书林:《论社会主义核心价值观的几个重要关系》,《思想理论教育导刊》2014 年第 9 期。

[28] 祖嘉合:《论校园文化环境在大学生道德教育中的作用》,《北京大学学报》(哲学社会科学版) 2002 年第 5 期。

[29] 张卫良、冯玉萍:《校园文化建设对大学生文化素质养成的作用》,《理工高教研究》2003 年第 5 期。

[30] 徐文良:《德育研究重在与时俱进发展创新》,《思想教育研究》2002 年第 1 期。

[31] 张澍军、苏醒:《论“立德树人”根本任务与思想政治教育学科建设使命》,《思想教育研究》2013 年第 7 期。

[32] 张艳红、张澍军:《影响大学生德性成长的校园文化因素分析》,《山西师大学报》2009 年第 3 期。

[33] 张澍军:《略论思想政治教育的深层价值》,《思想教育研究》2010 年第 7 期。

[34] 赵存生:《先进文化建设中的大学文化建设》,《中国高等教育》2003 年第 24 期。

[35] 赵存生:《世界文化的走向与大学的文化使命》,《北京大学学报》(哲学社会科学版) 2006 年第 4 期。

[36] 胡树祥、谢玉进:《大数据时代的网络思想政治教育》,《思想教育

研究》2013 年第 6 期。

[37] 陆岩、曲彦宇：《试论社会主义核心价值体系与大学文化的契合点》，《思想政治教育研究》2013 年第 6 期。

[38] 陆岩：《依托校园文化平台推进社会主义核心价值体系大众化》，《高校理论战线》2012 年第 2 期。

[39] 邱柏生：《推进当代中国马克思主义大众化的路径和过程》，《思想理论教育》2008 年第 5 期。

[40] 邱伟光：《学校德育要积极发挥文化育人作用》，《思想理论教育》2011 年第 22 期。

[41] 沈壮海：《将优秀传统文化融入高校立德树人实践》，《思想政治工作研究》2014 年第 4 期。

[42] 高地：《社会主义核心价值体系融入大学生思想政治教育的载体研究》，《东北师大学报》（哲学社会科学版）2009 年第 5 期。

[43] 沈壮海：《文化自信之核是价值观自信》，《求是》2014 年第 18 期。

[44] 李斌雄：《我国社会主义核心价值体系教育的内容结构》，《思想理论教育》2007 年第 1 期。

[45] 傅安洲、阮一帆：《加强资源体系建设　实现思想政治工作体制创新》，《中国行政管理》2005 年第 10 期。

[46] 张耀灿：《榜样文化：社会主义核心价值观培育机制的构建》，《学校党建与思想教育》2014 年第 13 期。

[47] 徐柏才：《用社会主义核心价值体系引领大学生价值观教育》，《北方民族大学学报》（哲学社会科学版）2012 年第 2 期。

[48] 汪馨兰、戴钢书：《现实困境与传承创新：社会转型期的中国大学精神文化》，《学术论坛》2013 年第 3 期。

[49] 曾长秋、曹挹芬：《社会主义核心价值观结构探析》，《伦理学研究》2014 年第 2 期。

[50] 胡凯：《马克思主义的人学思想对大学生心理健康教育的启示》，《思想理论教育导刊》2010 年第 3 期。

[51] 刘新庚、韩慧莉：《论大学生思想道德素质建设的“治道”内化》，《伦理学研究》2012 年第 5 期。

[52] 徐建军：《网络与思想政治教育的关联》，《现代大学教育》2009 年第 5 期。

[53] 宋元林、黄娜娜：《论网络思想政治教育的特征及其有效运用》，《马克思主义与现实》2010 年第 5 期。

[54] 黄蓉生：《大学生思想政治教育的时代要求》，《高校理论战线》2008 年第 3 期。

[55] 刘献君：《论文化育人》，《高等教育研究》2013 年第 2 期。

[56] 时明德：《论大学文化责任的价值向度与现实旨归》，《教育研究》2014 年第 2 期。

[57] 上海市教卫党委宣传处：《加强校园文化建设充分发挥文化育人功能》，《思想理论教育导刊》2012 年第 4 期。

[58] 刘献君：《在文化传承与创新中育人的理性思考》，《中国高等教育》2011 年第 18 期。

[59] 蔡峋：《文化浸润与学生素质提升》，《中国教育学刊》2007 年第 6 期。

[60] 孙家学：《提升大学文化内涵建设　强化文化育人功能》，《中国高等教育》2011 年第 22 期。

[61] 郝连儒、李桂荣：《大学文化的思想政治教育价值及实现路径研究》，《思想理论教育导刊》2015 年第 3 期。

[62] 欧阳康：《新时期大学生文化素质教育及其实践导向》，《教育研究》2012 年第 2 期。

[63] 马化祥、霍晓丹：《国际化视野下的高校校园文化建设——以北京大学建设和谐校园文化为例》，《思想理论教育导刊》2011 年第 3 期。

[64] 胡思颖、白宏亮：《高等农业院校校园文化建设探析——以东北农业大学为例》，《思想理论教育导刊》2013 年第 4 期。

[65] 姜宇飞、孙雷：《现代大学制度视域下大学文化的功能审视与创新

向度》,《文化学刊》2014 年第 1 期。
[66] 王明清:《育人功能:大学文化的本体功能》,《黑龙江高教研究》2009 年第 12 期。
[67] 王永友、王莹:《大学文化辨识与凝练的方法》,《学校党建与思想教育》2014 年第 3 期。
[68] 彭小兰、李萍:《思想政治教育的作用机制》,《思想教育研究》2013 年第 4 期。
[69] 郭建宁:《马克思主义中国化与建设共有精神家园》,《北京大学学报》(哲学社会科学版)2010 年第 4 期。
[70] 李海玉:《以社会主义核心价值体系为根本推进大学文化建设探究》,《教育探索》2012 年第 4 期。
[71] 蒋斌、韩安贵:《文化建设与全面、协调、可持续发展》,《求是》2004 年第 4 期。
[72] 王文燕:《论大学文化个性的形成》,《江苏高教》2010 年第 4 期。
[73] 申作青:《科学文化在大学文化建设中的地位和作用》,《自然辩证法研究》2006 年第 6 期。
[74] 王冀生:《大学是一种精神和文化的存在》,《杭州师范大学学报》(社会科学版)2010 年第 3 期。
[75] 张卫良:《大学思想品德教育的文化回归》,《现代大学教育》2015 年第 1 期。
[76] 薛进文:《培育南开特色的大学精神》,《求是》2012 年第 6 期。
[77] 王永友、刘美娜:《大学制度文化形成机理与作用机理分析》,《教育探索》2009 年第 3 期。
[78] 金进良:《大学制度文化建设中的取向》,《教育探索》2009 年第 1 期。
[79] 程利:《试论大学制度文化建设的价值取向与现实路径》,《南京社会科学》2013 年第 11 期。
[80] 刘尧、余艳辉:《大学教师学术不端行为的诊断与防治》,《大学教育科学》2010 年第 1 期。

[81] 滕晓雯、曾长秋：《试论高校隐性思想政治教育的理论指导》，《中南大学学报》（社会科学版）2014 年第 2 期。
[82] 彭平一、张卫良：《“人的全面发展”理论在高校思想政治理论课中的运用》，《现代大学教育》2010 年第 2 期。
[83] 徐建军：《以科学发展观指导大学生思想政治教育的理念更新》，《思想教育研究》2009 年第 2 期。
[84] 胡巍、臧宏：《学生思想政治教育路径基本解读》，《东北师大学报》（哲学社会科学版）2015 年第 3 期。
[85] 徐峰华、赵飞：《公共精神培育：高校德育的应有向度》，《江西社会科学》2013 年第 1 期。
[86] 刘社欣、刘江丽：《论和谐社会构建中思想政治教育的价值和功能》，《华南理工大学学报》（社会科学版）2007 年第 3 期。
[87] 李红革、王威峰：《大学生思想政治教育人性化研究》，《湖南科技大学学报》（社会科学版）2013 年第 4 期。
[88] 郑永廷：《论思想政治教育的本质及其发展》，《教学与研究》2001 年第 3 期。
[89] 陈万柏：《论思想政治教育文化载体的特征和功能》，《求索》2005 年第 5 期。
[90] 朱琦：《略论大学校园文化建设的思想政治教育功能》，《湖北社会科学》2012 年第 10 期。
[91] 刘月秀：《试析大学文化的使命与功能》，《学校党建与思想教育》2012 年第 18 期。
[92] 薛绍聪：《西方大学文化对我国大学文化研究的启示》，《山东社会科学》2013 年第 3 期。
[93] 袁贵仁：《建立现代大学制度推进高教改革和发展》，《中国高等教育》2000 年第 3 期。
[94] 杨欣虎、王菁华、戴吉亮：《大学文化核心竞争力及其构建》，《思想教育研究》2011 年第 4 期。
[95] 万美容、明月：《论社会主义核心价值体系引领大学校园文化建设

的机制》，《学校党建与思想教育》2010 年第 28 期。
[96] 施小光：《文化传承与创新：现代大学新使命》，《清华大学教育研究》2011 年第 3 期。
[97] 眭依凡：《大学的使命及其守护》，《教育研究》2011 年第 1 期。
[98] 文大稷、秦在东：《论创新大学文化与培育大学精神》，《学校党建与思想教育》2010 年第 16 期。
[99] 张楚廷：《大学文化与传统》，《高等教育研究》2012 年第 6 期。
[100] 杨晓慧：《社会主义核心价值体系融入大学生思想政治教育全过程试析》，《东北师大学报》（哲学社会科学版）2009 年第 5 期。
[101] 张秉义：《民族精神：大学生思想政治教育的重要内容》，《求是》2005 年第 2 期。
[102] 董重转：《以爱国主义为核心深入进行民族精神教育》，《思想教育研究》2008 年第 3 期。
[103] 王传旭：《培养健康人格促进学生全面发展》，《教育研究》2003 年第 4 期。
[104] 胡锦涛：《牢固树立社会主义荣辱观》，《求是》2006 年第 9 期。
[105] 潘春良：《在黑龙江省高校大学生学习实践“三个代表”重要思想经验交流会上的讲话》，《思想政治教育研究》2005 年第 1 期。
[106] 卢景昆、罗洪铁：《论思想政治教育的文化责任》，《思想教育研究》2012 年第 3 期。
[107] 李辽宁：《思想政治教育功能研究综述》，《求实》2005 年第 1 期。
[108] 胡凯、张瑞：《推进高校文化传承与创新的思考》，《思想政治教育研究》2012 年第 2 期。
[109] 郭瑞燕、柴达：《新时期强化高校思想政治教育导向功能的思考》，《思想理论教育导刊》2013 年第 6 期。
[110] 王易、张莉：《试论激励法在大学生思想政治教育中的运用》，《思想理论教育导刊》2010 年第 7 期。
[111] 曾长秋、曹挹芬：《网络环境下维护社会主义意识形态话语权的新特点》，《学习论坛》2015 年第 6 期。

[112] 李颖：《校园文化建设与人本行动研究》，《兰州学刊》2012年第2期。

[113] 李红革、王威峰：《大学生思想政治教育人性化研究》，《湖南科技大学学报》（社会科学版）2013年第4期。

[114] 巴晓津：《中华优秀传统文化教育与大学生思想道德素质的培养》，《思想理论教育导刊》2014年第7期。

[115] 张秉义：《民族精神：大学生思想政治教育的重要内容》，《求是》2005年第2期。

[116] 齐卫平：《基于文化自觉和文化自信的思想政治教育反省》，《思想理论教育》2012年第1期。

[117] 罗洪铁、周琪：《文化环境：思想政治教育运行的新视界》，《马克思主义研究》2007年第3期。

[118] 黄蓉生、胡建军、崔健：《加强大学生社会主义核心价值观教育的多维思考》，《思想理论教育》2015年第6期。

[119] 冯留建、王炳林：《实现中国梦需要提升文化软实力》，《思想理论教育导刊》2014年第5期。

[120] 王易：《高校社会主义核心价值体系教育应注意的几个问题》，《学校党建与思想教育》2014年第3期。

[121] 唐亚阳、杨果：《网络思想政治教育的基本规律探析》，《湖南大学学报》（社会科学版）2013年第3期。

[122] 蔡劲松、王军霞：《大学文化建设指标体系与评估模型构建》，《北京航空航天大学学报》（社会科学版）2006年第2期。

[123] 彭江：《大学品牌文化的内涵及其塑造路径》，《高教探索》2009年第6期。

[124] 何宽芳：《大学学术文化与大学学术生产力》，《高等教育研究》2005年第12期。

[125] 金庆良：《大学制度文化建设中的取向》，《教育评论》2009年第1期。

[126] 龚静：《组织文化：现代大学制度建构取向》，《教育研究》2005年第7期。

[127] 杨叔子：《是“育人”非“制器”——再谈人文教育的基础地位》，《高等教育研究》2001 年第 2 期。
[128]《大学生践行社会主义核心价值体系状况调查》课题组：《大学生践行社会主义核心价值体系状况调查情况说明》，《思想教育研究》2014 年第 11 期。
[129] 柳礼泉、胡港云：《新常态下大学文化建设的思考——基于文化自觉的视角》，《高等教育研究》2015 年第 4 期。
[130] 刘书林：《中国梦呼唤青年精神的新振奋》，《思想政治工作研究》2013 年第 11 期。
[131] 王莹、孙其昂：《思想政治教育文化及其系统解读》，《思想理论教育》2015 年第 2 期。
[132] 顾明远：《重塑大学文化》，《中国大学教育》2015 年第 2 期。
[133] 袁贵仁：《建设社会主义核心价值体系》，《中国社会科学》2008 年第 1 期。
[134] 彭宗德：《大学物质文化建设》，《黑龙江社会科学》2008 年第 1 期。
[135] 曲建武、谭月明：《增强思想政治理论课育人实效的“三个重要”的理论》，《现思想理论教育导刊》2015 年第 2 期。
[136] 朱为鸿：《大学文化创新与组织发展——华中科技大学个案研究》，华中科技大学硕士学位论文，2008。
[137] 徐广宇：《论现代大学的文化使命》，南开大学博士学位论文，2009。
[138] 严峰：《中国大学文化研究》，复旦大学博士学位论文，2005。
[139] 李福杰：《大学文化视野下的大学发展研究》，华东师范大学博士学位论文，2006。
[140] 李铁林：《世界科学中心的转移与一流大学的崛起》，湖南师范大学博士学位论文，2009。
[141] 张玉芬：《论高校思想政治教育中大学生健康人格的塑造》，华中师范大学硕士学位论文，2005。

[142] 刘薇：《高校校园文化建设与思想政治教育互动研究》，辽宁大学硕士学位论文，2012。

[143] 李洋：《高校和谐校园文化建设研究——以中南大学为例》，中南大学硕士学位论文，2009。

[144] 周宏：《论大学德育的文化属性》，云南大学，2013。

[145] 刘绍辉：《试论高校校园文化的思想政治教育功能》，北京交通大学硕士学位论文，2007。

[146] 王尧：《论大学文化的思想政治教育功能及其实施途径》，兰州交通大学硕士学位论文，2013。

[147] 刘峥：《大学生认同与践行社会主义核心价值观研究》，中南大学硕士学位论文，2012。

[148] 王维忠：《文化自觉在大学文化建设中的价值与实践研究》，山东大学硕士学位论文，2008。

[149] 赵勇：《思想政治理论教育的国际借鉴与思考》，《中国社会科学报》2013 年 11 月 4 日，第 8 版。

[150] 杨蓓：《高校思想政治教育的历史担当》，《黑龙江日报》2013 年 11 月 5 日，第 12 版。

[151] 张勇华：《重视文化对大学生思想政治教育的影响》，《光明日报》2009 年 12 月 8 日，第 11 版。

[152] 方金玲：《浅析如何加强和改进高校思想政治教育工作》，《安徽经济报》2013 年 8 月 9 日，第 8 版。

[153] 徐建军：《思想政治教育“虚功实做”的典范》，《湖南日报》2013 年 7 月 22 日，第 8 版。

[154] 黄蓉生：《青年大学生思想政治教育的时代主题》，《光明日报》2013 年 7 月 2 日，第 15 版。

[155] 郭晓伟：《高校思想政治教育内容体系建设的基本理念》，《光明日报》2013 年 4 月 5 日，第 7 版。

[156] 李康平、张吉雄：《建设先进文化　推进高校思想政治教育创新》，《光明日报》2012 年 6 月 5 日，第 11 版。

[157] 丁虎生：《高度重视校园文化的育人功能》，《光明日报》2005年3月23日，第1版。

[158] 沈壮海：《创造中华文化新的辉煌——学习习近平总书记关于文化建设的论述》，《光明日报》2014年1月27日，第11版。

[159] 轩欣：《高校思想政治工作加强文化内涵建设的实践探讨》，《中国教育报》2014年9月19日，第8版。

[160] 眭依凡：《大学文化决定大学作为》，《中国社会科学报》2012年10月15日，第1版。

[161] 林景华：《充分认识思想政治教育的作用》，《光明日报》2006年11月11日，第7版。

[162] 徐柏才：《要在大学生中加强民族精神教育》，《光明日报》2005年12月28日，第11版。

[163] 张东刚：《完善青少年优秀传统文化教育》，《人民日报》2014年4月11日，第7版。

[164] 骆郁廷：《建设和谐的大学文化》，《中国教育报》2007年4月10日，第3版。

[165] 李伦娥：《湖南出实招提升大学生思想道德素质》，《中国教育报》2013年7月24日，第1版。

[166] 袁贵仁：《把握大势着眼大事　努力做好新形势下高校宣传思想工作》，《中国教育报》2015年2月2日，第1版。

[167] 冯刚：《深化教育领域综合改革　落实立德树人根本任务　提高大学生思政工作质量》，《中国教育报》2014年1月17日，第3版。

[168] 袁贵仁：《社会主义意识形态的本质体现》，《人民日报》2008年4月21日，第7版。

[169] 姜乃强：《切实加强高校宣传干部队伍能力建设》，《中国教育报》2011年3月18日，第1版。

[170] 杨业华：《把培育和践行核心价值观融入大学生思想政治教育全过程》，《光明日报》2014年1月15日，第13版。

[171] 吴仁华:《“两个巩固”是大学生思想政治教育的出发点和着力点》,《福建日报》2014 年 3 月 3 日,第 11 版。

## 四 外文类

[1] Anthony M. Orum, *Political Sociology*, Prentice-Hall, Inc, New Jersey USA, 1983.

[2] Clifford Geertz, *The Interpretation of Cultures*, Basic Books, Inc, New York USA, 1973.

[3] Abraham Flexner, *Universities: American, English, German*, New York: Oxford University Press, 1930.

[4] Alfred North Whitehead, *The Aims of Education and Other Essays*, New York: Macmillan Company, 1929.

[5] Henry Rosovsky, *The University: An Owner's Manual*, New York: Norton, 1990.

[6] Derek Bok, *Our Underachieving Colleges*, New Jersey: Princeton University Press, 2008.

[7] Donald Kennedy, *Academic Duty* , Boston: Harvard University, 1997.

[8] Clark Kerr, *The Uses of the University* , Cambridge: Harvard University Press, 1982.

[9] Richard Pratte, *The Civil Imperative*, New York: Teachers College Press, 1988.

[10] Harvard University, *General Education in A Free Socitey*, Cambridge, Mass: Harvard University Press, 1945.

[11] Hutchins R . M, *The Higher Learning in America* , New Haven Conn: Yale University Press, 1936.

[12] Hutchins R. M. , *The Higher Learning in America*, New Haven Conn: Yale University Press, 1936.

[13] Clark B R. , *Creating Entrepreneurial University: Organizational Pathways of Transformation*, Oxford Pergamon, 1998.

[14] Stocking, George W. , *Objects and Others Essays on Museums and Material Culture*, Madison, Wisconsin: The University of Wiscons in Press, 1985.

[15] John. L. Rudolph, *Scientists in the Classroom: the Cold War Reconstruction of American Science Education*, New York: Palgrave, 2002.

[16] Barton R. , *Clark Places of Inquiry: Research and Advanced Education in Modern University*, Berkely: University of California Press. 1995.

[17] William G. , Tierney, *Culture and Ideology in Higher Education*, New York: Praeger. 1991.

[18] Clark B. R. , *Creating Entrepreneurial University: Organizational Pathways of Transformation*, Oxford Pergamon, 1998.

[19] Bradley E. Cox, Kadian L. McIntosh, Robert D. Reason, Patrick T. Terenzini, " A Culture of Teaching: Policy, Perception, and Practice in Higher Education," *Research in Higher Education*, 2011, 52 (8): 808 - 829.

[20] Haigh M. , " *Can Investigative Practical* Work in High School Biology Foster Creativity ?" *Research in Science Education*, 2007, 37 (2): 123 - 140.

[21] Peter A. M. Maassen, "The Concept of Culture and Higher Education," *Tertiary Education and Management 1996*, 2 (2), 153 - 159.

[22] Erhard Friedberg, " The Higher Education System: Academic Organization in A Cross-National Perspective," *European Journal of Education* , 1984, (2): 235.

# 附录：调研问卷

## 思想政治教育在大学文化建设中的现状调研
## （教师问卷）

学校名称：　　　　　　　　性别：　　　　　　　　年龄：

为了解思想政治教育在大学文化建设中的功能作用，制定本问卷，不会对您产生任何影响。除了标明是多选题的，其他麻烦您只选一个答案，请根据您的实际情况填写，在您认为最符合的答案下面打“√”，非常感谢您的配合。祝您工作顺心，生活愉快！

### （一）基本信息

| 1. 教育程度 | □专科　□本科　□硕士　□博士 |
|---|---|
| 2. 专业 | □管理学科　□理学工学　□教育心理学　□人文社会科学　□其他学科 |
| 3. 政治面貌 | □中共党员　□团员　□群众 |
| 4. 职称 | □尚未参评　□助教　□讲师　□副教授　□教授 |
| 5. 工作年限 | □3 年以下　□3 ~ 5 年□5 ~ 10 年　□10 年及以上 |

### （二）思想政治教育篇

| 问题描述 | 完全同意 | 同意 | 无所谓 | 不同意 | 完全不同意 |
|---|---|---|---|---|---|
| 1. 思想政治教育有助于大学师生树立正确的世界观、人生观、价值观 | | | | | |
| 2. 马克思主义理论学说对现代大学文化建设具有指导性作用 | | | | | |

续表

| 问题描述 | 完全同意 | 同意 | 无所谓 | 不同意 | 完全不同意 |
|---|---|---|---|---|---|
| 3. 坚持中国共产党的领导是我国大学发展的关键 | | | | | |
| 4. 大学文化建设中弘扬爱国主义精神和民族精神非常必要 | | | | | |
| 5. 新形势下加强和改进高校思想政治教育是时代的需求 | | | | | |
| 6. 高校思想政治教育工作仅是形式主义的表现 | | | | | |
| 7. 当前大学文化建设责任部门不明确、学术与文化交流氛围薄弱 | | | | | |
| 8. 在大学文化建设中,继承和发挥传统载体的优长,挖掘和利用现代载体的优势是开展思想政治教育的重要途径 | | | | | |
| 9. 开展思想政治教育工作,第一课堂是关键,第二课堂是重点 | | | | | |
| 10. 老师应坚持思想政治教育理论学习,不断提升专业素质 | | | | | |
| 11. 在大学文化建设中积极的思想政治教育有助于和谐人格的塑造 | | | | | |
| 12. 把大学精神文化建设纳入大学发展战略规划中是高校的一项重要工作 | | | | | |
| 13. 思想政治教育能够不断丰富核心价值观的内涵,构建先进文化建设格局 | | | | | |
| 14. 建设富有责任与担当的大学制度文化是大学文化建设的重要内容 | | | | | |
| 15. 课堂、图书馆、学生活动中心和网络是大学文化建设最重要的阵地和载体 | | | | | |
| 16. 目前大学物质文化建设的育人格局已基本形成,价值理念明晰透彻 | | | | | |
| 17. 发挥思想政治教育功能作用,不断改进方法途径,增强实效性,是大学文化建设的需求 | | | | | |

续表

| 问题描述 | 完全同意 | 同意 | 无所谓 | 不同意 | 完全不同意 |
|---|---|---|---|---|---|
| 18. 大学应具有标志性建筑和标志性文化符号 | | | | | |
| 19. 践行社会主义核心价值观，巩固马克思主义的指导地位，坚决抵制自由主义、个人主义、享乐主义和拜金主义等不良观念是思想政治教育的重要任务 | | | | | |
| 20. 强化榜样示范，打造高品位文化工程是思想政治教育的重要途径 | | | | | |
| 21. 大学文化建设能有效推进学术道德规范、师德师风规范、管理人员行为规范和学生行为道德建设规范 | | | | | |
| 22. 引导学生认同与践行社会主义核心价值观是思想政治教育的主要任务和历史使命 | | | | | |
| 23. 营造关爱、宽松的大学环境文化，有助于推进和改变主体的行为 | | | | | |
| 24. 建立健全合理可行、运转精便、高效实用的大学制度文化体制势在必行 | | | | | |
| 25. 学术文化体现大学文化的开放性，师生学习的主动性和创造性 | | | | | |

# 思想政治教育在大学文化建设中的现状调研
# （学生问卷）

学校名称：　　　　　　　　　性别：　　　　　　　　年龄：

为了解思想政治教育在大学文化建设中的功能作用，制定本问卷，不会对您产生任何影响。除了标明是多选题的，其他麻烦您只选一个答案，请根据您的实际情况填写，在您认为最符合的答案下面打“√”，非常感谢您的配合。祝您工作顺心，生活愉快！

## （一）基本信息

| 1. 教育程度 | □专科生　□本科　□硕士　□博士 |
| --- | --- |
| 2. 专业 | □管理学科　□理学工学　□教育心理学　□人文社会科学　□其他学科 |
| 3. 政治面貌 | □中共党员　□团员　□群众 |

## （二）思想政治教育篇

| 问题描述 | 完全同意 | 同意 | 无所谓 | 不同意 | 完全不同意 |
| --- | --- | --- | --- | --- | --- |
| 1. 马克思主义理论学说对中国大学文化建设具有指导性作用 | | | | | |
| 2. 思想政治教育是我们党的政治优势，贯彻大学文化建设始终 | | | | | |
| 3. 思想政治教育能动地反映大学文化及大学师生意识观念嬗变的趋势 | | | | | |
| 4. 大学文化作为一种客观存在，影响大学发展的各个方面 | | | | | |
| 5. 引领时代先进文化，增强感染力是思想政治教育发展的客观要求 | | | | | |
| 6. 人格教育是思想政治教育的根本任务，大学文化是影响大学生人格形成与发展的重要途径 | | | | | |
| 7. 思想政治教育传递大学与时俱进、奋发向上的宝贵财富，并把体现大学品格的精神文化，在教学、科研、社会和实践中不断发扬光大 | | | | | |
| 8. 思想政治教育有助于大学生思想、政治、道德、心理素质的提升 | | | | | |
| 9. 创新素质是思想政治教育主体建设的动力 | | | | | |
| 10. 思想政治教育的传播和辐射功能必须代表先进文化的发展方向 | | | | | |
| 11. 在大学文化建设中，思想政治教育既是一种隶属于意识形态范围的理论工作，又是一种特殊的教育实践活动 | | | | | |
| 12. 创新思想政治教育内容是培育和践行社会主义核心价值观的必然要求，是大学文化建设发展的客观要求 | | | | | |

**续表**

| 问题描述 | 完全同意 | 同意 | 无所谓 | 不同意 | 完全不同意 |
|---|---|---|---|---|---|
| 13. 校风、校训、校歌等是学校保持凝聚力、生命力和创造力的动力源泉 | | | | | |
| 14. 通过“严防死守”能有效抵制西方敌对势力对我国思想文化领域的渗透，防止各种消极落后的价值观念对校园的侵蚀 | | | | | |
| 15. 优良校风对大学生发挥着教育、陶冶、激励、规范等重要作用 | | | | | |
| 16. 社会主义核心价值观对大学生思想和行为起着导向和规范作用 | | | | | |
| 17. 大学物质文化对思想政治教育活动有影响，为其提供丰富的教育资源 | | | | | |
| 18. 实现中华民族的伟大复兴和社会主义文化大繁荣是大学文化建设的内在要求和必然结果 | | | | | |
| 19. 思想政治教育有助于促进大学文化建设中观念、知识、科技和机制创新 | | | | | |
| 20. 不断健全大学文化建设中思想政治教育主体的考核和激励制度 | | | | | |
| 21. 思想政治教育为大学生提供政治保证，能激励和调动人行为的积极性和创造性 | | | | | |
| 22. 大学文化建设应该为实现文化强国和中华民族伟大复兴而努力 | | | | | |
| 23. 开放的网络信息平台是先进大学文化的发源、示范和传播基地 | | | | | |
| 24. 大学文化建设与思想政治教育以育人为目标，通过教书、服务、管理和实践四个重要途径实现育人的价值和终极目标 | | | | | |
| 25. 育人工作能塑造高雅和谐的校园环境、教育环境和管理机制，适应社会主义大学建设 | | | | | |

# 后　记

本书是在我的博士学位论文基础之上修改扩展而成的。在中南大学马克思主义学院求学期间和论文写作过程中，我得到了许多无私的帮助。

感谢我的导师刘新庚教授。刘新庚教授是中国思想政治教育学界的知名专家。论文的调研、选题、开题、写作、修改、完成皆凝聚着刘老师的心血。刘老师正直豁达、耐心宽厚、睿智渊博、严谨细心，其高尚品行熏陶着我，使我终身受益。在学习计划的制订、修课计划的确定、课程的学习、课题的研究、论文的写作过程中，刘老师严谨的学风、高尚的师德、朴实的作风深深影响着我。在此谨向刘老师表示最崇高的敬意和最衷心的感谢。

在选题和写作过程中，徐建军老师、彭平一老师、胡凯老师、曾长秋老师、张卫良老师、谭希培老师、彭升老师、唐海波老师、罗会钧老师、贺才乐老师、刘伟老师、张功耀老师、曹清燕老师、黎明老师、韩慧莉老师给予我很多指导和帮助，在此谨致谢意！感谢关心我、帮助我、支持我、指导我成长的夏长生老师、张亚东老师、王卫军老师、李红革老师、李建华老师、陈安华老师、李三福老师、朱川曲老师、胡石其老师、朱理哲老师、陈本红老师、廖巍老师、夏毅辉老师、游星雅老师、李惠康老师、尹风雨老师、蒋利平老师、莫江平老师、马缤辉老师、喻军老师、胡黎明老师、彭立春老师、段斌老师、凌涛老师等，感谢各位老师给予我的鼓励和关怀！

在学习过程中，我还得到了各位同窗无私的支持、鼓励与帮助；进行调查期间有关单位和个人为我提供了方便、帮助和支持，在此同样表示最衷心的谢意。本书写作过程中，参阅了有关专家、学者的大量研究成果，在此，谨向这些专家、学者以及有关工作人员表示深深的感谢。

感谢家人的付出和支持。多年来，我的父母、我的妻子和可爱的女儿用各自不同的方式支持我的学习与工作，这本书也是我献给他们的小小礼物。

社会科学文献出版社对本书的出版给予了大力支持，恽薇女士和孔庆梅女士付出了大量心血，在此一并感谢。

刘 韧

2017 年 10 月

**图书在版编目（CIP）数据**

思想政治教育在大学文化建设中的使命与作为/刘韧著. -- 北京：社会科学文献出版社，2017.11
ISBN 978-7-5201-1705-0

Ⅰ.①思… Ⅱ.①刘… Ⅲ.①思想政治教育-作用-高等学校-校园文化-建设-研究-中国 Ⅳ.①G641 ②G647

中国版本图书馆 CIP 数据核字（2017）第 267704 号

**思想政治教育在大学文化建设中的使命与作为**

著　　者 / 刘　韧

出 版 人 / 谢寿光
项目统筹 / 恽　薇　王婧怡
责任编辑 / 孔庆梅　刘　翠

出　　版 / 社会科学文献出版社 · 经济与管理分社（010）59367226
地址：北京市北三环中路甲 29 号院华龙大厦　邮编：100029
网址：www.ssap.com.cn
发　　行 / 市场营销中心（010）59367081　59367018
印　　装 / 北京季蜂印刷有限公司

规　　格 / 开 本：787mm × 1092mm　1/16
印 张：20.75　字 数：307 千字
版　　次 / 2017 年 11 月第 1 版　2017 年 11 月第 1 次印刷
书　　号 / ISBN 978-7-5201-1705-0
定　　价 / 98.00 元